머물고 싶은
동네가 뜬다

KB045859

머물고 싶은
동네가 뜬다

모종린 지음

온라인이
대체할 수 없는
로컬 콘텐츠의 힘

알키

오프라인 시장의 미래는 어떤 모습일까. 지난 20년간 오프라인의 가장 두드러진 변화는 골목상권의 부상이다. 2000년대 초 오프라인 상권은 도심, 전통시장, 근린 상권(이면, 대로변), 단지형 상권(백화점, 쇼핑몰, 할인마트) 등으로 구분됐다. 여기에 골목상권이 새로운 강자로 떠오른 것이다. 홍대에서 태동해 2000년대 중반 홍대, 가로수길, 삼청동, 이태원을 거점으로 지속적으로 성장, 전국적으로 확산됐다.

골목상권은 단순히 상품을 소비하는 곳이 아니다. 콘텐츠를 경험하는 '문화지구'다. 소비자가 창작자가 지역과 골목의 오래된 문화를 새로운 도시문화 트렌드와 접목해 만든 콘텐츠를 소비하는 곳이다. 홍대, 가로수길, 이태원, 성수동과 같은 1세대 골목상권은 골목산업을 기반으로 연예, 디자인, 패션, 화장품 브랜드를 배출하는 하나의 도시산업 생태계로 진화했다. 골목상권은 고즈넉한 도심 주택가뿐 아니라 문래동, 을지로, 해방촌, 만리동 등 쇠퇴한 지역에도 들어서 해당 지역을 순식간에 문화지구로 되살리기도 한다.

골목상권의 부상은 골목에 한정된 현상이 아니다. 더 큰 트렌드인 '로컬 지향'의 일부다. 로컬 지향이란 동네 단위의 생활권, 즉 로컬이 제공하는 제품 및 서비스와 이를 생산하는 일을 선호하는 현상을 의미한다.

골목상권이 로컬 지향을 대표하긴 하지만 상권에서만 로컬 지향 현상이 나타나진 않는다. 개성 있는 상업시설들도 로컬의 부상을 보여준다. 상권이 없거나 골목상권으로 성장하지 못한 작은 동네에 들어선 수제 맥줏집, 단지형 카페, 복합문화공간 등은 지역문화를 창조하며 비상권 지역의 로컬 문화를 주도하고 있다.

로컬에 사람이 모이자 전통적인 오프라인 상권도 로컬을 따라가기 시작했다. 백화점 푸드코트, 호텔 식당가, 쇼핑몰의 동선을 골목길 형태로 디자인하고 인사동 쌈지길, 한남동 사운즈한남, 가로수길 가로골목, 성수동 성수연방 등 골목 지역에 골목형 쇼핑몰을 건설한다. 네오밸류, 태영건설과 같은 부동산 개발회사는 신도시 상가를 골목문화를 구현한 '라이프스타일 센터'로 개발한다.

리테일 산업이 로컬에 주목하는 이유는 무엇일까? 추억을 떠오르게 하는 정감 가는 오래된 건물, 특색 있는 공간 때문일까? 우리가 골목길을 떠올렸을 때 연상하는 모든 요소가 중요하다. 하지만 로컬 지향 현상을 가장 정확하게 표현하는 키워드는 다양성, 그리고 다양성이 만들어내는 창조성이다. 사람들은 지역주민의 일상에서 배어 나온 개성과 다양성을 로컬에서 발견한다. 이는 획일적인 전통상권에선 찾을 수 없는 요소다. 사람들은 단순히 로컬이 아니라 다양하고 창조적인 '크리에이티브 로컬'에 매력을 느끼는 것이다.

로컬의 핵심은 공간이 아니라 크리에이터

리테일 기업과 부동산 개발회사가 크리에이티브 로컬을 의도적으로 재현하기란 쉽지 않다. 물리적인 공간은 흉내낼 수 있겠으나 그것에 문화를 이식하는 것은 사람의 문제다. 지역자원과 네트워크를 연결해 자신만의 콘텐츠를 만드는 '로컬 크리에이터'가 있어야 가능하다.[*]

로컬 크리에이터는 지역에서 혁신적인 사업을 통해 새로운 가치와 지역문화를 창출하는 사람들이다. 지역으로 간 로컬 크리에이터에게 이주 동기를 물으면 공통적으로 '하고 싶은 일을 하기 위해, 살고 싶은 삶을 살기 위해' 지역에 정착했다고 대답한다. 나다움의 추구가 로컬과 로컬 비즈니스를 택한 이유다.

'나다움'을 중시하는 밀레니얼 세대와 Z세대에게 로컬은 기성세대의 문화로부터 자유롭고 독립적인 공간이다. 서울과 대도시, 그리고 그곳의 중심부는 나다움을 억제하는 기성문화가 지배하는 공간이다. 그들은 다른 사람이 만든 일, 다른 사람이 원하는 삶, 다른 사람이 계획한 미래에서 벗어나 온전히 내가 원하는 삶을 살고 싶어 한다.

또한 그들은 지역과 상생하기를 원한다고 말한다. 그 이유는

---

[*] 오프라인 리테일에서 로컬 크리에이터라는 용어를 처음 쓴 기업은 어반플레이다. 2016년 후반부터 로컬 콘텐츠 기반 공간 비즈니스를 표현하는 단어로 사용하기 시작했고 2018년 9월 '로컬 크리에이터 라운지' 연남장을 오픈하면서 공식 언어로 채택했다. 일본에서 비슷한 의미로 사용되는 용어는 '로컬 크리에이티브'다.

정신적이기도 하고 현실적이기도 하다. 대부분 개인의 자유를 찾아 지역으로 이주하지만, 사회적인 인간으로서 일정 수준의 커뮤니티, 그들의 표현을 빌린다면 느슨한 연대를 원한다. 어떻게 보면 대도시에 남은 사람보다 공동체에 대한 욕구가 크기에 지역을 찾았을 수도 있다.

현실적인 이유도 중요하다. 독립적인 삶을 실현하려면 지속 가능한 비즈니스 모델을 찾아야 한다. 대기업과의 경쟁에서 이기려면 차별화가 필요한데, 지역과의 상생을 통해 특색 있으면서 기반이 튼튼한 비즈니스를 개발할 수 있다. 다른 지역에서 찾을 수 없는 경험과 상품을 찾는 여행자가 점점 늘어나는 현상도 '지역다움'의 성공 가능성을 높이는 요인이다.

로컬 크리에이터가 종사하는, 그리고 선택할 수 있는 업종은 수없이 많다. 한국 로컬의 원조라고 할 수 있는 골목상권의 로컬 크리에이터는 처음에는 커피전문점, 베이커리, 독립서점, 수제 맥줏집 등으로 출발했다. 지금은 복합문화공간, 커뮤니티 호텔, 코워킹과 코리빙, 라운지와 살롱 등 사람과 장소를 연결하는 커뮤니티 비즈니스 성격의 업종으로 진출하고 있다. 기술과 콘텐츠가 연결되면서 로컬 비즈니스는 앞으로 미디어, 액티비티, 제조업, 이커머스 등으로까지 확장될 전망이다.

오프라인에 새로운
기회를 선사할 로컬

과연 로컬 크리에이터가 지역에 안착할 수 있을까? 기회가 온 것은 확실하다. 시대적으로 한국이 로컬로 눈을 돌려야 할 때가 됐다. 다양성과 개성을 요구하는 탈산업화 사회에서 1960년대 이후 추진한 국가산업 체제는 더 이상 작동하지 않는다. 2010년 이후 구조적인 불황에서 벗어나지 못하는 주력 산업의 상황이 이를 반증한다. 과도한 세계화에 대한 반성으로 지역공동체를 강화하는 전 세계적인 추세도 한국 로컬에 새로운 기회다.

2010년 이후 등장한 로컬 지향 현상은 크게 다섯 가지 형태로 진행된다.

첫째로 기성세대도 적극적으로 참여하는 귀농귀촌이다. 한국농촌경제연구원에 따르면 2017년 귀농귀촌 인구가 처음으로 50만 명을 상회했다. 그 후 성장세가 둔화했으나 코로나 시대가 촉발한 탈대도시 현상이 본격적으로 시작되면 다시 성장세를 회복할 것으로 전망한다. 둘째가 2010년에 시작된 제주 이민이다. 제주 이민 현상으로 제주는 로컬과 탈서울 운동의 중심지가 됐다. 셋째로 동네 지향 현상을 주목할 수 있다. 슬세권(슬리퍼를 신고 활동할 수 있는 지역), 홈 어라운드 소비(집 주변 소비), 스세권(스타벅스 매장이 있는 지역) 등의 신조어에서 알 수 있듯이 이제 동네 중심으로 생활하는 것이 하나의 문화가 됐다. 동네 지향은 이를 가능하게 할 만큼 동네 상권과 인프라가 좋아졌음을 의미한다. 넷째, 장소 지향도 로컬 지향의 한 유형이다. 여행객들은 '내가 있는 장소가 나를 말한다'라고 말하며, 사진 찍기 좋은 핫플레이스와 포토존을 찾는다. 마지막으로 고향 지향 현상이 있다. 일반적인 언론 보도와 달리, 서울과 고향에 대한 지방 청년들의 인식은 과거와 다르다. 리서치코리아의 2018년 조사에 따르면 대구 출신 서울 청년의 42%가 귀향 의사를 표명했다. 서울 생활에 지쳐 귀향해 농촌 생활에 적응해 가는 젊은이의 이야기를 그린 영화 〈리틀 포레스트〉는 서울에 대한 청년들의 정서를 대변한다.

로컬 지향은 2019년에 들어서면서 언론에 공개적으로 회자되는 트렌드가 된다. 로컬 담론의 물꼬를 튼 출판물은 어반플레이의 《로컬전성시대》다. 전성시대를 선언할 정도로 로컬과 로컬 비즈니스란 단어가 대중들에게 익숙해진 것이다. 로컬은 2021년 트렌드에 대한 각종 리포트들에서도 한 장을 장식하는 중요한 트렌드가 됐다. 빅데이터를 검색했을 때 로컬과 가장 많이 연결되는 단어는 다양성이다. 한국 사회가 삶의 질을 중시하는 라이프스타일로 나아간다면, 로컬 중심의 삶으로의 개편은 불가피하다. 친환경, 커뮤니티, 개성, 다양성 등 삶의 질을 결정하는 요소들이 로컬에서 실현 가능한 가치이기 때문이다.

정부도 로컬 트렌드에 부응해 2016년부터 '지역생활문화 청년혁신가', 즉 로컬 크리에이터를 위한 지원사업을 시작했다. 2019년 중소벤처기업부는 로컬 크리에이터 사업을 전국으로 확대했다. 지자체도 자체 예산으로 로컬 비즈니스 생태계를 구축하고 있다. 서울시는 '넥스트로컬' 사업을 통해 서울 청년의 지역창업을 지원한다. 앞으로는 더 많은 지자체가 독립적인 지역산업 육성을 위해 로컬 비즈니스를 지원할 것으로 전망한다.

다양한 분야에서 활동하는 로컬 창업가들은 이제 로컬 크리에이터 지원사업을 중심으로 하나의 커뮤니티를 형성하기 시작했다. 정체성이 구체화되고 제도화되면서, 〈비로컬be Local〉과 같은 커뮤니티 미디어가 등장해 외부와 내부 간 소통도 원활하게 한다. 지역 내 커뮤니티도 상권, 지원기관, 코워킹 스페이스, 학교를 중심으로 형성된다.

　다양성과 창의성을 시대정신으로 이해하는 밀레니얼과 Z세대의 등장도 로컬의 미래를 밝게 한다. 마쓰나가 게이코가 지적한 대로 MZ세대(밀레니얼 세대와 Z세대를 통칭)의 로컬 지향은 글로벌 현상이다. 2008년 글로벌 금융위기를 겪은 미국 청년, '잃어버린 20년'과 2011년 동일본 대지진을 경험한 일본 젊은이들은 더 이상 안정적인 일자리와 소득을 제공하지 못하는 금융기관과 대기업의 대안으로 로컬에서 자신만의 생존법을 찾았다.

로컬 크리에이터를 위한 안내서

미래 세대는 상대적으로 자유롭고 문화자원이 풍부한 지역에서 새로운 차별화와 자기표현 기회를 찾을 것이다. 문제는 로컬 크리에이터 업業에 대한 철학과 지식이다. 지역성과 결합된 자신만의 콘텐츠로 가치를 창출하는 로컬 크리에이터가 새로운 산업으로 부상하고 관련 정보와 지식이 축적되고 있으나, 로컬 크리에이터를 체계적으로 훈련하기 위한 교재는 아직 정리돼 있지 않다.

　《머물고 싶은 동네가 뜬다》는 사례 중심의 로컬 크리에이터 입문서다. 필자의 전작 《골목길 자본론》이 상권 단위로 로컬을 분석했다면, 이 책은 로컬에서 기회를 찾는 창업가를 위해 로컬을 활용하는 방법을 말한다. 스타트업과 스몰 비즈니스와 비교해 로컬 크리에이터의 차별성은 각 지역별로 가지고 있는 커뮤니티와 콘텐츠다. 로컬 크리에이터의 경쟁력은 지역의 자원을 발굴하고 이를 첨단 기술과 지역 커뮤니티와 연결해 혁신적인 콘텐츠를 개발하는 것에서 나온다. 이 책은 로컬 비즈니스가 성공하기 위해 갖춰야 할 지역성과 콘텐츠 역량에 대한 다양한 사례와 분석 툴을 소개할 것이다.

《머물고 싶은 동네가 뜬다》에서 강조하는 창업가의 덕목은 '세계관'이다. 필자가 《인문학, 라이프스타일을 제안하다》에서 강조한 것처럼 한국에서 로컬에 창업하려면 뚜렷한 세계관을 갖춰야 한다. 로컬 크리에이터가 가는 길에는 기성세대 문화에 순응하는 가치관으로는 타개할 수 없는 수많은 난관이 놓여 있다. 이 책이 제시하는 인재상은 인문학으로 세계관을 세우고, 사회과학으로 지역과 상생하는 마인드를 키워, 경영학으로 지속가능한 가치를 창출하는 창업가다. 그래서 책의 구성도 정체성 확립, 로컬 경제의 이해, 로컬 비즈니스 모델 등 로컬 크리에이터에게 요구되는 일의 순서대로 꾸렸다.

로컬 크리에이터가 지역발전으로 이어지는 통로는 두 갈래다. 첫째는 전국 브랜드로의 성장이다. 굳이 외국에서 성공 사례를 찾을 필요는 없다. 대전의 성심당, 군산의 이성당, 강릉의 테라로사와 카페 보헤미안, 통영의 남해의봄날, 부산의 삼진어묵과 덕화명란, 제주의 제주 매거진 〈iiin〉, 서교동의 로컬스티치, 연남동 연남방앗간의 참깨라테 등이 전국 브랜드로 성장한 한국의 로컬 브랜드들이다.

두 번째가 《골목길 자본론》이 제시한 지역발전의 로컬 크리에이터 패러다임이다. 동네에 골목상권이 들어서면 동네가 브랜드가 되고, 동네가 브랜드가 되면 창조인재와 기업이 들어온다. 로컬 브랜드가 단위 기업에 의한 지역발전이라면, 동네 브랜드는 생태계에 의한 지역발전이다.

지역과 상생하는 로컬 크리에이터는 사업뿐 아니라 도시에 대한 명확한 비전을 가져야 한다. 《머물고 싶은 동네가 뜬다》에서 제시하는 모델은 미국의 포틀랜드다. 포틀랜드는 스스로를 작은 창작자와 메이커의 도시로 브랜딩하고 있다. 지속가능성과 로컬 크리에이터 산업을 기반으로 새로운 도시문화와 산업을 개척해 창조도시의 교과서적 모델로 부상했다. 그렇다면 한국의 포틀랜드는 어느 곳일까? 한국의 로컬 크리에이터가 개척할 다수의 '포틀랜드'가 번성하는 미래를 기대한다.

이 책의 1부는 탈산업화 시대에 로컬이 어떻게 기업과 상권의 경쟁력으로 작용하는지 설명한다. 로컬 경쟁력은 코로나 위기로 더욱 중요해졌다. 생활반경이 좁혀진 소비자들이 더 많은 로컬 상품과 서비스를 요구하기 때문이다. 이 변화의 승자는 '머물고 싶은 장소'가 될 것이다. 온라인이 대체할 수 없는 로컬 콘텐츠로 머물고 싶은 곳이 된 공간, 상가, 그리고 동네가 뜰 것이다.

2부에서는 로컬 크리에이터가 어떤 배경에서 성장하고 어떤 일을 하며 어떤 정체성과 세계관을 갖고 있는지를 설명한다. 아직 소수만이 선택하는 일을 하는 로컬 크리에이터는 일반 창업가보다 뚜렷한 정체성이 필요하다. 나다움과 라이프스타일을 바탕으로 일과 삶을 통합해야만 나만의 콘텐츠를 만들어 생존할 수 있다.

3부의 주제는 창업 가이드다. 로컬 비즈니스 형태를 '앵커스토어, 라이프스타일 비즈니스, 인프라 비즈니스' 등 세 가지로 분류하고 각 유형의 창업 방법론을 논의한다. 그리고 세 유형을 관통하는 핵심 기술을 '로컬 콘텐츠 개발'로 정의하고 이에 대한 방

크리에이티브 로컬 구조

로컬 크리에이터	일과 세계관 (2부)	로컬 콘텐츠 개발 (3부)	장인대학 (5부)
로컬 비즈니스	창업 방법론 (3부)	비즈니스 모델 (4부)	비즈니스 확장 (5부)
오프라인 생태계	오프라인 역사 (1부)	생태계 조건 (5부)	오프라인 미래 (4부)

법론을 정리했다.

4부에서는 '로컬 비즈니스 모델'과 이를 성공적으로 추진하는 국내외 사례를 소개한다. 창의성과 지역성을 기반으로 삼는 로컬 비즈니스 모델은 시공간적으로 고정되어 있지 않다. 융복합과 컬래버를 통해 시장의 다양한 콘텐츠 수요를 만족한다.

5부에서는 로컬 브랜드 생태계의 지속가능성을 논의한다. 로컬 크리에이터는 지역을 기반으로 활동한다. 따라서 지역의 비즈니스 생태계가 일반적인 기업들의 경우보다 훨씬 더 중요한 요소일 수밖에 없다. 로컬 크리에이터 산업이 지속가능하기 위해서는 그에 맞는 도시를 건설하는 게 중요하다. 필자가 로컬 크리에이터에게 가장 적합한 생태계로 제시하는 모델은 '소상공인 도시'다. 공간, 쇼핑센터, 상권 등 오프라인의 주요 영역이 창조 커뮤니티라는 하나의 도시로 수렴하듯이, 로컬 크리에이터 생태계도 도시의 형태로 진화할 것이다.

창조 커뮤니티로 정의할 수 있는 '크리에이티브 로컬'은 크리에이터, 비즈니스, 오프라인 생태계가 서로 중첩된 복합적인 구조로 되어 있다. 로컬 크리에이터의 커뮤니티, 로컬 비즈니스 모델의 집합체이자 동시에 오프라인 생태계인 것이다. 크리에이터, 비즈니스, 오프라인은 또한 각각 하나의 독립된 판으로 이해할 수 있다. 복합적으로 이루어진 크리에이티브 로컬을 각각의 판으로 나누어 읽기를 원하는 독자는 앞 장의 로드맵을 참고할 수 있다. 크리에이티브 로컬의 주인공인 로컬 크리에이터의 일과 철학, 그리고 그들이 만들어지는 과정에 관심 있는 독자는 2부에서 다루는 로컬 크리에이터의 일과 세계관, 3부 5장의 로컬 콘텐츠 개발, 2부 1장, 5부 4장에서 다루는 장인대학 순으로 읽는 것을 추천한다. 로컬 비즈니스 모델은 3부의 로컬 비즈니스 창업, 4부의 비즈니스 모델, 비즈니스 확장을 다루는 5부에서 집중적으로 논의한다. 오프라인 시장의 역사와 미래, 그리고 오프라인과 로컬의 관계에 관심이 있는 독자는 1부 1장에서 얘기하는 오프라인 시장의 역사, 5부 4장, 5장의 오프라인 시장의 생태계의 조건, 4부 16장, 17장에서 다루는 공간과 쇼핑센터의 미래에서 의문을 해소할 수 있을 것이다.

차례

1부　오프라인의 미래,
　　　　로컬로 수렴하다

2부　새로운 오프라인 시대의 기획자
　　　　로컬 크리에이터

5부 | 지속가능한 로컬 비즈니스를 위하여

1

오프라인의 미래,
로컬로 수렴하다

01
오프라인 시장의
오래된 미래

"오프라인 시장의 미래는 로컬이다."

이 책을 한 문장으로 요약한 말이다. 역사적 관점에서 오프라인 시장은 로컬로 수렴한다는 의미다. 오프라인이 로컬로 수렴한다면, 현대적 오프라인 시장의 출발점은 어디일까? 로컬이 기업과 상권의 경쟁력으로 작용하는 과정에 대해 설명하기에 앞서 오프라인 시장의 발달과정부터 살펴보겠다.

현대적 시장의 원형은 중세 상업도시에서 찾을 수 있다. 중세 상업도시의 중심지는 중세 상인과 수공인들이 성 안을 의미하는 부르고Bourg에 모여서 만든 시장이었다. 시장은 상공인들의 영업지이자 주거지였다. 거리에 맞닿게 매장과 작업장을 배치하고 위층이나 매장 뒤에 주거 공간을 만들었다. 개념적으로 상가와 주거지가 한 건물에 있는 현대의 상가주택이나 주상복합과 크게 다르지 않다.

16세기 암스테르담에 대한 기록은 중세 상업도시의 전형적인 모습을 잘 보여준다. 서구 무역의 중심지답게 설탕, 향료, 커피, 도자기 등 수많은 신세계 상품이 항구로 몰려들었고 상인들은 이를 수송할 수 있는 운하와 창고, 거래소를 건설했다. 중세 상인 도시의 특징을 네 가지 키워드로 살펴보자.

첫 번째 키워드는 목적지Destination이다. 중세 시장은 도시인에게 휴식과 엔터테인먼트를 제공하는 장소였다. 서커스, 놀이와 경연, 댄스파티, 퍼레이드 등 다양한 공연과 행사가 열렸고 마술사, 음악가, 배우가 거리에서 '공연'했다. 귀족들이 저택에서 예술을 즐겼다면, 평민은 시장 거리에서 문화를 향유했다.

두 번째 키워드는 공동체 가치Values다. 중세 시장은 단순히 거래 장소로 그치지 않았다. 전술한 대로 다양한 문화행사가 열리고, 시민들이 공동체 문제에 대해 논의하는 공론의 장이었다. 지역 정체성, 시장과 도시 공공재, 풀뿌리 협력 등의 공동체 가치가 시장에서 배양됐다.

세 번째 키워드는 주상복합Retail+Residential이다. 앞서 설명한 바와 같이 중세 상인과 수공업자들은 상업, 작업, 생활공간을 구분하지 않았다. 거주지의 일부가 공장이나 매장이었고, 일부가 생활공간이었다. 현대적 용어로 표현하자면 도심의 모든 건물이 주상복합이었다.

마지막 키워드는 혁신Innovation이다. 중세 경제에서 시장은 혁신의 장소였다. 13세기 이후 중세 도시 간 무역이 확대되면서 중세 도시는 자급자족 경제에서 대외무역 경제로 진화한다. 지역으로 분산됐던 시장이 통합되면서 계약, 사법상인Law Merchant, 회계,

금융, 주식회사 등 원거리 거래를 지원하는 많은 시장경제 제도가 발명됐다. 제도적 혁신뿐만이 아니다. 상인과 수공인들이 상호작용하면서 시계, 종이, 출판 등 기술적 혁신도 일구었다. 현대 경제학 용어를 사용하면 시장은 네트워크 효과Network Effect와 외부효과External Effect를 창출하는 혁신의 장소였다.

중세 상인 도시는 한마디로 주민들이 멀리 이동하지 않고 일, 생활, 놀이를 근거리에서 해결하는 생활권 도시였다. 로컬을 일정 수준 독립된 생활권으로 정의한다면, 근대 오프라인의 기원은 로컬이었던 것이다. 로컬에서 시작한 오프라인이 자연스럽게 로컬로 돌아가고 있다.

19세기 가로상권, 아케이드, 백화점의 등장

목적지, 공동체, 주상복합, 혁신 중심지로 기능했던 중세 상업도시는 르네상스 도시를 거쳐 18세기 산업혁명 이후 근대 도시로 발전한다. 산업의 중심이 상업에서 제조업으로 넘어가면서, 시장은 더 이상 자본가가 활동하는 무대가 아니었다. 도시 주민이 생필품을 소비하는 공간으로 '전락'한 것이다. 도시 곳곳에 들어선 공공 시장이 번잡해지자, 유럽의 도시는 야외 시장으로 운영되던 전통시장을 건물 안으로 모으기 시작한다. 시정부가 건설한 실내 전통시장Market Hall은 주로 기차역 주변에 배치됐다.

전통시장과 대비되는 가로상권은 19세기에 나타났다. 18세기, 부르주아가 지배계급으로 부상하면서 도시문화의 중심이 궁전에서 거리로 이동했다. 궁전의 전유물인 미술관, 공연장, 도서관이 거리로 나온 것이다. 부르주아 계급은 대중이 접근할 수 있는 문화시설을 적극적으로 건설하고 후원함으로써 스스로를 귀족과 차별화했다. 박물관, 미술관, 콘서트홀 등 우리가 향유하는 대중적인 문화예술 시설은 부르주아 혁명의 결과물이다. 부르주아는 문화의 영역도 확장했다. 사람들이 거닐고 모이는 거리의 문화가 새로운 문화로 등장했다. 도시의 거리를 산책하는 시민과 그들이 가는 카페, 술집, 잡화점 등 상업시설이 어우러져 만들어진 거리문화가 도시문화의 중심으로 진입했다.

새로운 부르주아 문화를 바탕으로 상업도시를 넘어 근대 대도시로 확장한 곳이 파리다. 부르주아 혁명의 혼란이 진정되는 1830년대, 레스토랑, 카페, 가로등 등 우리가 근대 도시문화의 아이콘으로 여기는 거리문화가 파리에 출현한다. 오염물로 가득했던 파리의 거리가 새로운 형태의 도시문화를 즐길 수 있는 거리로 변신한 것이다. 이런 거리문화를 배경으로 산책자Flaneur 중심의 파리의 보헤미안 문화가 태동한다.

이때 파리에선 양쪽으로 가게가 들어선 거리 위를 유리 천장으로 덮는 파사주Passage가 유행한다. 1850년대 백화점이 등장하기 이전 파리 시민들이 즐겨 찾던 상업지구였다. 영어로는 아케이드Arcade라고 불린 이 회랑식 상가는 프랑스 지식인들이 서민 문화를 관찰하기 위해 찾는 장소였다. 이 지역은 역설적으로 1930년대 독일의 문화 비평가 발터 벤야민이 근대 자본주의의 물신성을 발견하고 비판한 장소가 된다.

파리가 대표적인 근대 도시로 탈바꿈하는 과정에 결정적으로 기여한 사람이 있다. 1860년 파리 개조 사업을 시작한 조르주

오스만 백작이다. 오스만 백작은 파리를 거리, 마을, 공원, 공공 미술 중심의 근대 도시로 탈바꿈시켰다. 오스만의 도시 계획의 결과로 전차, 백화점, 레스토랑, 거리, 박람회, 미술관, 공원으로 대표되는 근대 문화가 탄생했다.

백화점이 새로운 상가로 등장함으로써, 성 안의 전통시장에서 시작된 시장문화가 귀족문화의 중심지로 자리 잡은 것이다. 누구에게나 개방된 가로상권과 달리 특정 계층을 위한 백화점은 계급적으로 폐쇄적인 공간이었다.

현대 리테일의 시작과 진화

필립 코틀러는 《필립 코틀러 리테일 4.0》에서 백화점의 탄생을 현대 리테일의 시작으로 평가한다. 19세기 중반 백화점이 등장하기 전, 리테일은 전문성 있는 상점 주인 또는 운영자가 고객을 직접 응대하는 방식이었다. 백화점은 대량 전시를 통해 경험을 중개하는 소매상을 대체했다. 백화점 중심의 리테일 1.0 체제는 대부분의 선진국 도시에서 20세기 중반까지 유지된다.

코틀러의 리테일 2.0 시대는 1950년대 미국 중부 지역의 미네아폴리스에 처음 등장한 쇼핑몰과 함께 시작했다. 쇼핑몰은 부동산 개발회사가 다양한 리테일 브랜드를 유치하는, 상가와 리테일의 운영이 분리된 형태다. 리테일 기업이 파워센터 또는 빅박스 매장으로 불리는 대규모 원스톱 쇼핑 매장을 운영하는 모델은 월마트Walmart가 개척했다. 월마트의 파워센터인 슈퍼센터는 1988년 미주리주 워싱턴에서 처음 개장했다. 월마트가 슈퍼센터를 시작한 후, 홈디포Home Depot, 베스트바이Best Buy 등이 주로 교외 지역에 대규모 파워센터를 건설하기 시작했다.

백화점과 달리 쇼핑몰과 파워센터는 전통시장의 거리문화와 활력을 다양한 상점이 입점하는 단지 형태로 구현했다. 가장 큰 차별점은 규모다. 교외의 넓은 공간에 조성한 대규모 매장을 통해 백화점이 제공할 수 없는 소비자 경험과 엔터테인먼트를 공급했다. 또한 코틀러는 쇼핑몰 대중화의 원인을 자동차에서 찾는다. 자동차를 소유한 사람이 늘어나며 개인도 많은 물건을 손쉽게 운반할 수 있게 된 것이다.

리테일 3.0 시대를 대표하는 이커머스는 인터넷이 대중화된 1990년대 등장했다. 온라인 쇼핑 모델을 개척한 아마존도 1994년에 창업했다. 온라인 쇼핑의 혁신은 편의성과 소비자 참여에 있다. 코틀러는 상품에 대한 리뷰를 작성하거나 볼 수 있고, 추천 기능을 쓸 수 있단 것을 온라인의 가장 큰 장점으로 평가한다. 온라인 쇼핑은 가파르게 성장해 코로나 위기가 기승을 부린 2020년 3/4분기에는 미국 리테일 시장의 14.3%를 점유했다.

오프라인의 역사는 리테일 3.0에서 끝날까? 코틀러는 새로운 유형의 리테일이 등장할 것이라 전망한다. 이를 온·오프라인 융합 중심의 리테일 4.0이라 부른다. 황지영도 《리:스토어》에서 온라인과 오프라인은 제로섬이 아니라며 글로벌 이커머스 기업들이 연이어 오프라인에 진출하는 점을 든다. 리테일의 미래는 온·오프라인 융합과 균형에 있다는 것이다. 리테일 4.0 시대에는 온라인이 제공하지 못하는 오프라인만의 감성과 경험을 제공하는 실력 있는 기업이 디지털 전환을 통해 온·오프라인을 융합하는 딥택트Deep Tact 시장을 선점할 것이다.

리테일 4.0 시대의 오프라인

오프라인 기업이 딥택트를 주도하려면 어떻게 해야 할까? 혁신적인 오프라인 기업의 대응에서 실마리를 찾을 수 있다. 오프라인 혁신을 주도하는 기업은 디지털 전환을 시도하면서 한편으로는 오프라인 고유의 자산을 발굴하기 위해 노력한다. 오프라인 고유의 경쟁력을 기반으로 성장하길 원하는 오프라인 기업은 새로운 리테일 환경에서 어떤 기회를 찾을 수 있을까?

중단기적으로는 코로나 팬데믹 경험이 오프라인의 진화에 큰 영향을 미칠 것이다. 코로나 위기로 우리는 위생과 쾌적성, 디지털 전환, 동네 경제의 중요성을 깨달았다. 안전 의식이 높아지고 온라인의 편리함에 익숙해진 소비자는 코로나 이후에도 공간의 안전성과 온라인과 오프라인의 융합을 요구할 것이다. 코로나 위기로 생활반경이 좁아지면서 늘어난 동네 소비도 일상의 한 부분이 됐다.

이 중 오프라인 관점에서 주목해야 하는 트렌드가 소비의 로컬화와 직주근접 선호다. 하나금융경영연구소의 보고서에 따르면 서울에서 같은 자치구 내에 직장과 거주지가 있는 사람의 비중이 2018년에 이미 50%를 넘어섰다. 그만큼 밀레니얼 세대는 직장과 가까운 곳에서 살기를 원한다. 코로나로 인해 대중교통에 대한 불안감이 높아지면서 직주근접이 더욱 중요해졌는데 이것이 밀레니얼 세대의 주택 구매를 부추긴 요인 중 하나기도 하다.

도시구조를 직주근접 생활권 중심으로 재편한다면, 정부는 일자리를 생활권으로 분산하고 그곳에 새로운 주택을 공급해야 한다. 생활권을 완성하려면 상권이 필요하다. 스타벅스가 위치한 동네를 의미하는 스세권의 부상이 말해 주듯, 상업시설은 밀레니얼 세대가 삶의 질을 판단하는 중요한 기준이다.

오프라인 기업은 생활권 중심의 로컬화에서 새로운 기회를 찾을 수 있다. 글로벌 기업의 로컬화 전략이 그 방향성을 제시한다. 뛰어난 기술력과 디자인을 기반으로 삼는 브랜드가 넘치는 상황에서 글로벌 기업들은 로컬화로 차별화를 꾀한다. 인터넷, SNS 등 새로운 기술이 로컬화 비용을 낮춘 것도 로컬화가 용이해진 요인이다. 최근 부상하는 로컬화 모델은 '동네 사랑방'이다. 애플스토어를 '도시 광장Town Square'이라고 부르는 것에서 알 수 있듯이, 글로벌 기업들도 사람들이 모이고 소통하는 '동네 플랫폼'이 되기 위해 노력하는 것이다.

장기적인 트렌드는 쇼핑센터의 대응에서 엿볼 수 있다. 쇼핑센터는 온라인 쇼핑의 부상, 소비자의 취향 변화에 가장 발 빠르게 대응하는 기업이다. 국내외 쇼핑몰은 재미와 결합된 쇼퍼테인먼트, 아트와 연결된 아트테인먼트 등 경험과 감성을 확대하는 방식으로 새로운 도전에 대응하고 있다. 파워센터에 집중하던 한국의 유통 대기업들도 2010년 이후 온라인과의 차별화를 위해 경험 마케팅을 강조하기 시작했다.

네오밸류 손지호 대표는 미국의 오프라인 쇼핑몰 변천사를 1세대 네이버후드Neighborhood 상가, 2세대 광역 쇼핑몰과 파워센터, 3세대 라이프스타일 센터로 설명한다. 지역 커뮤니티로 디자인된 상권에서 라이프스타일을 누리고 시간을 소비하는 쇼핑몰이 라이프스타일 센터다. 한국에서 라이프스타일 센터를 처음으로 도입한 곳이 네오밸류의 앨리웨이 광교다.

상가 이름이 앨리웨이라는 것에 주목해야 한다. 신도시 상가에서 구현하려는 문화가 앨리웨이, 즉 골목의 문화다. 여기서 말하는 골목문화는 기성세대가 골목을 연상할 때 떠올리기 마련인 추억이나 정감과는 무관하다. 자연스럽게 형성된 주민문화와 취향 공동체가 만드는 새로운 도시문화다. 네오밸류는 밀레니얼이 선호하는 도시문화를 창조하는 장소로 골목상권을 주목한 것이다.

네오밸류만이 아니다. 호반건설, 이지스자산운용, 이마트, 신세계, 대림건설도 거리문화에서 영감을 얻고 있다. 호반건설의 아비뉴프랑, 이지스자산운용의 인사동 쌈지길, 이마트24의 대구 고성동 투가든, 신세계 동대구점의 푸드코트 루앙스트리트, 대림건설의 디타워와 디뮤지엄 모두 골목문화를 재현한 쇼핑거리로 조성됐다.

대기업들이 추진하는 부동산 개발 프로젝트들이 보여주듯, 오프라인 상권의 감성을 주도한 상권은 골목 지역의 가로상권이다. 예술가와 크리에이터가 활동하며 개척한 지역이기 때문에 힙스터 상권으로 불린다. 대도시 주거지나 재생된 낙후지의 상권으로 가치 소비, 감성 소비를 중시하는 소비자에게 어필하는 새로운 상권이다.

1990년대 힙스터 지역은 이스트 빌리지 등 뉴욕 맨해튼의 예술가 지역에서 시작해 브루클린, 퀸즈 등 전통적인 주거지역으로 확산됐다. 한국 골목상권의 기원도 1990년대 인디뮤지션, 예술가, 작가, 디자이너, 콘텐츠 창작자, 외국인이 즐겨 찾던 개성 있고 운영자의 취향이 담긴 홍대의 상업시설과 문화공간에서 찾을 수 있다. 동시대의 북촌과 이태원도 각각 지역의 전통과 외국인 문화를 기반으로 뚜렷한 특색의 골목문화를 개척했다. 홍대, 이태원, 북촌에서 형성된 거리문화는 2000년대 이후 골목상권이라는 공간적 매개를 통해 전국으로 확산됐다.

골목상권을 찾는 밀레니얼 세대는 골목이 제공하는 차별화된 감성과 경험을 소비한다. 한국의 골목상권, 미국의 힙스터 상권은 창의적인 소상공인과 예술가가 활동하는 주거지역의 가로 상권이다. 많은 상인이 실제로 거주하고, 다른 상인과 협업하며 새로운 도시문화를 창조하는 곳이다. 일, 생활, 놀이를 같은 장소에서 해결하는 생활권으로, 로컬의 전형이라고 정의할 수 있다.

온라인이 대신할 수 없는 로컬의 가치

로컬에서 미래를 찾는 것은 오프라인 기업만이 아니다. 오프라인의 미래를 논의하고 전망하는 전문가도 마찬가지다. 거의 예외 없이 온라인이 제공하지 못하는 가치에 집중해야 한다고 조언한다. 《리테일 바이블 2020》이 제안하는 대안도 팝업 스토어, 플래그십 스토어, 편집숍 등의 체험형 매장이다.

글로벌 컨설팅 기업 에이티커니ATKearney는 미래의 쇼핑센터가 추구해야 할 가치로 목적지Destination, 사회적 가치Values, 주상복합Retaildentional, 혁신Innovation을 제안한다. 미래 쇼핑센터가 소비자를 적극적으로 끌어드리는 '소비자 인게이지먼트 센터Consumer Engagement Center'로서 소비자가 경험과 엔터테인먼트를 즐길 수 있는 목적지 센터Destination Center, 공동체의 가치를 구현하고 경험하는 가치 센터Values Center, 주거와 쇼핑의 융합이 가능한 주상복합Retaildential Space, 리테일 혁신의 기반이 되는 다양한 데이터를 생산하고 소비자가 이를 테스트하는 혁신 센터Innovation Center 등 다양한 기능을 제공해야 한다는 것이다.

가로상권의 미래도 다르지 않다. 미국의 중심상가Main Street를 지원하는 민간단체인 메인 스트리트 아메리카Main Street America가 강조하는 키워드는 경험Experience, 로컬Local, 연결Connection, 사회적 의식Social Consciousness이다. 소도시 중심상권이 사람을 모으려면, 소매상가 성공에 필요한 활기찬 가로 활동은 기본이다. 쾌적한 공원과 거리, 행사와 축제, 팝업스토어 등 더 많은 경험, 지역사회와 공동체를 묶을 수 있는 더 강한 로컬 정체성, 소비자와 소비자, 소비자와 상인, 상인과 상인 사이의 더 다양한 연결, 환경, 에너지, 토지 이용에 대한 사회적 책임을 넘어 로컬 창업, 독립기업 지원 등 더 중요한 사회적 가치를 제공해야 한다는 것이다.

오래된 미래: 로컬로 회귀하는 오프라인

따지고 보면 에이티커니와 메인 스트리트 아메리카가 제안하는 오프라인의 미래는 '새로운 미래'가 아니다. 목적지, 사회적 가치, 주상복합, 혁신 등 적어도 키워드로 봤을 때 중세 상업도시와 다르지 않다. 중세인이 중세 시장에서 찾은 가치와 우리가 미래 상권에서 기대하는 가치가 동일한 것이다. 가로상권은 물론 쇼핑센터도 중세 상업도시가 상징하는 창조 커뮤니티로 향하는 것이다.

오프라인 소매 방식도 전통시장으로 회귀한다고 말할 수 있다. 코틀러는 미래의 매장은 지금보다 작아질 것이며, "나름의 기준으로 잘 선별된 적은 수의 물건 안에서 전문성이 있는 관리자가 적절한 추천을 해주는 작은 매장"이 될 것이라 전망한다. "작은 전문점들이 주인공이었던 소매업의 기원으로 돌아가는 일종의 회귀다." 공간 브랜딩 전문가 김주연은 애플스토어의 매력을 유럽 도시의 단순함에서 찾는다. "우리가 파리와 같은 유럽의 구도심을 처음 방문했을 때, 뇌리에 남는 첫인상이 있다. 그 인상은 바로 건물들의 동일한 높이와 비슷한 재료가 만들어 내는 단순한 도시 풍경이다. 고압적이지 않은 낮은 높이의 단순함이 도시를 편안하게 만든다"는 것이다.

장기적인 관점에서 상권의 미래는 미래학자 존 나이스비트의 하이테크와 하이터치 개념으로 정리할 수 있다. 상권은 효율성과 편리성을 제공하는 하이테크 상권과 감성과 체험을 제공하는 하이터치 상권으로 양분된다. 현재 상황에서 하이테크 상권은 온라인 쇼핑, 하이터치 상권은 힙스터 지역과 골목상권이 주도한다. 이 구도에서 대기업이 운영하는 쇼핑몰과 슈퍼스토어가 어떤 역할을 할지가 관건이다.

방향성은 명확하다. 새로운 기술로 하이테크와 하이터치의 균형을 찾는 것이다. 과연 인공적인 공간에서 자연발생적인 가로상권의 하이터치 감성을 재현할 수 있을까? 한국에서는 네오밸류, 미국에서는 그로브몰Grove Mall과 같은 기업이 이미 신도시 쇼핑센터에서 가로상권의 감성을 구현한 라이프스타일 센터를 운영한다. 미래 쇼핑센터는 에이티커니가 제안한 대로 더 가치 중심적인, 더 커뮤니티 중심적인, 더 혁신 중심적인, 더 혼합용도적인Mixed-Used 공간을 추구할 것이다.

오프라인의 미래는 기존의 가로상권과 쇼핑단지에 가로상

권을 재현하려는 대기업 사이의 경쟁에서 결정될 것이다. 가로상권이나 쇼핑단지는 일, 생활, 놀이가 한 곳에서 이루어지는, 하나의 독립된 문화를 창출하는 도시를 꿈꾼다. 이 목표를 대기업이 먼저 달성할지, 아니면 자연발생적인 가로상권이 먼저 달성할지는 아직 지켜봐야 한다. 전략은 다를지 몰라도 그들이 영감을 얻는 지점은 같다. 리테일 대기업과 가로상권은 공통적으로 과거나 현재에 존재하는 일, 생활, 놀이가 한 곳에서 이루어지는 '로컬'에서 영감을 찾는다. 대체 로컬에 무엇이 있길래 로컬에서 미래를 찾는 것일까? 이제 로컬이 상권의 경쟁력으로 작용하는 과정을 보다 면밀히 살펴보겠다.

02
로컬은 탈산업화 시대
창조의 자원이다

오프라인 기업은 로컬에서 탈산업화 사회가 요구하는 창조자원을 찾는다. 탈산업화 사회는 개성으로 경쟁하는 시대다. 1970년대 이후 선진국은 모두 조직력, 효율성, 물질적 성장을 강조하는 물질주의 사회에서 개성, 다양성, 삶의 질을 중시하는 탈물질주의 사회로 전환했다. 한국의 탈물질주의도 2010년대 이후 밀레니얼 세대를 중심으로 확산했다. 탈물질주의 사회에서 개인, 기업, 도시, 국가가 경쟁력을 갖추려면 정체성과 차별성을 갖춰야 한다. 창업에 있어 우선순위는 특이성Singularity과 유일함Uniqueness이며 기업의 경쟁력은 다른 기업이 복제할 수 없는 콘텐츠를 개발할 수 있는지에 달려 있다.

밀레니얼 세대는 정체성에 대한 욕구가 유난히 강하다. 그들은 하나 같이 '자신에게 충실하고 좋아하는 일을 하고 싶다'고 말한다. 정체성은 지역과 국가의 문제기도 하다. 밀레니얼 세대들이 여행을 가서 에어비앤비에 머무는 건, 현지인들과 같은 경험을 하고 싶어서다. 한국을 방문하는 외국인들도 마찬가지다. 한국에서만 경험할 수 있는 문화를 원한다. 복제할 수 없는 경험과 서비스를 제공하지 못하는 지역과 국가는 일차적으로 관광객을, 이차적으로 다양성을 중시하는 창조인재를 유치하기 어렵다.

탈산업화라는 도전에 직면한 한국의 과제는 명확하다. 미래 세대와 국제 경제 환경이 요구하는 개성과 다양성을 산업과 일자리에서 구현해야 한다. 이를 실현하려면 '다름'이란 자원이 필요하다. 그리고 현재 한국에서 로컬만큼 다름의 소재를 풍부하게 공급할 수 있는 자원은 없다.

선진국은 이미 다름을 지역산업의 소재로 활용한다. 밀레니얼이 열광하는 글로벌 브랜드인 스타벅스, 나이키, 이케아는 출신 지역의 생활문화를 비즈니스 모델로 활용해 창업한 경우다. 커피 도시 시애틀이 세계적인 커피 브랜드인 스타벅스를, 아웃도어 도시 포틀랜드가 나이키를, 실용주의 도시 알름홀드가 실용주의 브랜드인 이케아를 배출한 것이다.

우리는 대개 한국의 지역문화가 획일적이라고 생각하지만 생각을 바꿔야 한다. 지난 60년간 이어진 산업화 과정에서 우리는 전통적인 지역문화를 의도적으로 억제했음에도 불구하고 자연환경의 차이에서 파생된 생활 문화의 차이를 씻어내지는 못했다. 지역에 조금만 관심을 기울여도 중앙문화의 표피 속에 숨어 있는 지역성을 쉽게 발굴할 수 있다.

지역성을 지닌 문화, 역사, 자연, 환경, 지리, 장소, 건축물 등이 로컬 비즈니스의 소재가 될 수 있다. 더불어 지역에서 이미 산업화된 제조업, 서비스, 소상공인들 역시 지역성을 발굴할 수 있는 자원이다. 로컬 크리에이터들은 지역에 있는 자원들을 연결해 새로운 로컬 비즈니스 모델을 개척하는데 이들이 주목하는 자원은 '소상공인 장인'이다. 로컬 크리에이터들은 제주 전통공예 장인, 서울 을지로 소공인, 대구 북성로 공구 기술자, 광주 충장동 소상공인과 컬래버해 기존 제품을 리브랜딩 하거나 새로운 브랜드를 개발한다.

지역문화와 경제를 혁신시키는 로컬 크리에이터

지역에 대한 밀레니얼 세대의 생각을 보면, 한국에서 로컬의 미래가 밝은 이유를 알 수 있다. 이들은 기성세대와 달리 로컬을 시골이나 지방, 변두리로 취급하지 않는다. 혁신이 일어날 수 있고 자신만의 라이프스타일을 실현할 수 있는 장소로 여긴다. 미래 세대는 좋아하는 일을 하고 싶은 열망이 강하며 로컬에서 그 일을 찾는다. 로컬은 자유롭고 독립적인 라이프스타일을 추구하는 사람에게 알맞은 공간이다.

실제로 전국 각지에서 밀레니얼 세대가 창업한 기업들이 지역문화와 경제를 혁신하고 있다. 로컬 콘텐츠 편집숍으로 농촌에 새로운 콘텐츠 비즈니스를 창출하는 제주 안덕면 사계생활, 커뮤니티 기반 복합문화공간으로 젠트리피케이션에 대응하는 서울 연남동 어반플레이, 서핑 리조트로 한적한 해변가에 연 수십만 명의 서퍼를 유치하는 강원 양양 서피비치, 제주에서 다양한 놀이 콘텐츠를 개발하는 제주 성산 플레이스캠프제주, 강릉과 광주에서 지역 농산물로 수제 맥주를 생산하는 버드나무브루어리와 무등산브루어리가 대표적이다.

2019년 중소벤처기업부는 지역문제를 해결하고 로컬 문화와 가치를 창조하는 로컬 크리에이터를 독립적인 산업으로 지원하기 시작했다. 지역인재들이 수도권으로 이주하고, 지역에 잔류해도 공무원이나 공공 영역에서 기회를 찾는 분위기에서 창업과 혁신을 통해 밀레니얼 세대가 선호하는 일자리와 산업을 창출하는 로컬 크리에이터가 주목 받는 현상은 분명 한국 경제에 반가운 소식이다.

로컬 크리에이터를 육성하지 않고 지역을 현 상태로 방치하면 그 대가는 고스란히 국민의 몫으로 돌아온다. 한 지자체장은 방관자 양산이 지역 불균형의 가장 큰 폐해라고 설명한다. "현재 지역 상황은 적어도 한국 국민의 50%를 방관자로 만든다. 국민 다수가 수도권만이 성장 창출 능력을 갖고 있다고 믿다 보니 인구의 50%에 달하는 비수도권 국민은 성장을 자신의 문제라고 생각하지 않는다." 새로운 가치를 창출하는 일, 기존 산업을 혁신하는 일, 그리고 지역문제를 해결하는 일조차 중앙의 일로 생각한다는 것이다.

로컬 크리에이터 부상의 배경에는 가치관의 변화와 기술의 변화가 자리하고 있다. 로컬 크리에이터를 찾는 소비자는 감성, 경험, 개성, 다양성 등 탈물질적 가치를 중시한다. 대량생산과 대량소비 중심의 대기업보다는 소비자 각각의 취향을 맞출 수 있는 로컬 크리에이터에게 유리한 소비 행태다.

기술 측면에서 보면 SNS가 생활화되면서 로컬 크리에이터가 위치와 규모에 관계없이 많은 고객을 유치하는 것이 가능해졌다. 지역문화를 창조하는 로컬 크리에이터의 주요 활동무대는 서울과 각 지역 원도심의 골목상권이다. 홍대·합정동, 연남동·연희동, 가로수길, 삼청동·안국동 등 과거 조용한 주택지였던 동네가 맛집 중심지로 부상했다.

로컬 크리에이터 효과는 상권에 그치지 않는다. 동네와 지역을 브랜드로, 창조도시로 만든다. 골목상권이 들어서면 주변 동네가 브랜드가 되고, 동네가 브랜드가 되면 창조인재가 들어온다. 연남동, 상수동, 합정동, 망원동, 후암동, 해방촌, 성수동, 왕십리, 뚝섬 등이 골목상권을 기반으로 '사람과 돈이 모이는' 브랜드로 성장한 동네다. 이곳에는 음식점만 있는 것이 아니다. 곳곳에 코워킹, 코리빙, 건축·디자인 사무소, 복합문화공간, 공방, 독립서점, 예술가 스튜디오 등 크리에이티브 공간이 가득하다. 소비의 공간이었던 골목상권이 스타트업, 소상공인, 예술가가 집적된 한국형 창조도시로 진화하고 있다는 것이다.

서울뿐이 아니다. 지방에서도 로컬 크리에이터가 지역경제를 선도하고 있다. 로컬 크리에이터의 활약에 힘입어 광주 동명동·양림동, 수원 행궁동, 강릉 명주동, 전주 풍남동, 대구 삼덕동이 지역을 대표하는 골목상권으로, 제주 화장품, 강릉 커피, 양양 서핑산업이 지역의 특색을 활용한 지역산업으로 주목받고 있다.

로컬 크리에이터의 활약으로 골목상권은 오프라인 시장에서 유일하게 성장하는 산업이 됐다. 2000년대 중반 홍대, 삼청동, 가로수길, 이태원 등 4곳에서 시작된 골목상권은 2020년 12월 기준 총 155곳으로 늘어났다. 대도시에서만 일어나는 현상이 아니다.

2020년 12월 기준 전국 골목상권 현황

서울(61곳)		광역시(36곳)		기초단체(58곳)	
홍대	서교동, 상수동, 합정동, 망원동, 경의선숲길 동교동, 경의선숲길 대흥역, 연남동, 성산동, 연희동, 상암동(DMC역)	부산	전포카페거리, 초량동, 온천장 카페거리, 영도 흰여울문화마을, 감천문화마을, 해운대 해리단길, 수영구 망미동 망리단길, 수영구 빵천동(남천동), 금정구 범어사 범리단길	강원	강릉 영주동·안목해변· 초당동·포남동, 속초 교동 청초호길·동명동, 양양 죽도해변 양리단길, 정선 고한 마을호텔18번가, 춘천 옥천동·교동·육림고개
남산 (이태원)	이태원동, 꼼데가르송길, 대사관길, 순천향병원, 한남오거리, 우사단길, 경리단길, 회나무길, 해방촌, 후암동, 약수동	대구	근대문화거리(2코스), 김광석길, 북성로, 교동, 삼덕동, 대봉동, 앞산카페거리, 팔공산카페거리, 수성못, 침산동, 고성동	경북	경주 황남동 황리단길·성건동, 구미 금오산 금리단길, 문경 정천로 문리단길, 안동 옥정동·명륜동, 포항 효자동 효리단길, 영주 휴천동 경전 대학로
종로 (삼청동)	삼청동, 북촌, 서촌, 부암동, 익선동, 을지로	광주	동명동, 양림동, 충장동, 송정역	경남	거제 옥포 옥태원길·장승포 이리사촌, 김해 봉황동 봉리단길, 진주 중안동 가로수길·평거동, 통영 봉평동, 창원 용호동 가로수길·도계동 도리단길
강남	가로수길, 청담동, 압구정동, 도산공원, 양재천길, 잠실 송리단길, 방배동 서래마을, 방배동 사이길	대전	대흥동, 소제동, 어은동, 선화동	전북	군산 영화동 영화타운·신흥동·월명동, 전주 한옥마을·서학동·객리단길
성동구	성수동, 서울숲 아뜰리에길, 왕십리, 금호동	울산	성남동, 성안동, 동구 꽃바위 꽃길단길, 남구 신정동 공리단길	전남	목포 유달동, 순천 옥리단길·조곡동 역전길
서울역 · 용산	만리동, 서계동, 중림동, 회현동, 숙대입구역, 남영동 열정도, 효창공원, 용산 용리단길, 용산 은행나무길	인천	개항로, 구월동, 부평 평리단길, 부평 굴포천	충북	청주 중앙동 소나무길·수동 대성로 향리단길·수암골, 운천동 운리단길, 충주 관아길·연수동
동북권	창신동, 동묘앞, 신당동, 성북동, 우이동, 공릉동 경춘선숲길, 쌍문동 쌍리단길, 방학동 방학천 문화예술거리			충남	공주 반죽동 제민천길, 부여 규암리 자온길
영등포 · 관악	문래동 문래창작촌, 봉천동 샤로수길			제주	탑동, 삼도동 전농로, 서귀포 이중섭길, 안덕 사계리, 성산 고성리, 구좌 종달리
은평	불광천·응암동			경기	수원 행궁동 행리단길, 시흥 월곶동, 고양 밤리단길, 안양 댕리단길, 안산 원곡동 다문화거리, 평택 신장쇼핑로, 김포 북변동 백년의 거리

서울 지역 주요 상권

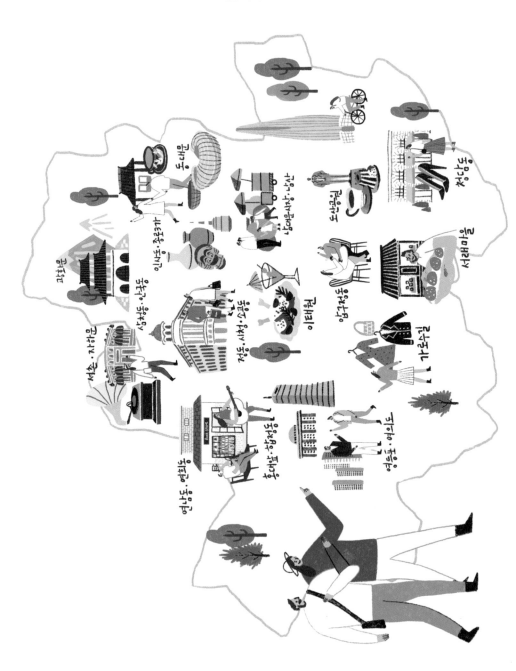

서울 골목상권 맛집 수에 따른 랭킹

	지역	2021년	2017년	2012년
1	홍대앞 / 합정동 / 망원동	318개	143개	85개
2	이태원 / 해방촌	172개	102개	85개
3	인사동 / 익선동 / 종로3가	167개	28개	25개
4	연남동 / 연희동	151개	65개	12개
5	청담동	137개	58개	56개
6	을지로 / 충무로	126개	35개	25개
7	성수동 / 옥수동 / 금호동 / 한남동	123개	27개	3개
8	압구정동	101개	43개	60개
9	삼청동 / 안국동	86개	40개	52개
10	서촌 / 지하문 / 부암동	83개	39개	20개
11	가로수길	81개	47개	42개
12	장충동 / 약수동 / 신당동	66개	16개	10개
13	서래마을	58개	29개	10개
14	도산공원	55개	31개	17개
15	대학로 / 혜화동	42개	14개	15개

출처: 블루리본 서베이

155곳 중 소도시에 들어선 골목상권이 58곳에 이른다. 이를 표로 정리했는데 전국 각지의 '리단길' 또는 '가로수길'로 알려진 카페 거리 중 골목상권의 핵심 업종인 독립서점, 게스트하우스, 베이커 리, 커피전문점 보유 여부에 따라 선정했다.

상권 간 경쟁도 시작됐다. 2012년 이후 서울 상권별 맛집 수 를 보면 판도가 변하는 것을 알 수 있다. 2017년에 1위와 2위를 차지한 홍대앞과 이태원은 2021년에도 순위를 지켰지만, 익선동

(3위), 을지로(6위), 성수동(7위), 약수동(12위)은 2017년보다 맛집 수를 크게 늘렸다. 언론이 꾸준히 핫플레이스로 주목한 상권 중심으로 맛집 수가 증가한 것이다. 언론이 젠트리피케이션 지역으로 지적한 압구정동, 가로수길, 삼청동의 순위는 예상대로 하락했다.

한국 경제를 견인할
로컬을 육성하라

로컬 크리에이터의 성장을 위해 무엇을 해야 할까? 로컬 크리에이터 산업의 중요성을 인정하는 것에서부터 출발해야 한다. 로컬 크리에이터를 포함한 혁신적인 소상공인의 잠재력을 인식하지 못한 채 소상공인 전체를 구조조정 대상으로 접근하면 이들이 제공하는 지역발전의 기회를 놓치게 된다. 미래 경제 관점에서도 소상공인에 대한 인식을 변화시켜야 한다. 전 세계적으로 프리랜서, 디지털 노마드 등 독립적이고 자유로운 직업과 일에 대한 수요가 커지고 있다. 한국의 밀레니얼 세대도 전통적인 제조업을 중심으로 하는 대기업보다는 개인의 창의성과 개성을 살릴 수 있는 소상공인 영역의 로컬 크리에이터 창업에 적극적으로 관심을 보이고 있다.

앞서가는 나라가 미국이다. 캐나다 어카운팅 소프트웨어 기업 프레시북스Fresh Books는 '2018년 자영업 보고서2018 Annual Self-Employment in America Report'에서 2020년 미국에서 독립적인 고객 서비스가 주된 소득원인 프리랜서가 총 고용에서 차지하는 비중이 33%(총 고용인 1억 2,600만 명 중 4,200만 명)로 증가할 것으로 전

망했다. 미국의 비정규직은 2005년 총 고용의 10.0%에서 2015년
로 15.8%로 이미 크게 늘어났다. 일의 의미와 형태가 변화하면서
전통적인 정규직이 사라지고 오늘날 미국 노동자의 3명 중 1명이
비정규직, 독립 노동자, 대안 노동자를 포함한 실질적인 프리랜서
로 살고 있는 것이다.

미국 밀레니얼 세대는 또한 전 세대인 베이비부머, X세대와
달리 적극적으로 스몰 비즈니스를 창업한다. 2017년 미국 CGK
연구소Center for Generational Kinetics의 조사에 따르면 밀레니얼 세대
중 창업을 한 경험이 있는 사람의 비중이 30%로 베이비부머의
19%, X세대의 22%를 크게 웃돈다. 44%의 밀레니얼이 사업계획
서를 작성한 적이 있다고 답변한 반면, 다른 세대는 18%만이 긍
정적으로 대답했다. 밀레니얼이 선호하는 창업 장소는 도시였다.
밀레니얼의 61%가 도시에서, 32%가 교외에서 창업하길 원하는
것으로 나타났다.

밀레니얼의 창업 수요를 고려할 때 정부는 양면 정책을 추
진해야 한다. 한편으로는 시장에서 진행되는 자영업 구조조정을
수용하고, 또 한편으로는 소상공인 인재 육성과 퇴출 사업자의
재훈련을 통해 사업자 전반의 경영 능력을 강화해야 한다. 특히
로컬 크리에이터 인재의 체계적 육성이 중요하다. 소상공인 인재
육성 시스템의 부재로 이들이 외국에 가거나 기존 장인 밑에서
비공식적으로 훈련받는 현실을 개선해야 한다.

공간 기반 창업자를 위한 공간 기획, 커뮤니티 기획, 콘텐츠
개발 교육이 중요하다. 현재 골목상권에서 성공하는 많은 로컬
크리에이터 중 다수가 건축, 디자인, 콘텐츠 분야의 교육을 받았

거나 문화기획 분야에서 현장 경험을 쌓은 사업자인 것은 우연이 아니다. 감성과 체험을 중시하는 소비자의 니즈에 대응해 감각 있고 차별적인 공간과 콘텐츠를 제공하는 사업자만이 생존할 수 있다.

한 지역에 집적된 로컬 크리에이터 커뮤니티는 자생적인 지역산업으로 발전할 가능성이 높다. 로컬 크리에이터들은 공통적으로 커뮤니티와 네트워크의 필요성을 강조하고 라이프스타일과 대안적 접근으로 배움의 커뮤니티를 키우기 위해 노력한다. 현재 대부분의 지역에서 취향 공동체에 머물러 있는 로컬 크리에이터 커뮤니티를 지역산업 생태계로 육성해야 한다. 지역산업 수준으로 성장한 로컬 크리에이터 생태계는 머지않아 한국 경제를 견인하는 새로운 동력이 될 것이다.

투자 생태계 구축, 장인대학 설립, 지역중심 지역행정 등 우리가 건강한 로컬 크리에이터 생태계를 위해 할 일은 많다. 로컬 크리에이터와 더불어 지역에 대한 인식도 바꿔야 한다. 우리 모두가 더 이상 지역을 복지, 시혜, 계몽의 대상으로 여기면 안 된다. 탈산업화 경제에서 로컬은 창조의 자원이다. 현재로서는 기존 교육과 지원 기관을 연결해 원천 기술, 창업 교육, 창업 지원을 통합적으로 제공할 수 있는 '장인대학'의 설립이 현실적인 대안이다. 지역과 상생하는 로컬 크리에이터와 그들이 개척하는 지역산업이 한국 경제의 희망이다.

03
포스트 코로나,
동네가 삶의 중심이 된다

로컬에서 찾을 수 있는 창조의 자원은 포스트 코로나 시대에 더욱 중요해지고 있다. 코로나 위기 속에서 우리의 활동공간은 오프라인에서 온라인, 직장에서 집, 중심지에서 동네로 이동했다. 그중 가장 중요한 변화는 동네의 재발견이다. 동네에 대한 관심은 방역 단계에서 시작됐다. 사람들은 전국적인 현황보다는 내가 사는 지역의 상황을 궁금해 했고, 구청 홈페이지와 지역 맘카페를 찾았다. 지역방역의 중요성은 중앙정부와 광역시가 아닌 기초단체에서 보내는 휴대폰 재난문자에서도 실감할 수 있다.

사회적 거리두기는 보다 의미 있는 변화를 가져왔다. 어딘가로 멀리 떠나거나 대형 실내공간을 방문하기 어려워지면서 생활권이 실질적으로 동네로 좁혀졌고 동네 가게, 거리, 상권이 우리의 관심사가 된 것이다. 실제로 코로나가 기승을 부리던 2020년 4월의 경우, 오프라인 소비는 전반적으로 줄었지만 집 주변에서 소비하는 '홈 어라운드' 지출은 오히려 증가했다. 여행을 떠나도 넓은 지역을 다니는 것보다 한 곳에 머물며 그 동네의 문화를 현지인처럼 즐기는 여행자가 늘고 있다.

과연 로컬이 우리 생활의 중심이 될까? 코로나 위기가 발생하기 전에는 로컬에 두 가지 의미가 있었다. 첫 째는 현지인 맛집이다. 로컬은 여행자가 현지 맛집을 찾을 때 사용하는 단어다. 두 번째는 대안공간이다. 지역과 골목에서 개성 있는 가게와 공간을 운영하는 사업자와 이곳을 찾는 소비자가 자신이 활동하는 지역을 로컬이라 부른다. 그들에게 로컬은 기성세대 문화로부터 자유로운 독립적인 대안공간을 의미한다.

이제 로컬은 우리에게 '생활권'의 의미로 중요해졌다. 포스트 코로나 사회에서 생활권 중심으로 도시를 재구성한다면, 현실적으로 고민해야 하는 문제가 생활권 경제다. 동네가 진정한 의미의 생활권이 되기 위해서는 주민을 위한 충분한 일자리를 창출할 수 있어야 한다. 생활권 경제의 정책은 산업사회와는 달라야 한다. 모든 지역이 국가산업을 유치하기 위해 경쟁하는 것이 기존 산업사회의 모델이었다면, 각 지역이 고유의 지역산업을 개발해 지역에서 선순환하는 생활권 경제를 구축하는 것이 포스트 코로나 경제의 숙제다. 물론 포스트 코로나 시대에도 국가와 글로벌 산업은 존재한다. 과거와의 차이는 의존도다. 과거와 달리 지역의 지역산업 의존도가 높아지는 것이다.

생활권 도시가 새로운 개념은 아니다. 인구 감소를 겪는 산업도시는 흔히 상업과 주거시설을 도심에 집중시켜 도시환경과 고령인구 복지를 개선하는 생활권 도시 사업을 추진한다. 글로벌 대도시도 생활권 활성화를 통해 주민 삶의 질을 높이려 한다. 도시 어느 곳에 살든지 자전거로 15분이면 갈 수 있는 거리 안에 생활에 필요한 인프라를 구축하는 계획을 발표한 파리가 대표적 사례다. 그렇다면 한국은 포스트 코로나 시대의 생활권 도시를 어떻게 건설해야 할까?

두 도시 이야기

실마리는 2000년대 이후 한국에서 진행되는 두 가지 도시 모델의 경쟁에서 찾아야 한다. 보편적인 모델은 기업 중심 도시, 자동차 도시, 도시재개발로 특징할 수 있는 모던 도시다. 한국에서 모던 도시와 경쟁하는 도시는 포스트모던 도시다. 포스트모던 도시의 키워드는 사람이 중심이 되는 도시, 보행자 도시, 도시재생이다. 두 도시 중 어느 쪽이 포스트 코로나 시대가 요구하는 생활권 도시를 더 체계적이고 효과적으로 건설하는지가 한국 도시의 미래, 그리고 양 도시의 경쟁을 결정할 것이다.

두 도시 사이에서의 선택은 기본적으로 라이프스타일에 달려 있다. 한국은 현재 신도시를 선호하는 세력과 원도심을 선호하는 세력으로 양분됐다. 한국적 맥락에서는 신도시가 모던 도시에, 원도심은 포스트모던 도시에 가깝다. 2010년대 이후 정부가 적극적으로 도시재생을 추진하면서 한 도시, 한 동네 안에서 신도시와 원도심 세력이 충돌하고 있다. 재개발조합이 신도시 세력을 대표한다면, 재개발을 반대하는 골목상권 건물주와 상인이 원도심 세력을 대표한다. 문제는 정부가 주민들에게 한 번도 어떤 도시를 원하는지 물어보지 않았다는 데 있다. 토론을 하지 않고

LE PARIS DU ¼ HEURE

BIEN MANGER

APPRENDRE

TRAVAILLER

PARTAGER ET RÉEMPLOYER

SE DÉPENSER

15mn

15mn

CHEZ MOI

15mn

CIRCULER

SE SOIGNER

S'APPROVISIONNER

S'AÉRER

SE CULTIVER, S'ENGAGER

MICAËL

한 지역 안에서 신도시와 원도심 사업을 동시에 추진하면서 불필요한 혼란이 많이 발생하고 있다.

편의를 위해 모던 도시를 A, 포스트모던 도시를 B로 지칭하자. A는 첨단 도시 인프라를 중요시하고 대형 건물과 단지, 대기업이 많이 있고, 비즈니스를 중심으로 하는 도시다. 이 도시는 스마트 도시나 이데아 도시로 발전해간다. B는 걷고 싶은 거리가 많고 개성 있는 마을들이 아기자기 모여 있으며, 새 건물도 있지만 작고 오래된 건물도 많은 도시다. 여기에는 작은 가게들, 소상공인, 창의적인 일을 하는 크리에이터들이 모여 있다. 이 도시는 리처드 플로리다가 말하는 '창조도시'에 가까운데 라이프스타일을 중시하는 사람들이 사는 도시기 때문에 '라이프스타일 도시'라고 할 수 있다. 조금 단순화하면 A는 여의도와 강남과, B는 홍대나 성수동과 비슷하다. 도시계획 차원에서 보면 A는 도시재개발에, B는 도시재생 쪽에 가깝다. 만약 우리가 도시재생을 적극적으로 추진하면 B쪽으로 가고 싶다는 의미다.

한국에 필요한 새로운 도시 모델

전국 곳곳에서 우후죽순 늘어나는 신도시를 보면 한국 도시의 미래가 A에 있다고 생각할 수밖에 없다. 하지만 오늘날 트렌드를 보면 미래는 그리 단순하지 않다. 특히 밀레니얼 세대 사이에서는 오히려 B가 대세다. 로컬을 지향하는 그들에게 B가 더 친화적이기 때문이다.

로컬 지향은 지금 다양한 형태로 분출되고 있는데 가장 큰 변화가 골목길이다. 골목길, 골목상권은 2000년대 이후 부상했고 현재 오프라인 상권을 주도하고 있다. 밀레니얼 세대가 강북의 골목길에 모이자, 언론에서도 "밀레니얼 세대는 왜 골목길에서 놀까?"를 질문하기 시작했다.

골목길이 떠오르는 현상은 라이프스타일 변화가 만들어내는 현상의 일부분이다. 라이프스타일은 신분, 생존, 경쟁, 성실을 강조하는 물질주의에서 개성, 다양성, 삶의 질, 사회적 책임을 중시하는 탈물질주의로 진화하고 있다. 탈물질주의 성향의 사람은 역사와 문화, 그리고 도시의 라이프스타일이 압축되어 있는 B를 선호할 가능성이 높다.

밀레니얼의 '로컬 지향'도 주목받고 있다. 《로컬전성시대》가 지적하듯이, 밀레니얼 세대는 공간을 중심으로 살고 일하고 즐긴다. 스타벅스가 있는 동네에서 살고 싶어 하는 현상을 표현하는 스세권, 사람이 모이는 장소라는 의미의 핫플레이스, 슬리퍼를 신고 편하게 다녀올 수 있는 집 근처 상권을 말하는 슬세권이 로컬 지향 현상의 단면을 보여준다.

새로운 상권으로서 로컬의 중요성을 인식한 유통과 건설 분야의 대기업도 골목상권에 진출하기 시작했다. 골목길의 가치를 재발견한 것이다. 때문에 대기업의 진입으로 골목에서 활동하는 독립 상점이 어떻게 대응해야 하고, 정부가 이들을 어떻게 도와 줘야 하는지도 중요한 이슈가 된다.

골목상권 부상, 라이프스타일 변화, 로컬 지향, 대기업의 골목상권 진출 등 이 네 가지 현상을 봤을 때 미래 세대는 A보다는 B를 선호할 확률이 높다. A가 우월한 것으로 생각되는 경제 분야에서도 오히려 B가 더 많은 기회를 창출할 수 있다. B의 골목상권이 미래 산업의 기반이기 때문이다. 미래 성장을 견인하는 문화산업, 창조산업은 교외의 공단이 아닌 다운타운 지역에서 성장하는 산업이다. 더 많은 B가 있어야 더 많은 미래 산업을 육성할 수 있다.

골목산업 자체도 급격히 문화산업화, 창조산업화되고 있다. 갤러리, 사진관, 공예, 공방, 편집숍, 건축과 디자인 사무소 등 문화적 가치가 높은 업종의 가게로 구성된 골목산업이 코워킹 스페이스, 복합문화공간, 소셜벤처, 문화기획사, 도시재생 스타트업 등 창조산업으로 확장한다. 골목산업, 문화산업, 창조산업이 모여 있는 골목상권이 우리나라의 신성장동력이 될 수 있다.

대표적인 골목상권 기반 도시산업 생태계로 홍대가 있고 성수동에서도 유사한 생태계가 형성되고 있다. 우리는 그동안 창조산업, 문화산업, 골목산업을 따로따로 육성했는데, 앞으로는 골목산업을 중심에 두고 여기에 문화산업, 창조산업을 더해야 한다. 골목상권을 크게 늘리기 위해 가장 필요한 자원이 골목장인이다. 필자는《골목길 자본론》에서 전국의 골목상권에 투입할 장인 상인을 늘리기 위한 방안으로 장인대학, 장인기획사 육성을 제안한 바 있다.

각기 다른 접근법이 필요한 대도시와 중소도시

B도시 기반 생활권 도시를 건설하는 데 있어 대도시와 중소도시는 다르게 접근해야 한다. 대도시는 중심부를 분산해 다수의 B도시를 만들고 이를 연결하고, 중소도시는 하나의 B도시에 집중하

는 재구성이 불가피하다. 대도시에서는 분권화, 중소도시에서는 집중화가 필요한 것이다.

B도시를 성공시키려면 더욱 '걷고 싶은 도시'로 만들어야 한다. 걷고 싶은 도시는 단순히 길이 잘 포장된 도시가 아니다. 즐길 거리, 볼거리가 많은 도시다. 그리고 개성 있는 문화가 있는 도시가 B도시다. 이를 더 발전시키면 일, 주거, 놀이를 한 곳에서 해결할 수 있는 '콤팩트 도시compact city'가 된다.

B도시와 기술의 접목도 중요하다. 친환경 기술, 보행자 기술, 지역 혁신 기술, 소상공인 기술이 B도시에 필요한 4차 산업혁명 기술이다. 이미 B도시에서 골목상권을 성장시키고 있는 로컬 크리에이터들이 디지털 소셜 플랫폼(SNS, 온라인 쇼핑몰, 크라우드 펀딩)을 적극적으로 활용하고 있다. 네이버의 위치기반 서비스와 우리동네 페이지, 당근마켓의 지역 중고거래 서비스, 경기도와 군산의 공공 배달앱 등이 생활권 도시의 활성화에 필요한 지역기반 기술과 서비스라 할 수 있다.

한국은 세계적으로 확산되고 있는 라이프스타일 변화에서 새로운 길을 찾아야 한다. 코로나 위기 전에도 다양성과 삶의 질을 제공하는 생활권 도시가 메가 트렌드였다. 코로나 사태가 이미 진행된 트렌드를 더 가속화시킨 것이다. 매력적인 생활권 도시로 국내 인재를 잡고 해외 인재를 유치해야 한국이 포스트 코로나 시대를 선도할 수 있다.

04

머물고 싶은 동네가
브랜드가 된다

포스트 코로나 시대에 가장 먼저 로컬 산업으로 자리매김할 산업이 여행산업이다. 코로나로 인해 국내 여행으로 관심이 쏠렸기 때문이다. 외국을 가기 쉽지 않은 상황에서 국내 여행이 해외여행을 대체할 수밖에 없다. 실제 강원도와 제주도의 숙박 예약이 휴가철에는 꽉 찬다는 소식이 들린다. 강원도와 제주도가 포스트 코로나 관광산업을 견인하는 것이다.

국내 여행이 트렌드로 떠오르는 만큼 동네 여행도 주목할 만하다. 밀레니얼 세대는 오래전부터 도시 안에 있는 한 지역에서 현지 문화를 즐기고 현지인처럼 사는 여행을 선호했다. 대형 호텔과 유명 관광지를 투어하는 기성세대와 달리, 밀레니얼 여행자들은 뉴욕 브루클린의 윌리엄스버그, 일본 도쿄의 다이칸야마, 서울의 홍대와 같은 힙스터 동네를 찾아 에어비앤비에서 숙박하면서 주변 맛집과 로컬숍을 탐방하며 자신만의 코스를 즐긴다.

전국 곳곳에 들어서는 북스테이에서도 한국에 부는 동네 여행 트렌드를 확인할 수 있다. 북스테이는 20~30대 MZ세대가 책을 읽으면서 휴식할 수 있도록 독립서점을 겸하는 숙박시설이다. 북스테이는 관광 명승지와 전혀 관련 없는 곳에 위치한다. 원도심 시외버스터미널 옆에 있는 속초의 '완벽한날들'처럼 대부분 잘 알려지지 않은 조용한 동네에 자리 잡고 있다.

　　빅데이터도 동네 여행이 트렌드로 자리 잡았다는 걸 확인시켜준다. 제주관광공사에 따르면 제주를 방문하는 많은 여행자들이 여행기간 동안 한 지역에 머문다고 한다. 과거에는 제주 지역을 이곳저곳 돌아다니는 여행이 유행했으나, 특정 지역에 머물면서 그 동네와 지역문화를 즐기는 경우가 늘어난 것이다. 에어비앤비 창업자 브라이언 체스키가 전망한 것처럼 한국에서도 자연이나 한적한 소도시 동네에서 장기간 체류하는 디지털 노마드 스타일의 로컬 여행자가 늘고 있는 추세다.

　　그런데 국내 도시들이 밀려오는 여행자를 맞을 준비가 되어 있는지는 의문이다. 여행객을 유치하려면 2박 3일간 체류할 만한 인프라를 기본적으로 갖춰야 하는데 이를 충분히 갖춘 국내 소도시를 찾기 어렵다. 더욱이 현지인의 일상을 체험하고 싶은 여행자가 늘어나는 트렌드를 고려할 때 체류 인프라는 도시가 아닌 동네와 마을 단위에서 구축해야 한다.

　　관광객이 소도시에서 찾는 관광자원은 걷고 싶은 거리, 지역문화, 그리고 편리함이다. 소도시에서 백화점, 쇼핑센터, 리조트 등 대규모 시설을 기대하진 않는다. 소도시는 관광 인프라에 집중해야 하고 거점 기능을 하는 중심부에 걷기 편하고, 볼거리, 살

거리, 먹을거리가 많은 거리를 조성해야 한다. 인구 2~3만 명의 도시라면 충분히 매력적인 다운타운을 만들 수 있다.

중심부에 들어갈 상권을 어떻게 구성할지도 고민해야 한다. 젊은 층이 선호하는 특색 있는 독립 가게들로 구성된 로컬 세트로 상권을 구성할 수도 있고, 일반적으로 대로변 상권에 들어가는 프랜차이즈 중심의 글로벌 세트로 구성할 수도 있다. 도시가 관광으로 성공하기 위해서는 지역의 술, 음식, 특산품 등 지역 특색과 문화를 판매하는 로컬 세트 가게가 많아야 한다. 하지만 외국인과 외지 관광객에게는 글로벌 세트도 중요하다. 사람들은 도시를 관광할 때 차별성과 편리성을 동시에 원한다. 편리성이란 외국인 관광객이 기대하는 수준의 서비스를 제공하는 가게와 시설이 주는 편리함을 의미한다.

차별성과 편리성의 비율은 30:70이 적합하다. 관광지 상권은 전 세계 어디에서나 필요한 시설이 70%, 그리고 그 지역에서만 접할 수 있는 문화를 판매하는 시설을 30%로 구성하는 것이 이상적이다. 이처럼 도시 관광에 필요한 어메니티는 무형이냐 유형이냐와 상관없이 보편성과 차별성 사이에서 조화를 이루면서 충분하게 공급해야 한다. 현재 소도시 상황은 열악하다. 로컬 세트 중 지역맛집이 풍부한 소도시는 존재하지만 스타벅스, 맥도날드 등 글로벌 브랜드들도 함께 갖춘 곳은 경주, 전주, 안동 등 극소수에 불과하다. 한국의 경우 거의 모든 소도시에서 로컬과 글로벌 세트를 동시에 확충해야 하는 상황이다.

관광객과 주민이 모두 만족하는
'머물고 싶은 동네'

그렇다면 상업시설 유치는 누구의 일일까? 아쉽게도 정부 내에서는 상업시설 유치는 그 누구의 업무도 아니다. 문화체육관광부는 관광지 개발과 관리, 지방정부는 하드웨어 중심의 도시 개발과 재생, 신도시 개발 부서는 신도시 상가 개발과 분양으로 자신의 업무를 한정한다. 정책 수단이 없는 것은 아니다. 정부는 이미 전통시장과 상점가 지원, 도시재생 앵커시설 설립과 운영자 유치, 관광특구, 문화지구, 관광호텔, 관광식당 지정을 통해 상업시설을 운영하고 개발하는 민간 사업자를 지원하고 있다.

보다 효과적인 상업시설 개발을 원한다면, 지역정부가 직접 스타벅스와 같은 지역상권 활성화에 기여할 수 있는 글로벌 브랜드를 유치해야 한다. 외국인과 대기업 투자자에 주는 세제, 규제, 재정 혜택을 상업시설에도 제공해야 한다. 언제든지 떠날 수 있는 제조업과 하이테크 기업에게는 막대한 재정과 토지를 제공하면서, 청년의 삶의 질과 여행자의 편의에 중요한, 즉 장기적으로 지역경제에 더 기여할 수 있는 창업과 창조인재의 유치에 중요한 서비스업 기업은 지원하지 않는 건 탈산업화 시대에 맞지 않는 정책이다.

정부가 상업시설 유치에 소극적인 사이에 민간이 이 분야에 진출하기 시작했다. 한국을 대표하는 골목상권은 대부분 창업과 민간 사업을 통해 조성됐다. 정부가 주도적으로 조성한 상권은 많지 않다. 현 단계에서 중요한 것은 상업시설 포트폴리오의 중요성을 인식하는 것이다. 중요성을 인식하기만 하면 지방정부가 지역사회와 협력하여 상권개발을 위해 나설 것으로 기대한다.

국내 여행산업의 미래에 다행인 점은 2010년대 이후 지역발전의 주체가 도시에서 동네로 전환되고 있다는 것이다. 이제 동네가 브랜드가 되고, 브랜드가 된 동네가 지역발전을 견인하는 시대다. 서울을 비롯한 전국 전역에서 브랜드 파워를 바탕으로 관광객뿐 아니라 창조인재, 창조기업을 유치하는 동네가 늘고 있다. 서울의 서교동, 성수동, 이태원이 동네 브랜드를 바탕으로 창조문화산업 중심지로 발전한 대표적인 지역이다. 지방에서는 광주 동명동·양림동, 수원 행궁동, 강릉 명주동, 전주 풍남동, 대구 삼덕동 등이 동네 브랜드로 성장하는 골목상권이다.

소도시의 작은 마을도 동네 브랜드를 꿈꿀 수 있다. 한국에서 브랜드가 된 동네는 공통적으로 골목상권에서 출발했다. 지역인재에게 도시문화를, 외부 여행자에게 지역문화를 제공하는 골목상권 없이는 창조인재 중심의 지역발전을 달성하기 어렵다. 골목상권 조성에 많은 가게가 필요한 것은 아니다. 2박 3일 여행자를 수용할 수 있는 상업시설이면 충분하다.

예컨데 작은 마을이라면 동네 전체를 '호텔'로 만드는 것에서 골목상권 세우기를 시작할 수 있다. 동네를 호텔과 대응해보면 여행자가 2박 3일 동안 체류하기에 무엇이 충분하고 무엇이 부족한지 쉽게 파악할 수 있다. 이미 많은 마을이 전통적인 민박에서 벗어나 마을의 자원을 체계적으로 조직해 마을 전체를 하나의 호텔로 운영한다.

위기에 빠진 지역에 희망을 주는 동네 브랜드와 골목상권을 추동하는 힘은 체험 경제다. 점점 온라인에서 제공하지 못하는 오프라인의 감성과 경험을 중시하는 소비자가 늘고 있다. 여행 트렌드도 이에 따라 자연과 역사 위주에서 지역문화 중심으로 이동하고 있다. 여러 차례 언급했지만 색다른 체험과 공감을 위한 로컬 여행은 명승지 위주로 여행하는 기성세대에게는 생소한 개념이지만 밀레니얼 사이에선 이미 보편적인 방식이다. 체험 경제와 로컬 여행이 확대되면서 주민과 여행자가 교류하는 공유 숙박, 마을 호텔, 커뮤니티 호텔이 동네 경제의 중심으로 부상했다. 동네 자원을 연결하는 숙박시설이 2박 3일 체류 인프라의 핵심이기 때문이다.

중요한 것은 로컬 여행자원은 여행자만을 위한 인프라가 아니라는 것이다. 동네에서 높은 삶의 질과 다양성을 원하는 주민도 수혜자란 사실을 기억해야 한다.

그렇다면 도시를 이처럼 로컬 중심, 동네 중심으로 개편하려면 어떻게 해야 할까?

05

15분 안에 모든 게
가능한 도시를 만들다

포스트 코로나 시대의 '머물고 싶은 도시'는 근거리에서 일, 주거, 놀이가 가능한 생활권 도시다. 코로나는 우리의 활동공간과 범위를 크게 바꿔 놨다. 어딘가로 떠나기 힘들어지면서 사람들은 온라인, 집, 동네에서 많은 시간을 보내게 됐다. 언론에서 주목하며 자주 언급하는 '온택트'는 물론, 재택근무 등으로 집에 머무르며 가족과 시간을 보내면서 '홈택트'도 늘었다. 그리고 또 한 가지 주목

코로나 위기와 변화하는 일상

온택트 · 홈택트 · 로컬택트

온라인 · 집 · 동네

로컬 · 기술 · 기반 · 생활권 · 경제

해야 할 것이 '로컬택트'다.

방역이 지역단위를 중심으로 이뤄지면서 주민들과 지방정부 사이의 접촉이 늘었고, 매일매일 재난문자를 보며 지방정부에 대해 인식하고 그들이 하는 일에 관심을 갖는 주민들도 늘었다. 앞서 살펴봤듯 이동이 제한되니 사람들은 자신이 사는 동네에서 소비하고 남는 시간을 보냈는데 2020년 3~4월 동안의 카드결제 건수를 보면 집에서 500m 이내에서 결제한 건수가 8% 증가한 반면, 1km에서 3km 이내에서는 9.1%, 3km보다 먼 곳에서는 12.6%나 줄어든 것으로 나타났다. 코로나 사태 이후 인터넷 쇼핑, 홈쇼핑 등 온택트 업종의 매출도 늘었지만 정육점, 주류전문점, 슈퍼마켓 같은 동네 업종들도 상위 10개 업종 중 반을 차지했다.

'동네 경제'의 가능성을 알아본 기업들이 동네 기반 서비스 개발에 뛰어드는 양상도 두드러지고 있다. 동네 주민 간 중고 직거래를 중개하는 '당근마켓'은 방문자가 급증해 이제 국내 제1의 중고거래 마켓으로 성장했다. 일찍이 '우리 동네' 페이지를 개설해 로컬 서비스 수요에 대응한 네이버는 2020년 12월 주변 지역에서 활동하는 네이버 카페 소식을 모아 보여주는 '이웃 서비스'를 오픈했다. 네이버 이용자는 '이웃 서비스'를 통해 지역의 핫플레이스와 중고거래 게시물을 확인할 수 있고, 지역의 인기 카페를 만날 수 있다. 네이버는 이 서비스를 출시하기 한 달 전인 11월, 카페와 게시판의 지역단위를 시군구에서 읍면동으로 낮춰 동네 중심 서비스 체제를 구축했다. 애플리케이션으로 주문한 편의점 상품을 1.5km 이내 주민이 배달하는 GS리테일의 '우리동네 딜리버리', 동네 재래시장과 대형 마트 주문 시 당일 배송해주는 '네이버 장보기' 등 유통 대기업도 동네 경제에 투자하기 시작했다.

동네가 삶의 중심으로 떠오르는 현상은 계속해서 감지되어 왔었다. 비단 감염병 때문이 아닌 것이다. 제주도 전역이 아닌 특정 지역에 머물며 여행을 즐기는 여행자가 늘어나고, 집과 회사가 같은 자치구에 있는 서울 지역 회사원의 비율이 2018년 이미 절반을 넘어선 것도 이런 현상의 지표다. 밀레니얼 세대를 중심으로 출퇴근에 많은 시간을 쏟는 걸 꺼려하고 일터와 가까운 곳에 살길 선호하는 경향은 강화되는 추세다. '생활권 도시'의 특징인 '직주일치 현상'이 뚜렷이 나타나고 있는 것이다.

새로운 시대를 위한
새로운 도시 모델

생활권 도시는 새로운 개념이 아니다. 제인 제이콥스Jane Jacobs가 골목길 도시의 중요성을 강조한 것을 시작으로 많은 도시 학자들이 사람 중심 도시, 보행자 중심 도시, 걷고 싶은 도시의 개념으로 생활권 도시의 중요성을 강조했다.

글로벌 대도시도 생활권 활성화를 통해 주민 삶의 질을 높이려 한다. 자전거로 15분이면 갈 수 있는 거리 안에 생활과 관련된 모든 인프라를 구축하는 계획을 발표한 파리가 대표적 사례다. 미국 젊은이들이 선망하는 포틀랜드는 도시를 95개의 상업지역으로 나누어 동네 단위의 경제 활성화를 위한 기본계획을 수립한다. 다양한 사례들을 살펴 보건데 살기 좋은 동네, 머물고 싶은 동네를 만들면 저절로 젊은 인재들이 모이고, 좋은 기업의 창업도 이루어진다. 국가가 전략적으로 산업단지를 조성하고 R&D를 지원하는 방식이 제대로 작동되지 않는 시점에 이제는 주거와 소비뿐 아니라 생산도 도시 안, 로컬 안, 동네로 옮겨와 동네 중심의 새로운 탈산업화 경제를 구축할 필요가 있다.

이 책의 '들어가며'에서 살펴봤듯 2010년 무렵부터 시작됐던 우리나라의 로컬 지향 현상은 귀농귀촌, 제주이민, 골목상권 부상, 장소 지향, 고향 지향 등 5개의 형태로 진행된다. 로컬이 부상한 배경에는 결국 '삶의 질'에 대한 욕구가 자리하고 있다. 환경, 공동체, 정체성 등 삶의 질에 대한 욕구가 로컬 지향 현상으로 표출되는 것이다. 오랫동안 물질주의를 벗어나지 못했던 한국에 탈물질주의를 수용한 밀레니얼 세대가 2010년대 본격적으로 사회에 진출하면서 탈물질주의 경향이 확산되고 있는 것이다. 결국 생활권 도시는 새롭게 요구되는, 강요된 도시가 아니라 삶의 질을 중시하는 선진국형 도시, 밀레니얼 세대가 추구하는 도시인 것이다. 뉴노멀 시대에 환경과 공동체를 복원하기 위해 필요한 도시 모델이다. 그렇다면 한국의 도시를 생활권 도시로 재구성하는 방법은 무엇일까?

생활권 도시로의 진화

제인 제이콥스 골목길 도시	사람 중심 도시	생활권 도시
• 주거와 사업활동이 공존하는 복합용도(mixed use) 규제 • 거리는 짧고 촘촘하게 이어지는 블록 • 낡은 건물과 신축 건물의 조화	• 걷고 싶은 도시 -골목길과 마을 -휴먼 스케일 건축과 디자인 -볼거리의 밀도와 우연성 -개성 있는 주민문화와 거리문화	• 다운타운 라이프스타일 도시 -일, 삶, 놀이를 한곳에서 -도시형 아파트 (황두진의 무지개떡 건축) • 상권-주거-교육으로 이어지는 5만~50만명 단위 생활권 도시

"밀도 높은 인프라 기반 생활권에서 생산·소비·거주하는 공동체 지향" >>>>>>>

생활권 도시로 가기 위한 5대 과제

가장 큰 과제는 도시 분산과 통합이다. 대도시는 30만~50만 명 단위 생활권 도시로 분산해야 하고, 중소도시는 20만~30만 명 규모의 생활권 도시로 통합해야 한다. 코로나 위기 속에서 2020년 지하철 이용자가 전년도 대비 27%가 줄어 회복되지 않는다고 한다. 많은 국민들이 불특정 다수가 이용하는 지하철과 버스를 위험하다고 느끼는 것이다. 대중교통에 의존해야 하는 대도시는 코로나 시대에 적합하지 않다. 대도시를 분산하고 생활권 도시를 조성하기 위해서는 자치구 독립이 필수적이다. 자치구에 산업정책 기능을 부여해 일자리를 유치하고 창출할 수 있도록 하는 것이 중요하다. 한편 효과적인 방역을 어렵게 만드는 고립된 저밀도 지역도 위험하다. 작은 도시를 모아 방역, 복지, 기업 생태계 시설이 집중된 생활권 도시로 통합하는 것이 소멸 위험 지역의 과제다.

둘째로 생활권 도시의 자생력을 확보해야 한다. 주거, 교육, 상업시설과 더불어 산업 기반을 구축해야 한다. 다행히 재택근무, 원격의료, 온라인 교육과 쇼핑이 활성화되면서 대도시나 대도시 중심부에 살아야 할 필요성이 약해지고 있다. 국내 여행, 로컬푸드, 집 가꾸기, 자전거, 아웃도어, 골목산업 등이 생활권 도시가 활용할 수 있는 지역산업으로 부상했다. 코로나로 나라 전체가 위기를 맞고 있지만, 새롭게 재편된 일상은 지역을 무대로 한 새로운 기회를 제공한다. 2018년 기준 해외여행에 우리 국민이 쓴 금액이 30조 원에 달한다. 지역을 기반으로 한 국내 여행산업에 투자해 해외여행 지출의 절반 정도를 끌어올 수 있다면 어떨까.

셋째, 오프라인 상권의 재편도 시급한 과제다. 우리나라 소상공인은 700만 명으로 국내 고용의 3분 1을 담당한다. 문화창조 산업도 오프라인 상권을 기반으로 고용을 창출한다. 오프라인 상권을 포기하고 디지털 전환만을 코로나 시대의 답인 것처럼 생각해서는 안 된다. 그 결과는 물류센터와 주택 사이에 아무런 유통시설이 없는 '택배 도시'일 뿐이다. 코로나 시대에 필요한 상권은 자연 친화적이고 주거지역과 가까운 상권이다. 걷기 좋은 도시를 조성하고 소상공인들이 일할 수 있는 환경을 만들면 먹거리, 즐길거리가 많은 골목이 형성된다. 상권의 개별 공간도 자연환기 중심의 안전한 공간이 돼야 한다. 테라스, 옥상, 야외 좌석을 활성화하고, 실내 매장도 일정 수준의 환기 기준을 만족하는 공간으로 개조해야 한다.

넷째, 친환경, 보행자, 소상공인, 지역혁신 기술 등 생활권 도시에 적합한 스마트 도시 기술을 개발해야 한다. 생활권 도시의 경쟁력이 자연환경, 보행 이동, 소상공인 산업, 주민의 지역혁신 참여이기 때문이다. 예를 들어 소상공인이 창의적인 업무에 집중할 수 있도록 해주는 영업 자동화 기술은 적극적으로 지원할 필요가 있다. 도시 운영의 자동화, 디지털 시장과 상점 등의 스마트 도시 기술은 우선순위가 아니다.

마지막으로 지역에 생긴 새로운 기회를 활용하기 위해 지역문화와 산업을 개척할 인재를 육성해야 한다. 2016년부터 지역성과 결합된 자신만의 콘텐츠로 새로운 가치를 창출하는 로컬 크리에이터를 정부도 하나의 산업으로 인정해 지원하기 시작했다. 지역경제의 자생적인 발전을 위해서는 지역성과 결합된 자신만의 콘텐츠로 메이커, 공방, 로컬숍, 수제 맥주, 스페셜티 커피 등 다양한 로컬 브랜드와 산업을 창출하는 로컬 크리에이터의 역할이 중요하다.

많은 전문가가 지적한 대로, 코로나 사태는 환경과 공동체를 위해 우리가 어차피 해야 할, 그리고 이미 시작한 일을 더 빠르게 하도록 만들고 있다. 다시 말해《트렌드 코리아 2021》에서 언급했듯 "변화의 방향이 아니라 속도가 바뀐 것이다." 지역재생도 마찬가지다. 집과 동네 중심으로 재편되는 일상은 지역에게 새로운 모멘텀을 제공하고, 지역재생 커뮤니티는 이를 활용해 보다 탈물질주의 시대정신에 맞는 혁신적인 지역재생 모델을 개발해야 한다.

06

딥택트 시대,
로컬이 강점을 가지는 이유

생활권 도시는 활력 있는 오프라인을 요구하지만, 팬데믹 이후 오프라인의 종말을 예언하는 사람이 늘고 있다. 코로나 위기를 계기로 소비자들이 언택트와 배달 서비스 중심의 온라인 유통으로 대거 이동한다는 것이다. 과연 포스트 코로나 경제에서 온라인이 오프라인을 압도할까? 그 답은 온라인과 오프라인에 소모되는 비용과 안전성에서 찾아야 한다. 온라인이 오프라인보다 저렴하고 안전하면 온라인 확대는 불가피하다.

오프라인 종말설을 경계해야 하는 이유는 크게 세 가지다. 첫째, 언택트와 배달 서비스는 온라인의 전유물이 아니다. 오프라인도 공간 혁신과 디지털 전환을 통해 언택트 기술과 배달 서비스를 활용할 수 있다. 둘째, 온라인이 지닌 가격 경쟁력의 불확실성이다. 현재 온라인이 가격 경쟁력을 확보했지만 인건비와 포장 재료비 상승, 환경과 반독점 규제 압력, 현재 손실을 감수하면서 확장하는 플랫폼 기업의 투자 회수 등의 변수를 고려할 때 앞으로도 가격 경쟁력을 유지할 수 있을지는 미지수다. 셋째, 안전에 대한 우려다. 온라인이 의존하는 오프라인 구매, 보관, 배달 과정이 안전하다고 보기 어렵다. 특히 안전이 중요한 식품, 건강 업종에서 오프라인이 비교우위를 유지할 수 있다.

수많은 변수가 작용하는 리테일 시장에서 온라인과 오프라인의 미래를 전망하기란 어렵다. 이런 불확실성에도 불구하고 많은 사람이 온라인이 리테일의 미래를 지배할 것으로 전망하고 이를 믿는다. 그러나 온라인 대세론은 하나의 가설이다. 가설을 뒷받침하는 가정을 점검하면 이에 대한 반론이 충분히 가능하다.

온라인과 오프라인의 3단계 경쟁

온라인과 오프라인의 경쟁은 3단계로 진행된다. 1단계가 현재 주목받는 '언택트'와 '콘택트'의 경쟁이다. 2단계는 오프라인 채널 간의 경쟁이다. 안전을 향한 오프라인 채널의 경쟁은 이미 시작됐다. 마지막 3단계가 원거리 배송(글로벌 이커머스)과 단거리 배송(로컬 이커머스)의 경쟁이다.

1단계의 승자는 명확하다. 언택트가 콘택트에 승리할 것이다. 그러나 언택트의 승리가 온라인의 승리를 의미하진 않는다. 오프라인도 무인 주문기, 자동 무인 계산대, 배달 서비스, 사전 주문 드라이브 스루 픽업, 테이블 간 거리 확보나 분리대 설치를 통한 실내 공간 재구성 등 언택트를 활용할 수 있다.

2단계 경쟁은 오프라인 내의 경쟁이다. 위치와 환경에 따라 오프라인의 상황이 다르다. 코로나 위기가 한창 기승을 부리던

지난 2020년 4월, 외식 프랜차이즈를 운영하는 한 기업이 실적을 공유했다. 예상한 대로 지역마다 크게 차이가 났다.

지역의 차이를 한 문장으로 정리하면 자연과 동네의 약진, 실내와 다운타운의 부진이다. 사무실이 밀집된 업무지구의 매장과 영화관, 쇼핑몰 등 대형 상업시설에 입점된 매장은 매출이 급격히 하락한 반면, 주거지와 상업지에 인접한 동네 상권과 공원, 야외 등 자연에 위치한 '친자연 상권'은 매출을 유지하거나 하락폭이 작았다고 한다.

퇴근 후 집으로 돌아가는 직장인과 대면 접촉과 인구 밀집을 두려워하는 소비자로 인해 다운타운과 대형 상업시설 매장이 피해를 봤고, 멀리 가지 않고 자신이 사는 동네에서 외식하고, 멀리 가면 쾌적한 야외 공간을 선호하는 소비자 덕분에 동네와 야외 매장이 선전한 것이다. 신용카드 결제 데이터를 분석한 조사에 따르면 사회적 거리두기의 영향으로 오프라인 매출은 전체적으로 감소했지만 집 근처 동네 상점을 찾는 홈 어라운드 소비는 증가한 것으로 나타났다.

백화점, 쇼핑센터, 할인마트 등 대형 상업시설의 부진은 코로나 위기 이전에 이미 시작된 트렌드다. 2000년대 이후 대형 상업시설은 한쪽으론 편리한 온라인 쇼핑, 또 한쪽에서는 체험을 제공하는 골목상권의 공격을 받아 성장세가 둔화됐다. 코로나 사태로 오랜 기간 진행된 대형 상업시설의 쇠락이 가속화되고 있는 것이다.

앞으로 오프라인은 동네와 야외 중심으로 재편될 것이다. 직주근접의 생활권 도시와 자연 환기 중심의 공간이 부상할 것이다.

저녁에는 공동화되는 다운타운은 도심 주택을 공급하는 것, 즉 다운타운에 생활권 도시를 구축하는 것에서 활로를 찾는 수밖에 없다.

오프라인이 재편되면서 3단계 경쟁, 즉 원거리와 단거리 배송의 경쟁도 본격화될 것이다. 전국 시장을 대상으로 구매하고 판매하는 대기업은 원거리 배송 중심의 이커머스를 강화할 것이고, 로컬의 작은 오프라인 기업은 단거리 배송을 중심으로 하는 디지털 전환을 시도할 것이다. 네이버 위치기반 서비스, 우리 동네 페이지, 지역 중고거래 서비스 당근마켓, 지역기반 배달 서비스 등 새롭게 부상하는 지역기반 서비스가 로컬 이커머스의 활성화를 촉진한다.

미래 식품 시장은 글로벌 푸드가 원거리 배송을, 로컬 푸드가 단거리 배송을 주도하는 방식으로 진화할 것이다. 상품 자체로는 로컬 푸드가 글로벌 푸드보다 안전하다. 같은 지역의 생산자가 재배한 로컬 푸드는 '얼굴이 있는' 먹거리다. 반면 전국 단위에서 유통되는 글로벌 푸드는 생산자를 추적하고 평가하기가 어렵다. 유통기간도 차이가 크다. 로컬 푸드의 유통기간이 평균 0.5~1일인 반면, 일반적으로 유통되는 푸드는 평균 3~6일이다.

환경 측면에서도 로컬 푸드가 글로벌 푸드보다 안전하다. 로컬 푸드를 산지 시장에서 유통하면 푸드 이동에 따르는 푸드 마일리지를 대폭 감축할 수 있다. 글로벌 푸드는 전국적 또는 국가 간 이동하기 때문에 로컬 푸드와 비교할 수 없는 만큼의 푸드 마일리지(먹거리가 생산자에게서 소비자에게 전달되기까지 거리)를 유발한다.

이커머스 대기업과 옴니채널 로컬 앵커가
주도하는 미래 리테일

3단계 경쟁이 끝나면 온라인은 글로벌 푸드 온라인 기업(마켓컬리), 로컬 푸드 온라인 기업(당근마켓 모델), 오프라인은 로컬 푸드 오프라인 기업(동네마켓, 파머스마켓)으로 재편될 것이다. 이 구도에서 대형마트 등 글로벌 푸드 오프라인 기업은 설자리가 마땅치 않다. 디지털 전환을 통해 글로벌 푸드 온라인 기업으로 전환하는 것이 유일한 생존 전략일 수 있다.

로컬 푸드 온라인 기업과 로컬 푸드 오프라인 기업이 반드시 분리될 필요는 없다. 로컬 푸드 오프라인 기업이 디지털 전환을 통해 온라인 유통으로 진출할 수 있다. 그렇다면 미래의 식품 유통 시장은 글로벌 푸드 온라인 기업과 로컬 푸드 옴니채널om-ni-channel(오프라인 매장과 온라인 매장을 결합해 소비자 편의를 도모) 기업으로 양분된다고 정리할 수 있다. 글로벌 푸드 온라인 기업은 편리함으로, 로컬 푸드 옴니채널 기업은 안전과 체험을 무기로 경쟁할 것이다. 이 두 기업은 상호 배타적이지 않다. 서로 경쟁하면서 동시에 보완하는 방식으로 성장할 것이다.

글로벌 푸드와 로컬 푸드 기업의 경쟁은 이커머스 대기업과 옴니채널 로컬 앵커의 경쟁으로 표현할 수 있다. 식품 외의 다른 분야에서도 옴니채널 로컬 앵커는 기명성을 기반으로 품질과 안전에 대한 소비자의 신뢰를 확보할 수 있다. 오프라인 기업이 경쟁력을 갖출 수 있는 이유는 다음과 같다.

첫째, 온라인과 오프라인의 공존은 문화산업의 일반적인 특징이다. 스포티파이, 애플뮤직 등 스트리밍 서비스가 확장한다고 오프라인 콘서트 시장이 줄어드는 것은 아니다. 세계의 음악 소비자들은 스트리밍 서비스에 대한 소비를 늘리는 동시에 음악 콘서트에 대한 소비도 확대하고 있다. 스트리밍 서비스로 퇴출 위기에 처한 비즈니스는 음원 다운로드와 오프라인 음반 판매다. 본연의 체험과 커뮤니티를 제공하는 오프라인 서비스는 지속적으로 성장한다는 걸 보여주는 사례다.

둘째, 온라인 기업보다 콘택트와 언택트의 상호보완적 결합을 의미하는 딥택트에 유리할 수 있다. 사실 온라인과 오프라인은 구조적으로 다른 비즈니스라 한 기업이 둘 다 잘하기는 어렵다. 디지털 전환을 시도한 미국 대기업 중 70%가 실패한다는 연구 결과가 보여주듯이 오프라인 기업의 온라인 전환은 쉽지 않다. 반대로 아마존의 삭막한 오프라인 매장을 보면 온라인 기업의 오프라인 전환도 쉽지 않다는 걸 알 수 있다.

그럼에도 불구하고 온라인과 오프라인 기업 중 하나를 선택해야 한다면, 현재로선 오프라인 기업의 손을 들어줄 수밖에 없다. 월마트, 도미노 피자, 펜더 등 딥택트를 성공적으로 추진한 사례가 대부분 오프라인 기업이기 때문이다. 온라인 리테일러와 DTC가 오프라인 체험, 소비자 소통, 오프라인 거점 등 다양한 이유로 오프라인에 진출하고 오프라인 매장을 론칭한 후 온라인 매출이 늘었다고 하지만, 아직 한 산업의 오프라인 분야를 주도하는 온라인 기업은 찾기 어렵다.

장기적으로는 누가 먼저 상대방의 핵심 기술을 취득할지에 달렸다. 오프라인 기업이 온라인 기술을 배우는 것이 빠를지, 온라인 기업이 오프라인 감성을 배우는 것이 빠를지를 지켜봐야 한다. 온라인과 오프라인의 경쟁은 포스트 코로나 경제에서도 계속될 것이다. 현재로선 온라인에서는 이커머스 대기업, 오프라인에서는 옴니채널 로컬 앵커가 중심 기업으로 떠오를 가능성이 높다. 새로 재편된 리테일 시장에서 온라인의 편리함과 오프라인의 안전과 경험이 공존하는 것이다. 오프라인 기업이 혁신을 통해 오프라인 고유의 장점을 살린다면 충분히 가능한 미래다.

07
한국 경제의 새로운 기회, 로컬 비즈니스

새롭게 형성되는 동네 경제의 중심에는 로컬 비즈니스가 있다. 전국 곳곳에서 로컬 콘텐츠를 탑재한 공간과 브랜드가 여행자를 유치하고 동네 경제를 활성화하고 있다. 밀레니얼 세대를 중심으로 로컬과 로컬 창업에 대한 관심도 높아지고 있다. 로컬 전성시대가 왔다고 이야기할 만하다. 과연 일부 평론가들이 말하는 대로 로컬 경제는 탈산업화 시대가 한국 경제에 주는 기회일까? 그렇다면 우리 사회가 지향해야 할 로컬과 로컬 비즈니스에 대한 논의를 체계적으로 시작해야 한다. 지금과 같이 로컬의 부상을 하나의 유행, 개인들의 취향으로 가볍게 여기는 분위기가 계속된다면 한국은 자칫 로컬 트렌드가 주는 기회를 놓칠 수 있다.

국가 차원에서 로컬 트렌드에 주목해야 하는 이유는 이를 통해 지역발전의 토대를 구축할 수 있기 때문이다. 로컬이 '쿨'해지면, 지역발전이 쿨해진다. 지역발전이 쿨해지면 지역이 필요한 인재를 유치하고 이들이 다시 지역발전을 주도하는 선순환 구조를 구축하는 일이 쉬워진다.

　로컬 비즈니스와 지역발전의 가장 직접적인 연결고리가 지역산업이다. 새로 부상하는 로컬 비즈니스가 지역산업으로 발전할 수 있을지가 관건이다. 로컬 크리에이터에 기반한 새로운 지역산업을 개척하기 위해서는 어떻게 해야 할까? 과거와 같이 정부가 특정 산업을 미래 지역산업으로 지정하고 토지와 자본을 지원하는 방식은 탈산업화 시대에 적합하지 않다. 이미 시장에서 지역산업 수요를 만족하기 위해 진입한 다양한 유형의 로컬 비즈니스가 존재하며, 정부가 할 일은 이들 로컬 비즈니스의 시장 환경을 개선하는 것이다. 이번 장에서는 로컬 비즈니스의 성장을 견인하는 동력과 이로 인해 형성된 로컬 비즈니스의 유형을 설명하고자 한다.

왜 로컬 비즈니스인가?

한국이든 다른 나라든 로컬과 로컬 비즈니스의 부상은 시대적 흐름이다. 로컬 비즈니스가 시대적 사명이 된 연유는 로컬 비즈니스에 대한 수요와 공급 측면에서 설명할 수 있다. 즉, 로컬 비즈니스에 대한 소비자 수요가 늘고 동시에 생산비용은 낮아진 것에서 원인을 찾을 수 있다.

　로컬 비즈니스에 대한 수요의 증가는 크게 탈물질주의, 환경주의, 지역발전과 지역재생 요구 등 세 가지 요인에 기인한다. 1960년대 이후 선진국을 중심으로 탈물질주의가 대중적인 소비문화로 자리 잡았다. 대량생산, 대량소비 제품보다는 지역의 문화와 특색을 드러내는 로컬 문화와 상품을 선호하는 소비자가 증가한 것이다. 로컬 푸드, 대안 에너지와 같은 로컬 비즈니스의 성장은 환경과 생태계를 보호하기 위해 에너지와 식품 생산의 지역화가 불가피하다는 환경주의의 영향이 컸다.

지역중심 성장과 지역문제의 독립적 해결에 대한 지역사회의 요구가 증가한 것도 로컬 비즈니스의 수요를 높인 요인이다. 지역발전 사업은 지역불균형 문제가 심각한 한국에서 특히 중요한 수요 확대 요인이다. 지금까지는 지역발전의 목표가 지역복지 차원의 불균형 해소였다면, 앞으로는 신성장동력의 발굴이 목표가 될 것이다. 국가산업 모델이 탈산업화 시대를 맞아 더 이상 지역경제를 견인할 수 없는 상황에서 지역산업을 다양화하고 지역중심적으로 만들어야 한다. 신도시 건설과 도시화로 낙후된 원도심과 소멸 지역을 재생해야 하는 숙제도 창의적인 로컬 크리에이터의 역할을 부각시키는 지점이다.

공급 측면에서는 생산비용의 저하가 이유다. 위치기반 서비스, SNS 등 기술의 발전으로 홍보, 광고, 임대료 등 로컬 비즈니스의 비용이 떨어졌다. 인스타그램으로 저렴하게 광고하고, 위치기반 서비스로 전통적인 기준으로 입지가 나빠 임대료가 저렴한 점포에서도 고객을 쉽게 유치할 수 있다. 소상공인 업무를 자동화하고 지원하는 네이버 스마트 스토어, 소상공인 공공 서비스, 배달 서비스 등도 로컬 비즈니스의 비용을 낮춘다.

탈물질주의는 공급 측면에서도 중요한 요인이다. 탈물질주의가 확산되면서 창의적이고 자유로운 라이프스타일과 일을 찾는 사람이 늘고, 이들이 로컬 비즈니스 분야에 진입하기 때문이다. 존 러스킨, 윌리엄 모리스, E. F. 슈마허 등 19세기 이후 많은 지식인들이 산업화가 약화시킨 수공업 성격의 창의적이고 자유로운 노동을 부활시키기 위해 노력했는데 물질적인 풍요가 가져온 탈물질주의와 기술의 발전이 이를 실현할 수 있는 환경을 만든 것이다. 이제 많은 사람이 대기업의 대안으로 로컬 크리에이터, 프리랜서, 디지털 노마드, 플랫폼 노동자의 일을 선택할 수 있게 됐다.

시장에 새롭게 진입한 로컬 비즈니스 유형

한국에서도 2010년 이후 다른 나라와 유사한 수요와 공급 요인이 다양한 로컬 비즈니스의 성장을 견인했다. 강원도 지역의 로컬 비즈니스를 지원하는 강원창조경제혁신센터의 한종호 센터장은 현장에서 만난 로컬 비즈니스의 유형을 여섯 가지로 정리한다. ① 로컬을 불특정 다수가 공존하는 공간이 아니라 개인의 자족적 생활 세계와 취향의 공동체를 정의하고 그 속에서 경제적 기회를 찾는 개인주의 성격의 대안 비즈니스, ② 대량생산, 대량소비 사회의 대안으로 등장한 로컬의 스몰 브랜드, ③ 공장에서 기계로 생산되는 제품의 실용성이나 가격보다 수공업으로 만드는 제품과 서비스의 가치와 체험을 중시하는 DIY 사업자, ④ 전 지구적 환경파괴와 공동체의 붕괴에 대항하여 자립적 로컬 이코노미의 회복을 지향하는 사업자, ⑤ 정부의 지역균형발전 정책에서 파생되는 공공사업에 참여하는 사업자, ⑥ 소비 트렌드 변화에 맞춰 부동산 가치의 감각적 재해석을 통해 부를 창출하는 부동산 개발회사가 포함된다.

선행 연구도 현장 관찰에 기반해 로컬 비즈니스를 분류한다. 《로컬전성시대》가 소개한 업종은 골목상권, 로컬숍, 코워킹, 코리 빙, 살롱, 로컬 미디어다. 지역 임팩트가 큰 커뮤니티 비즈니스 성 격의 업종을 모았다. 《로컬 크리에이터》는 상점 소유주, 메이커스, 지역콘텐츠 크리에이터, 지역사회 연결자, 지역 활동가, 지역 아티 스트, 장인교육 순으로 강원 지역의 로컬 크리에이터를 소개한다.

지역경제 활성화 사업을 먼저 시작한 일본에서도 다양한 로 컬 비즈니스가 출현했다. 《로컬 지향의 시대》는 이를 5개 분야

《로컬 지향의 시대》에서 소개한 로컬 기업 분류

비즈니스 분야	개요	비즈니스 모델
1. 지방의 크리에이티브	로컬을 지향하는 젊은 세대, 크리에이티브 클래스가 창조하는 비즈니스	1 지역 상점가 창업 2 디지털 노마드 3 귀촌, 귀향민
2. 낡고도 새로운 자영업	쉐어오피스, 코워킹, 빈 건물 레노베이션, 지역 밀착 카페, 수작업 생산 등 모든 유형의 낡지만 새로운 자영업 창업	4 현대적 농민 5 커뮤니티 비즈니스
3. 도시산업	상호 연대의 심화로 새로운 수요, 비즈니스 모델, 생태계를 창조하는 도시산업	6 도시제조업 7 산업시설 관광
4. 마을 브랜드	장인, 생산자, 생산지 도매상의 협업을 통해 생산지 경쟁력을 유치하는 지역 특산 산업	8 지역브랜드, 특산품 산업 9 지역브랜드, 공방 관광 10 장인대학
5. 인기 도시	사람들의 가치관이 다양화된 현대에 지방이 독자적인 감각으로 경제적 가치뿐만 아니라, 사회적 가치도 창출하는 새로운 지역경제 모델	11 로컬 푸드 12 환경산업 13 6차 산업 14 사회적 투자, 크라우드 펀딩

출처: 《로컬 지향의 시대》

14개 비즈니스 모델로 분류한다. 지역자원을 창의적으로 사업화하는 크리에이티브 비즈니스, 낡고 오래된 지역자원을 재생하는 재생 비즈니스, 지역산업 생태계에 오래 축적된 신뢰 자본을 바탕으로 생성된 도시제조업, 생산지 경쟁력을 바탕으로 한 마을브랜드, 지방 고유의 문화로 새로운 사회적 가치를 창출하는 사회적 기업 등이다.

　콘텐츠와 창조성에 기반한 로컬 비즈니스는 2010년대 등장한 새로운 콘셉트로 아직 이를 창업으로 활용하는 방법론에 대해 정리한 독자적인 문헌은 존재하지 않는다. 기존 문헌의 일부는 창업가 정체성, 라이프스타일, 브랜드, 디지털 노마드 등 로컬 비즈니스의 중요한 요소를 논의하지만, 아직 로컬 비즈니스의 핵심 경쟁력으로 부상한 공간과 콘텐츠, 그리고 이를 활용한 비즈니스 모델을 분석하는 단계에는 이르지 않았다. 이 중 로컬의 스몰 브랜드를 주목하는 브랜드와 디자인 문헌이 브랜드 관점에서 로컬 비즈니스를 분석하기 시작했다.

　직간접적으로 로컬 비즈니스를 분석하는데 도움을 줄 수 있는 경제경영 문헌은 대안경제학과 지역경제학이다. 대안경제학은 로컬 비즈니스를 전통적인 자본주의 기업과 다른 기업 형태로 접근할 때 유용한 문헌을 제공한다. 커뮤니티 비즈니스, 아르티장 기업Brew to Bikes: Portland's Artisan Economy, 사회적 기업·협동조합 연구가 여기에 속한다. 정부나 커뮤니티가 주도하는 지역재생을 연구하는 일본의 지역창생학도 마을 기업, 지역브랜드, 지역마케팅 등 로컬 비즈니스, 특히 농촌 지역의 비즈니스에 적용할 수 있는 개념을 제공한다. 대안적 로컬 비즈니스는 창업자가 주류 라이프스타일과 다른 라이프스타일을 추구한다는 의미에서 대안적 라이프스타일 비즈니스의 성격도 띤다.

지역에 형성된 산업의 구조와 경쟁력을 연구하는 지역경제학도 로컬 비즈니스 방법론 개발의 출발점이 될 수 있다. 지역산업은 자연, 역사, 문화 등 지역환경의 산물이자, 지역기업이 활용할 수 있는 자원을 제공하는 생태계다. 지역경제와 지역기업은 떼어 놓을 수 없는 관계다. 지역환경과 문화는 기업 이념과 조직문화, 지역환경에 최적화된 비즈니스 모델, 기업의 테스트 마켓과 생태계 등 다양한 형태로 지역에서 활동하는 기업의 경영에 영향을 미친다.

지역산업을 분석하는 대표적인 틀이 마이클 포터의 클러스터 이론이다. 국가, 지역, 도시의 산업 경쟁력을 그곳에 집적된 산업 생태계에서 찾는 포터는 원도심 이점Inner City Advantage, 로컬 이점Local Advantage, 공유 가치 창조Creating Shared Value 등 산업 생태계를 활용하고 그에 기여하는 다양한 비즈니스 방식을 설명한다. 소셜 벤처, 문화 스타트업, 콘텐츠 창작자 등 도시의 변화에 따른 새로운 유형의 도시 비즈니스에 대한 연구도 로컬 비즈니스와 연결될 수 있는 새로운 문헌이다.

지역산업으로 연결되는 로컬 비즈니스

새롭게 부상한 로컬 비즈니스는 새로운 지역산업으로 연결된다. 로컬 비즈니스와 지역산업의 관계는 일본 야마니시현의 분류표를 통해 설명할 수 있다. 야마니시현은 지역에서 성장을 기대할

일본 야마나시현 현정부의 지역산업 분류

산업 분야	개요	산업 영역
1. 국내외 사람들과의 다양한 교류를 만들어낼 수 있는 농업 분야	훌륭한 자연환경, 역사, 문화, 산업 등을 활용한 체험, 학습, 창조 등의 활동을 통한 사람들과의 교류에 의해 관광, 농림업, 지역산업들에 큰 파급효과를 내는 산업 분야	① 방일 외국인 관광 ② 지역브랜드 산업과 이를 활용한 새로운 관광 (지역브랜드·관광)
2. 야마나시현 지역자원을 활용해 지역경제 호순환을 끌어낼 수 있는 산업 분야	생산, 가공, 판매, 서비스까지를 일체화시킨 농업이나 임업에서 주택산업을 연대시킨 임업, 목재산업 등, 야마나시현의 강점인 농업자원과 삼림자원을 비롯한 다양한 지역자원을 활용한 신연대 분야	③ 6차 산업화를 목표로 하는 야마나시 모델 농업 ④ 삼림, 마을, 지역을 연결하는 삼림·임업, 목재산업
3. 지역진흥이나 지역 복지 등 지역과제의 해결로 연결되는 상품, 서비스를 제공하는 산업 분야	지역활성화나 지역환경의 유지, 아이 양육, 간호 지원 등 다양한 지역과제에 NPO 등 다양한 주체가 비즈니스 수법으로 해결책을 마련해가는 산업 분야	⑤ 소셜 비즈니스 (지역진흥청, 간호 및 아이 양육 지원형)
4. 일본의 제조업을 지원하는 경쟁력 있는 기술 및 기능을 활용한 산업 분야	지역 전자산업을 비롯 야마나시현 제조업산업이 가지고 있는 기공기술이나 생산용 기계 제조기술을 활용한 클린·이노베이션, 라이프·이노베이션에 대응하는 제조업을 추진하는 산업 분야	⑥ 클린 에너지 관련 산업 ⑦ 스마트 디베이스나 복합 및 환경 소재 관련 부품가공산업 ⑧ 생산기품 시스템산업
5. 건강, 보험 및 요양, 간호 등 새로운 수요가 기대되는 산업 분야	세계 수준에서의 건강 지향의 고조나 고령화 등에 의한 사람들의 다양한 요구에 대응한 의료, 제조업, 웰빙·투어리즘, 안전하고 안심할 수 있는 식품산업이 융합된 새로운 산업 분야	⑨ 의료·간호기품 및 생활지원과 관련한 제조산업 ⑩ 웰빙, 투어리즘 ⑪ 안전하고 안심할 수 있는 식품산업

출처: 《농촌의 역습》

수 있는 분야를 5개 분야, 11개 영역으로 정의한다. 5대 분야는 ①
관광산업, 지역브랜드 산업 등 국내외 사람들과의 다양한 교류를
만들어 낼 수 있는 농업분야, ② 6차 산업화 농업, 산림·마을·지
역을 연결하는 산림·임업·목재산업 등 야마나시현의 지역자원을
활용하여 지역경제의 선순환을 이끌어 낼 수 있는 산업 분야, ③
소셜 비즈니스·벤처 등 지역진흥이나 지역복지 등 지역과제의 해
결로 연결되는 상품·서비스를 제공하는 산업 분야, ④ 클린에너
지, 부품과 생산 시스템 산업 등 일본의 제조업을 지원하는 경쟁
력 있는 기술 및 기능을 활용한 산업 분야, ⑤ 의료기기, 생활산업,
웰빙, 식품산업 등 건강, 보험·요양, 간호 등 새로운 수요가 기대
되는 산업 분야이다.

　　현재 한국에서 부상하는 로컬 비즈니스는 야마나시현이 정
의하는 지역산업의 모든 영역에서 활동한다. 한국 정부는 지금까
지 야마나시현의 ④번 산업, 즉 전국 제조업 밸류체인과 연결된
산업만을 지역산업으로 간주하고 지원했다고 볼 수 있다. 지역연
고산업 육성을 통해 특산물 산업의 고도화와 기술 기반 지역혁신
체계의 구축을 모색했으나 체계적이고 지속적인 산업정책의 대
상은 아니었다. 탈산업화 시대는 산업화 시대와 달리 지역경제의
자생력을 제고하고 지역색을 부각하는 독립적이고 차별적인 지
역산업을 요구한다. 한국 정부도 앞으로 야마나시현이 분류한 모
든 유형의 산업을 지역산업으로 관리하고 지원해야 한다.

로컬 비즈니스의 체계적 분류

체계적인 육성 정책은 로컬 기업에 대한 체계적인 분류를 요구한다. 로컬 비즈니스를 분류하는데 중요한 기준은 두 가지다. 첫째가 해당 비즈니스가 시장 기반인지, 공동체 기반인지 여부이며, 둘째가 로컬 콘텐츠 기반인지, 보편적 콘텐츠 기반인지 여부다.

한정호 센터장이 분류한 여섯 가지 로컬 비즈니스에서 시장 기반 비즈니스는 로컬 브랜드, DIY 비즈니스, 부동산 개발회사다. 대안 비즈니스, 자급자족 사업체, 지역재분배 사업 참여자는 공동체 기반 비즈니스에 가깝다.《로컬 지향의 시대》분류에서 시장 기반 비즈니스는 크리에이티브 비즈니스, 도시 제조업, 공동체 기반 비즈니스는 재생 비즈니스, 마을 브랜드, 사회적 기업이다. 시장 기반 비즈니스와 달리 공동체 기반 비즈니스는 일정 규모의 산업 생태계를 창출하기 어렵다.

시장 기반 비즈니스 중 자생적인 지역산업으로 유망한 비즈니스로는 다른 지역이 복제할 수 없는 로컬 콘텐츠를 가진 기업을 들 수 있다. 위의 여섯 가지 로컬 비즈니스 분류에서는 로컬 브랜드가,《로컬 지향의 시대》분류에서는 크리에이티브 비즈니스와 도시 제조업이 이 기준을 만족한다.

로컬 크리에이터 유형

앵커스토어	공간 기반 : 커뮤니티 호텔, 복합문화공간, 로컬 편집숍 등
라이프스타일 비즈니스	비공간 기반 : 아웃도어, 전통문화, 스트리트 컬처, 로컬 제조업 등 지역문화 기반 비즈니스
인프라 비즈니스	비공간 기반 : 미디어, 유통, SNS, 이커머스 등 로컬 경제의 인프라

키워드는 '로컬 상생'

지역의 독립기업이 개발하는 로컬 콘텐츠 비즈니스와 달리, 보편적 콘텐츠 비즈니스는 주로 대기업과 프랜차이즈가 주도하는 영역이다. 정부의 특별한 개입이 없이도 시장에서 자율적으로 공급될 수 있는 콘텐츠다.

현재 주목받는 로컬 크리에이터는 대부분 로컬 콘텐츠와 시장을 기반으로 경쟁하는 개인사업자나 기업이다. 로컬 크리에이터는 공통적으로 로컬 콘텐츠로 다른 지역이 복사할 수 없는 비즈니스 모델을 개발하고 이를 기업 형태로 사업화한다. 이렇게 정의한 로컬 크리에이터는 다시 세 가지 유형으로 세분할 수 있다. 공간 기반의 앵커스토어, 공간을 운영하지 않는 라이프스타일 비즈니스, 로컬 크리에이터에게 서비스를 제공하는 인프라 비즈니스이다.

앵커스토어는 업종 수에 따라 단일 업종 앵커스토어와 복수 업종 앵커스토어로 구분될 수 있다. 카페, 베이커리, 슈퍼마켓, 독립서점, 로컬 푸드 등이 앵커스토어에서 흔히 발견할 수 있는 업종이다. 최근 트렌드는 여러 업종을 연결하거나 운영하는 복수 업종 앵커스토어다. 마이크로 타운, 복합문화공간, 커뮤니티 호텔, 로컬 편집숍 등이 대표적인 복수 업종 앵커스토어 모델이다.

라이프스타일 비즈니스는 아웃도어, 전통문화, 스트리트 컬처, 로컬 기술, 로컬 제조업 등 지역문화와 자원을 활용해 다양한 라이프스타일 상품과 서비스를 생산하는 기업이다. 라이프스타일 비즈니스는 일반적으로 작업장이나 생산시설 중심으로 운영되는 비공간 비즈니스다. 앵커스토어와 라이프스타일 비즈니스는 모두 소비자에게 상품과 서비스를 파는 B2C 업종이다.

로컬 산업에도 미디어, 유통, 기술, 투자, 기획, 교육·훈련, 컨설팅 등 생산자에게 서비스를 제공하는 B2B 비즈니스가 존재한다. 이들 기업을 로컬 경제의 인프라를 구축하고 로컬 시장의 거래비용을 인하한다는 의미에서 인프라 비즈니스라고 부를 수 있다. 인프라 비즈니스가 반드시 전통적인 B2B 기업인 건 아니다. 예를 들면 로컬 매거진은 판매하는 소비자 중의 상당수가 매거진을 매장에 구비한 로컬 비즈니스이기 때문에 인프라 비즈니스로 분류될 수 있다. 한 지역에 다수의 매장을 오픈하거나 골목형 쇼핑센터를 개발하는 부동산 개발 사업도 상권 생태계를 구축한다는 차원에서 인프라 사업으로 분류할 수 있다. 모든 상권개발 사업이 인프라 사업이 되는 것은 아니다. 상권이나 지역 전체에 영향을 미치는 사업만 해당된다.

이 책은 라이프스타일 비즈니스와 인프라 비즈니스를 비공간으로 분류했지만 이들 중 많은 기업이 오프라인 매장을 동시에 운영하기 때문에 공간과 비공간으로 구분하는 것은 현실에서 애매할 수 있다. 기업이 공간과 비공간 중 어디에 방점을 두는지에 따라 자신의 비즈니스를 분류할 수 있다. 정부 차원에서 중요하게 알아야 할 것은 많은 로컬 크리에이터가 매장을 운영하지 않는 비즈니스에 종사한다는 사실이다.

새로운 개념의 지역산업
육성을 위한 로컬 창업 지원

새롭게 진입한 로컬 비즈니스 모두 지역문제를 해결하고 지역과 지역주민의 삶의 질을 높이며, 지역경제를 활성화하는 소중한 자원이다. 전통적인 지역산업과 더불어 지역정부가 관심을 두고 지원해야 하는 새로운 성장동력이다.

정부가 손을 놓고 있는 것은 아니다. 지역산업 육성을 위해 추진하는 것은 아니지만 다양한 사업을 통해 로컬 비즈니스를 지원한다. 지역재분배 사업은 정부가 주도하며, DIY 비즈니스는 메이커와 공예인 지원기관을 통해, 자급자족 사업체는 사회적 기업과 마을기업 사업을 통해 개입한다. 벤처 캐피털의 부동산 투자를 허용함으로써 로컬 부동산 개발 시장도 지원한다고 말할 수 있다. 한 가지 흥미로운 점은 정부가 최근에야 로컬 크리에이터에 대한 지원을 시작했다는 사실이다. 역설적이지만, 자생적인 지역산업으로 발전할 수 있는 혁신적인 소상공인 산업보다 사회적 기업, 콘텐츠산업에 대한 지원을 먼저 시작한 것이다.

자생적인 지역산업이 견인하는 지역경제는 중앙산업으로부터 일정 수준 독립된 성장 역량을 보유한 자족적 지역경제다. 현재와 같이 중앙산업에 전적으로 의존하는 지역경제의 모습이 아니다. 그렇다고 노르베리-호지, 슈마허 등 일부 학자가 선호하는 자급자족 수준의 독립성을 지향하지는 않는다. 이 책에서 제안하는 로컬 경제의 미래는 단기적으로는 골목상권 중심의 로컬 브랜드 생태계, 중장기적으로는 자체적으로 충분한 일자리를 창출할 수 있는 자족적 생활권 도시다.

앞으로 더 필요한 것이 있다면 지원의 체계성이다. 정부가 지금까지 개인 사업체를 지원했다면, 미래에는 지역산업 생태계를 지원해야 한다. 단순한 재정 지원을 넘어 교육, 훈련, 보육, 창업, 밸류체인을 망라한 생태계 지원 체제를 구축해야 한다. 다양한 로컬 브랜드가 지역경제를 활성화하고 지역 자부심을 고취하는 로컬, 그리고 이를 가능하게 하는 로컬 비즈니스가 현시점에서 지역발전에 필요한 로컬이고, 로컬 비즈니스다.

새로운 오프라인 시대의 기획자
로컬 크리에이터

01

로컬 크리에이터,
어디서 와서 무엇을 하는가?

세계 도시들은 창조도시성을 갖추고자 부단히 노력한다. 그러나 창조도시는 물리적 자원으로 건설할 수 있는 산업도시와 다르다. 사람, 즉 크리에이터들이 만드는 도시기 때문이다. 스타트업, 아티스트, 소상공인 등 크리에이터의 지속적 양성과 유치를 통한 선순환 산업생태계 구축이 관건이다.

한국 정부가 창조도시 육성에 '헤매는' 것은, 창조도시가 필요로 하는 크리에이터 인재가 부족하기 때문이다. 그중 가장 취약한 분야는 지역에서 활동하는 창의적인 소상공인, 즉 '로컬 크리에이터'다. 더 구체적으로 말하자면 로컬 크리에이터는 골목상권 등 지역시장에서 지역자원, 문화, 커뮤니티를 연결해 새로운 가치를 창출하는 창의적 소상공인을 말한다. 말 그대로 로컬을 창조하는 사람이다.

현재 한국의 창업 인재 육성은 엔지니어와 예술가 중심이다.

창업 전 단계에서부터 인재를 육성하는 스타트업이나 문화산업과 달리, 소상공인 육성정책은 이미 창업한 소상공인 지원에 집중되어 있다. 잠재력 있는 로컬 크리에이터 양성에는 미흡하다. 어쩌면 사회 전반에서 소상공인을 대기업, 공무원, 스타트업, 문화산업으로 진출하지 못한 'B급 인재'로 인식하는 것은 아닌지 의구심이 든다.

미래는 달라야 한다. 도시문화와 골목산업을 창출하는 로컬 크리에이터의 체계적인 육성만이 우리가 원하는 창조도시로 가는 길이다. 그렇다면 어떻게 육성해야 하는가? 이에 답하려면 기존 소상공인의 창업 진입 패턴에 대한 분석부터 시작해야 한다. 누가, 어떻게 창의적 소상공인 분야로 진입해 성공하는지를 이해하는 것이 우선이다.

로컬 크리에이터는 식음료, 숙박, 카페 등 전통적인 골목산업뿐만 아니라, 디자인, 미디어, 엔터테인먼트, 소셜벤처, 문화기획, 도시재생 스타트업 등 혁신적인 비즈니스 모델로 삶의 질을 높이고 지역경제를 활성화하는 사업에 참여한다. 군산 영화시장 등에서 낙후된 공간을 문화예술과 혁신창업 공간으로 변화시키는 도시재생 스타트업은 창의적인 스타트업을 원도심 공간에 유치하고, 도시경제에 새로운 활력을 불어넣는다.

로컬 크리에이터 영역은 현재 공유기업(코워킹 스페이스, 코리빙, 차량공유), 로컬 기업, 독립기업, 메이커 등 도시의 사회적, 생태계적 환경과 자원에서 사업 기회를 찾고 커뮤니티와 함께 협업하고 혁신하는 분야로 계속 확장하고 있다. 한국만의 현상이 아니다. 선진국에서도 도시재생사업자, 소셜 벤처 등 도시에서 새로운 비즈니스를 개척하는 창업자들이 주목받는다.

골목상권에서 시작한
로컬 크리에이터

로컬 크리에이터는 2000년대 중반 골목상권이 부상하면서 창의적인 제품과 서비스를 제공하는 개성 있는 가게를 창업하기 시작한다. 로컬 크리에이터의 창업 과정에 대한 다양한 자료를 종합해보면, 전통적인 소상공인과 달리 그들이 가업을 인수한 사례는 찾기 어렵다. 골목산업 자체가 새로운 영역이기 때문이다.

《젊은 오너셰프에게 묻다》에 등장한 오너셰프들은 다양한 경로를 통해 식당을 창업했다. 공통적으로 요리전문학교에서 교육을 받고 식당과 호텔에 취업해 경험을 쌓았다. 요리학교에서 필요한 기술과 지식을 습득하고 현장에서 도제 교육을 받아 자신의 색깔을 가진 요리를 개발해 성장했다.

동네 빵집 창업은 음식점과 달리 학교나 도제 교육이 반드시 필요하지 않은 것으로 나타났다. 《서울의 3년 이하 빵집들》이 소개한 창업자 중 다수가 학원이나 학교를 다니지 않고 바로 취업해 경험을 쌓은 후 창업했다. 또는 학교를 다닌 후 바로 창업한 사례도 있다.

독립서점 창업자의 배경도 다양하다. 다양한 서점 창업자들을 소개하는 《서울의 3년 이하 서점들》에 따르면, 특별한 훈련이나 교육 없이 대부분 언론, 출판, 디자인 등 관련 업계에서 일하다 서점을 창업했다. 카페의 경우는 디자이너 출신이 주를 이룬다. 〈favorite magazine〉 '1人 work'에 소개된 창업자 대부분은 시

주요 서적에 소개된 로컬 크리에이터의 입문 과정

분야	가게명(업종)	관련 교육	관련 취업 경험
1인 가게	She Said That (가방, 소품)	디자인	영상미디어, 쇼핑몰 CS
	오데옹 상점(소가구)	NA	제품 디자인, 인테리어
	Twooffice(카페)	그래픽디자인	그래픽/제품디자인
	오혜(서점)	그래픽디자인	그래픽디자인
	Kafe Wave(카페)	사진	사진, 매거진
	오올블루(어묵카페)	의상디자인, 학원	여성복디자인
	Demitasse(식당)	NA	X
	마카렐(양갱이)	디자인	그래픽디자인
	Wmrmbooks(서점)	디자인	디자인
빵집	율베이커리	NA	빵집
	보난자	학원	X
	라팡	NA	푸드스타일링, 제과점
	키다리아저씨	NA	빵집
	무앙	직업학교	레스토랑
	벨트로	NA	제과
	슈슈가	학원	X
	루엘드파리	제과전공	대기업 베이커리
서점	사적인서점	NA	출판사, 서점
	퇴근길책한잔	경영학	대기업, 스타트업
	51페이지	NA	언론사
	이후북스	NA	영화관 영사기사
	노말에이	디자인	출판사, 잡지사
	인공위성	건축	건축설계

96

각, 의상, 제품 디자이너로 활동하다 카페, 소품, 가구, 공예 가게를 창업했다. 서점, 음식점, 칵테일 바, 코워킹 스페이스 등 다른 분야에서도 디자이너의 창업이 두드러진다.

광주 컬쳐네트워크 윤현석 대표는 디자이너의 골목 진출이 2000년대 이후 보편화된 SNS와 관련이 있다고 설명한다. SNS 홍보가 보편화되면서 공간, 상품, 서비스 등 가게 매력을 드러내는 디자인 경쟁력이 골목상권에서 더욱 중요해진 것이다. 가게 운영의 전반적인 디자인 경쟁력과 차별성을 확보하는 트렌드가 지속된다면, 골목 창업자의 디자인 교육은 더욱 중요해질 것이다.

지금까지 소개한 자료를 종합하면, 로컬 크리에이터들은 주로 ① 직업전문학교, ② 디자인 교육, ③ 콘텐츠 개발(문화기획, 예술경영) 등 크게 3개 통로를 거쳐 창업한다. 일부 창업자가 공예학교와 스타트업 경로를 통해 진입했으나, 다른 트랙에 비해 그 수가 적은 편이다.

설문조사로 본 크리에이터 현황

로컬 크리에이터의 배경과 창업 과정에 대해 보다 체계적으로 자료를 수집하는 방법이 설문조사다. 필자는 2018~2019년 3회의 실태조사에 참여했다. 강원 지역은 2018년 10~11월, 충북 지역은 2019년 8~10월, 전국 지역은 2019년 7~8월에 실시됐다. 강원과 충북 지역의 조사 대상은 창조경제혁신센터가 지원한 지역별 50여 개의 기업, 전국 조사의 대상은 수도권을 포함한 전국 280개 콘텐츠 기반 로컬 비즈니스 기업이다.

강원과 충북의 로컬 크리에이터 기업은 정부의 지원을 받는 신생기업이어서 규모가 작다. 연 매출 10억 원 이상의 기업은 조사대상 기업 중 10% 수준이다. 지역의 앵커스토어로 기능하는 전국 조사 대상 기업의 규모는 강원과 충북 기업보다 크다. 연 매출이 10억 원 이상인 기업이 28.1%에 이른다. 로컬 크리에이터 기업이 앵커스토어 수준에 오르면 건실한 소기업으로 성장함을 보여준다.

로컬 크리에이터는 일반 자영업자나 소상공인과 달리 자신의 일을 지역성과 창조성으로 차별화한다. 지역성과 차별성 사이에서 강원 크리에이터는 창의성을, 충북과 전국 크리에이터는 지역성을 더 중요한 가치로 인식했다.

창의성 중에서는 '내가 하고 싶은 일', 지역성 중에서는 '지역의 자원 관련', '지역기반 경영', '지역과 주민을 잇는 매개체' 등 지역의 자원 활용 관련 항목이 많이 선택된 것으로 고려할 때, 로컬 크리에이터는 '자신이 하고 싶은 일을 지역의 자원을 활용해 실현하는 사업가'로 정의할 수 있다.

전국 크리에이터가 활용한 지역자원은 지역문화가 30.7%로 가장 높았고, 그다음은 자연환경 24.1%, 유휴공간과 건물 17.9%, 이야기 소재 14.6% 순으로 많았다. 강원과 충북 크리에이터는 전국 크리에이터보다 지역 특산물을 활용하는 비중이 높았다. 유휴공간과 건물을 활용하는 크리에이터 비중은 14~18% 수준으로 도시재생과 공간 기획이 로컬 크리에이터 산업의 성장을 견인하는 중요한 요인임을 보여준다.

지역을 활용한 분야에 대해서는 '브랜드와 브랜드 스토리'에 반영했다는 응답이 가장 많았고 그다음으로는 '상품개발', '마케팅', '건축과 인테리어' 순으로 많았다. 지역특색을 개념과 정체성 설정에 활용하는 기업이 많고, 상품개발과 건축 등 물리적인 부문에까지 반영하는 기업은 많지 않음을 알 수 있다.

대기업과 프랜차이즈와 어떻게 차별화하는지에 대해 조사한 결과, 개성과 독창성이 30.5%, 가치와 사람이 27.7%, 스토리와 경험 제공이 16.8%, 품질과 크래프트맨십이 14.7%, 지역 우선이 9.8%로 나타났다. 상당수의 로컬 크리에이터가 운영자의 철학과 대인 서비스로 대기업과 프랜차이즈와 경쟁하고 있음을 알 수 있다. 강원과 충북 크리에이터의 차별화 전략도 전국 크리에이터와 크게 다르지 않았다.

앞으로의 확장 계획에서도 지역특색은 중요한 자산인 것으로 나타났다. 기존 사업을 확장하는 방법 외에 복합문화공간 44.1%, 로컬 콘텐츠 26.7%, 골목길 기획업 8.9%을 많이 선택했다. 확장성이 높은 로컬 브랜드 편집숍과 로컬 제조업을 선택한 응답자는 소수였다.

세 지역에서 모두 2016년 이후 창업한 기업이 가장 많았다. 2010년 이전 창업한 기업은 23.2% 미만으로 로컬 크리에이터 산업이 2010년대에 본격적으로 시작됐음을 확인할 수 있다.

로컬 크리에이터의 절대다수가 가업과 관계없이 독립적으로 창업했다. 전국 조사에서는 창업에 필요한 기술은 정규 교육을 통해 습득한 응답자가 가장 많았다. 로컬 크리에이터 훈련에 중요한 도제 교육을 경험한 사업자는 많지 않았다. 정규 교육이나 도제 교육을 받지 않은 창업자도 41.8%에 이른다. 개별연구를 통해 창업한 기업의 비중은 충북과 강원이 전국 평균을 크게 상

로컬 크리에이터 기업 매출

지역 / 연매출	5천 만 원 미만	5천 만~1억 원	1억~5억 원	5억~10억 원	10억 원 이상
강원(N=25)	32.0%	12.0%	44.0%	4.0%	8.0%
충북(N=9)	22.2%	33.3%	33.3%	0%	11.1%
전국(N=160)	2.5%		20.0%	14.4%	28.1%

일을 정의하는 단어

	지역성	창의성
강원(N=29)	31.0%	69.0%
충북(N=34)	58.8%	41.2%
전국(N=328)	59.7%	40.2%

사업에 활용하는 지역자원

지역 / 자원	자연환경 (산, 바다, 땅, 위치)	특산물	유휴공간과 건물	문화	이야기 소재	기타
강원(N=27)	29.6%	22.2%	18.5%	11.1%	18.5%	–
충북(N=43)	13.9%	16.3%	13.9%	30.2%	23.2%	2.3%
전국(N=274)	24.1%	11.7%	14.6%	30.7%	17.9%	1.1%

지역특색을 반영하는 부분

지역 / 특색	브랜드 / 브랜드 스토리	상품개발	마케팅	건축과 인테리어	기타	반영하지 않음
충북(N=28)	47.4%	25.0%	25.0%	10.5%	2.6%	2.6%
전국(N=160)	65.0%	10.0%	10.0%	10.6%	1.3%	3.1%

대기업 및 프랜차이즈와의 차별화 방법

지역 / 차별화	지역 우선	가치와 사람 위주	품질과 크래프트맨십	개성과 독창성	스토리와 경험	기타
강원(N=27)	29.6%	25.9%	18.5%	14.8%	11.1%	–
충북(N=45)	15.6%	24.4%	8.9%	31.1%	20.0%	–
전국(N=285)	9.8%	27.7%	14.7%	30.5%	16.8%	0.4%

향후 확장 방향에 따른 구분

지역 / 방향확장	매장, 온라인 확장	앵커스토어, 복합문화공간	골목길 기획	로컬 콘텐츠	로컬 브랜드 편집숍	로컬 제조업	기타
강원(N=25)	28.0%	20.2%	8.0%	20.2%	8.0%	16.0%	-
충북(N=50)	6.0%	28.0%	14.0%	24.0%	14.0%	8.0%	6.0%
전국(N=270)	10.7%	44.1%	8.9%	26.7%	4.8%	4.4%	0.4%

창업 연도에 따른 구분

지역 / 창업 연도	2000년 이전	2001~2005년	2006~2010년	2011~2015년	2016~2019년	무응답
강원(N=41)	-	9.8%	-	41.5%	48.8%	-
충북(N=57)	1.7%	7.0%	1.7%	29.8%	59.6%	-
전국(N=160)	3.8%	3.8%	15.6%	27.5%	46.9%	2.5%

기술 습득방법 및 창업 방식

지역 / 구분	도제 교육	개별 연구	정규 교육	가업 인수	독립창업	기타
강원(N=37)	13.5%	51.4%	29.7%	16.2%	83.8%	-
충북(N=28)	3.6%	77.8%	22.2%	3.6%	96.4%	-
전국(N=199)	15.6%	41.8%	42.6%	7.7%	92.3%	-

창업 분야에 따른 구분

지역 / 창업 분야	골목산업	문화창조산업	농수산업
강원(N=50)	50.0%	40.0%	10.0%
충북(N=46)	76.1%	8.7%	15.1%

창업자의 출신 지역

지역 / 출신	이주민	귀환자(Returnees)	순수 로컬
강원(N=23)	78.3%	21.7%	
전국(N=160)	36.9%	28.1%	35.0%

정부에 대한 건의사항에 대한 답변

지역 / 답변	인프라 및 금융지원 (임대료, 토지)	공간, 커뮤니티, 콘텐츠 개발 지원 및 훈련	지자체와의 지속적인 소통 체계 구축	청년 인재를 위한 단기 거주 및 체험 제공	로컬 크리에이터 커뮤니티 및 상인간의 교류 활성화 (생태계 육성)	상권 구축	멘토링, 창업 교육과 인재 육성	대자본 시장 진입 규제	기타
강원(N=25)	32.0%	–	4.0%	16.0%	32.0%	–	20.0%	4.0%	–
충북(N=51)	31.0%	20.7%	15.5%	8.6%	6.9%	5.2%	1.7%	1.7%	5.6%
전국(N=306)	26.5%	17.0%	12.1%	10.1%	14.1%	2.0%	10.8%	7.5%	–

회했다. 로컬 크리에이터 창업에 대한 체계적인 훈련이 이루어지지 않고 있음을 알 수 있다.

충북 로컬 크리에이터의 절대다수는 매장에서 소비자를 대상으로 영업하는 골목산업 분야에 종사한다. 강원은 충북에 비해 음악, 미술, 영상, 디자인, 출판 등 콘텐츠 분야의 크리에이터가 많았다. 충북과 강원의 특성이 반영되서인지 농업 분야의 크리에이터도 적지 않았다.

전국 로컬 크리에이터 중 이주민이 36.9%, 고향을 떠났다가 돌아온 귀환자가 28.1%에 이르고 순수 지역주민은 35.0%에 불과하다. 강원에서는 이주민의 비중이 78.3%에 달한다.

로컬 크리에이터가 희망하는 정부 지원 항목은 인프라와 금융지원이 가장 많았다. 대기업 규제를 요구한 크리에이터의 비중은 상대적으로 낮았다. 상당수인 17%가 공간 기획, 콘텐츠 개발 등 로컬 크리에이터 경쟁력에 중요한 기술에 대한 지원을 요구했다. 로컬 크리에이터 커뮤니티 조성과 상인 간 교류 활성화, 고급 인력과 청년 인력 유입, 멘토링과 창업교육, 지자체 로컬 창업 분야 전문가와의 지속적인 소통 체계 구축 등 생태계 관련 지원을 요청하는 기업도 적지 않았다. 개인 사업자 지원과 더불어 생태계 지원도 중요함을 알 수 있다.

소상공인과 로컬 크리에이터

로컬 크리에이터는 지역의 전통적인 소상공인과 구분될 수 있다. 일반 소상공인과 로컬 크리에이터의 가장 큰 차이점은 지역성, 문화성, 창조성에 대한 인식이다. 일반 소상공인이 지역에서 활동하는 사업가라면, 로컬 크리에이터는 지역활동에 그치지 않고 지역문화 자체를 창조하는 사업가라고 할 수 있다.

소상공인과 로컬 크리에이터를 비교하기 위해서는 소상공인에 대한 정보가 필요하지만, 기존 소상공인 관련 자료와 문헌은 교육과 훈련 과정 등 소상공인 창업 성공 요인에 대한 정보를 제공하지 않는다. 체계적인 통계가 부재한 상황에서 잡지나 책에서 소개된 창업자 정보가 유일한 정보 출처다. 다행히 골목상권 창업에 대한 관심이 늘어 창업자 스토리를 담은 책들이 많이 출간되고 있다.

2005년 첫 방영된 SBS 〈생활의 달인〉은 오랫동안 한 분야에 몸담은 소상공인을 소개한다. 권혜진 작가는 《장사의 맛》에서 이 프로그램에 소개된 전국 유명 소상공인 20명의 장사 철학을 공개했다.

인상적인 것은 책이 소개한 20곳의 가게 중 12곳이 가업을 물려받아 장사 철학과 장인정신을 유지해오고 있다는 점이다. 가업을 물려받지 않은 가게 중 독립 창업을 한 곳은 7곳, 가게를 인

《장사의 맛》에서 소개한 장인 창업자의 창업 과정

상호명	대표자	훈련 과정	창업 방식
낙원떡집	이광순		
안일옥	김종열		
숯골원냉면	윤선		
신도칼국수	이명주		
전주중앙회관	구인숙		
연남서식당	이대현	도제 교육	가업
오댕식당	김민우		
역전회관	김도영		
산골면옥	김종녀		
호수삼계탕	백운기		
너른마당	임순형		
백년옥	최요한, 최요섭		
순희네빈대떡	추정애		
안성또순이	최점례		
리김밥	이은림	개별 연구	독립
우리동네미미네	정은아		
순대시록	육경희		
오월의종	정웅	정규 교육	
카카오봄	고영주		
김수사	정형성	호텔 실습	가게 인수

출처:《장사의 맛》

수한 곳은 1곳이다.

훈련과정은 어떨까? 가업을 이은 12명의 장인은 대부분 부모, 조부모, 시부모와 같은 윗세대에게 도제 훈련을 받았다. 독립 창업을 한 7명 중 2명만이 정식 교육과정을 수료했고, 5명은 국내외 맛집 순회와 음식 연구를 통해 자신만의 레시피를 개발하는 등 고유의 맛을 내고자 노력을 거듭한 후 창업했다. 가게 인수자 1명은 일식당 및 호텔에서 경력을 쌓은 후 가게를 인수해 창업에 성공했다.

장인 육성 과정의 핵심은 장인 숙련 기술과 정신, 경영철학 등을 사사할 수 있는 도제 훈련이다. 가업을 이은 장인들의 훈련 기간이 정확하게 언급되지는 않지만, 대다수가 유년시절부터 가게 일을 배웠다. 부모나 조부모가 일하는 모습을 바라보며 일터에서 생활하고 놀면서 일과 삶이 분리되지 않은 환경에서 자랐다. 가게를 인수한 장인도 후계자를 양성해 자신이 쌓은 경험 속 노하우와 비법이 이어지도록 했다.

골목상권에서 성공한 일반 소상공인의 경험을 반추하면, 로컬 크리에이터 양성 과정에서 발견할 수 있는 가장 큰 문제점은 비체계적인 도제 교육이라는 것을 알 수 있다. 정규학교가 창업에 필요한 현장 훈련을 제공하지 못하기 때문에 도제 교육이 비공식적, 비효율적으로 이루어지는 것이다.

글로벌 저성장 시대, 신성장동력을 찾는 우리에게 창조도시 모델은 한 줄기 빛이다. 각 도시에 특화된 장인대학을 설립해 창조도시가 원하는 크리에이터 인력을 적재적소에 공급하면, 새로운 산업을 창출하는 역동적인 도시들이 늘어날 것이다.

필자의 전작 《골목길 자본론》은 '장인대학'을 혁신적 소상공인 육성 방안으로 제시했고, 2017년 이후 다양한 실험이 시도되고 있다. 첫 번째 유형은 공간 창업 지원기관으로, 유휴공간을 확보한 후 창업 훈련을 시키는 방식으로 일반적인 BM, 세무, 재무 같은 교육보다는 공간, 콘텐츠, 커뮤니티 기획 등을 일정기간 훈련시킨 후 창업 지원을 한다. 기존 상인에게 로컬 크리에이터를 연결하여 기존 브랜드를 리브랜딩하고 업그레이드하는 방식이 두 번째 유형이다. 세 번째 유형이 공동 문제 해결, 공동 행사 등 현장에서 로컬 크리에이터를 지원하는 코워킹 스페이스 중심의 커뮤니티다. 장인대학의 미션은 오프라인 경쟁력에 중요한 공간, 콘텐츠, 커뮤니티 기획 기술의 훈련이다.

광범위한 소상공인 훈련을 가로막는 걸림돌은 소상공인에 대한 부정적인 인식이다. 정부 지원에만 의존하는 영세하고 경쟁력 없는 사업자로 이들을 바라보는 시선은 탈산업화 사회에서 서비스산업과 도시산업이 차지하는 중요성을 충분히 이해하지 못하는데 기인한다. 사회적 인식 전환에 비해 골목산업은 매력적인 도시문화를 제공하는 문화산업, 관광산업, 창조산업으로 빠르게 진화하고 있다.

정부는 업종별·도시별 소상공인 영웅과 크리에이터를 육성하는 데 초점을 맞춰야 한다. 블로거 '심야통화'가 지적한 대로 "소상공인 영웅은 골목길에 활기를 불어넣을 수 있고, 골목길이 살아나면, 도시재생은 자연스럽게 이뤄진다. 도시경관이 개선되고 볼거리, 놀거리, 먹거리가 늘어나면 관광산업이 흥하고 관광산업이 흥하면 그들을 대상으로 하는 또 다른 창조산업이 발달할 수 있다."

02
모든 시작은
'자기다움'으로부터

로컬 크리에이터에게 지역에 온 이유를 물으면 공통적으로 '하고 싶은 일을 하기 위해, 살고 싶은 삶을 살기 위해' 지역에 정착했다고 대답한다. '나다움'이 선택의 이유인 것이다. 군산 원도심 창업가를 보육하는 로컬라이즈군산의 로컬 크리에이터를 만난 안지혜도 나다움을 로컬 크리에이터의 정체성으로 설명한다.

"이제 나다움은 어떤 형용사보다 자주 볼 수 있는 마케팅의
단어가 되었다. 인터넷에서도, 백화점에서도, 서점에서도
온통 나다움이란 키워드로 소구하는 것을 보면 무엇보다도
소유하고 싶은 가치가 되었음을 짐작할 수 있다. 나다움은
살 수 있는 것이 아니라 자신에 대한 깊이 있는 관찰과 용기
있는 선택이 쌓여 이루어지는 삶 그 자체이기 때문이다. 수
많은 밀레니얼이 지방으로 가는 이유는 저마다 다르겠지만,

모든 이유를 하나의 원으로 아우른다면 그 원의 이름은 나
답게 살고 일하기이지 않을까?"

_《슬기로운 뉴 로컬생활》, 김동복 외, Storehouse

존재적 나다움과 소유적 나다움

로컬 크리에이터가 말하는 자기다움, 나다움이 통일된 개념은 아
니다. 로컬 크리에이터와 대화하면 다양한 개념의 나다움이 존재
하는 것을 알 수 있다. 그중 가장 많이 언급되는 개념이 김수현의
베스트셀러 《나는 나로 살기로 했다》에서 강조하는 나다움, 즉
존재적 나다움이다. 존재적 나다움이 중요한 사람의 세계는 나와
다른 사람으로 나눠져 있다. 그에게 나다움은 자존감이다. 자신
을 끊임없이 '방해'하는 사람들부터 자신을 지킬 수 있는 마음의
기술이다. 존재적 나다움의 다양한 분석과 처방은 주로 사회심리
학, 정신분석학에서 찾을 수 있다.

아래 글에서 작가 김수현은 나다움을 찾아가는 과정을 설명
한다. 로컬 크리에이터에게서 반복적으로 듣는 세계관과 크게 다
르지 않다.

"나는 삶에 가장 중요한 것들만을 남기려 노력했는데, 큰 카
테고리에서 보자면 일, 인간관계, 즐거움, 정신적, 신체적 건
강함이었다. 벌어지지 않은 일에 미리 불안해하지 않았고,
하고 싶은 일Want을, 할 수 있겠다Can 싶으면 했다Do. 중요하
지 않은 사람들, 나를 짓누르는 관계와는 거리를 뒀고, 그들

이 내게 함부로 하는 것을 허락하지 않으리라 다짐했다. 주변 사람들의 시선과 통념, 사회가 규정한 정답에서 한발 떨어지니, 삶은 명료하고 가뿐했다."

_《나는 나로 살기로 했다》, 김수현, 마음의숲

존재적 나다움을 중시하는 로컬 크리에이터는 로컬을 기성세대의 문화로부터 자유롭고 독립적인 공간으로 여긴다. 로컬에 비해 서울과 대도시는 나다움을 억제하는 기성세대 문화가 지배하는 공간이다. 그들은 다른 사람이 만든 일, 다른 사람이 원하는 삶, 다른 사람이 계획한 미래에서 벗어나 온전히 내가 원하는 삶을 살고 싶다고 말한다. 시흥 월곶의 로컬 크리에이터 빌드는 지역에서 "우리가 살고 싶은 삶을 만들어간다"라고 말한다. 강화로 간 한 청년이 지역을 선택한 이유를 들어보자.

"[서울에서]스스로에게 행복에 대하여, 꿈에 대하여 질문을 하면 앞이 캄캄한 기분이 들었다. 지금의 삶이 타인을 위해, 타인의 삶과 시간에 맞춰 살아가는 삶이라고 느껴졌다. 자신 역시 전체보다는 부품처럼 느껴져 답답했다. 직접 연결해 끝까지 결정하고 완결적인 일을 하고 싶은 마음이 커졌다. 결국 7년간의 직장 경험의 결론은, 타인을 위해 애를 쓰는 직장 생활은 나에게 맞지 않는다는 것이었다."

_《슬기로운 뉴 로컬생활》, 김동복 외, Storehouse

존재적 나다움만이 로컬 크리에이터에게 중요한 것은 아니다. 많은 로컬 크리에이터에게 나다움은 자신만의 콘텐츠다. 자신이 소유한 객관적으로 구분할 수 있는 일과 기술로 나다움을 정의하기 때문에 콘텐츠를 강조한 사람의 나다움은 존재적 나다움과 대비되는 소유적 또는 사회적 나다움으로 개념화할 수 있다. 강화에서 다른 청년 4명과 청풍 협동조합을 운영하는 마담이 말하는 강화 로컬 크리에이터의 소유적 나다움을 들어보자.

"강화에는 자기 콘텐츠를 가진 사람이 많이 들어와요. 강화 안에는 자기 중심이 확실한 사람이 많아서 오히려 협업이 더 쉬어요. 서울엔 자원이 많을 뿐 오히려 자기 콘텐츠를 가진 이들을 만나기 어렵죠. 그래서 협업은 더 어려워요."
_《슬기로운 뉴 로컬생활》, 김동복 외, Storehouse

자기다움을 추구하는 로컬 크리에이터는 기존의 지역 기업인과 다른 세계관을 갖고 있다. 전정환이 《밀레니얼의 반격》에서 설명한 소상공인과 로컬 크리에이터의 차이다.

"바로 이들의 일, 삶, 지역에 대한 태도다. 단순히 돈을 벌기 위해서만 일하는 것이 아니라, 자신이 원하는 일을 지속적으로 하기 위해 돈을 번다. 돈을 벌기 위해서만 지역을 선택하는 것이 아니라, 자신을 닮은 지역과 함께 행복한 삶을 지속하기 위해 돈을 벌고자 한다. 그래서 이들은 밀레니얼의 지역 개척자가 된다."
_《밀레니얼의 반격》, 전정환, 더퀘스트

자기다움의 경영학

자기다움은 비즈니스 이론에서도 중요하다. 길게 설명하지 않아도 창업자의 철학과 가치관은 기업이념과 기업문화를 통해 발현돼 구성원의 행동과 결정에 영향을 미친다. 단순하게 표현하면 기업 자체가 창업자가 하고 싶은 일을 구현한 사업 모델이라 할 수 있다.

일련의 저자는 자기다움을 경영자의 정체성과 비전 수립에 중요한 요소를 넘어 기업의 핵심 경쟁력으로 설명한다. 우승우와 차상우의《창업가의 브랜딩》은 자기다움을 브랜드 아이덴티티로 설정하고, 브랜드를 시작하기 전에 '나는 어떤 사람인가?'를 명확하게 정의할 것을 주문한다. 홍성태와 조수용은《나음보다 다름》에서 수많은 상품이 매일 쏟아져 나오는 현대 시장에서 경쟁사와는 다른 제품을 생산하는 것이 더 나은 제품을 만드는 것보다 지속가능한 차별화 전략임을 강조한다. 다름보다 더 적극적인 자기다움의 개념이 다움인 것이다. 전창록은《다움, 연결, 그리고 한 명》에서 마케팅에서 강조하는 제품 정체성이 나음에서 다름, 다름에서 다움으로 바뀌고 있다고 주장한다.

현대 경제에서 다움이 중요해진 이유는 소비자의 요구 때문이다. 밀레니얼 소비자는 진정으로 자신의 가치에 충실하고 자신의 취향을 공유하는 생산자를 원한다. 진정성이 소비자가 요구하는 새로운 가치가 된 것이다. 예를 들면 아웃도어 제품을 구매하는 소비자는 파타고니아, 스노우피크 등 자연주의에 확고한 의지와 철학을 갖고 이를 실생활에서 실천하고 이 경험을 소비자와 공유하는 브랜드를 '진짜' 아웃도어 브랜드라고 생각한다.

다움을 추구하는데 드는 비용도 지속적으로 하락한다. 고가의 장비가 없이 콘텐츠를 만들고 이를 바이럴 마케팅을 통해 저렴하게 홍보하는 유튜버가 좋은 사례다. 초연결사회의 창작자는 또한 모든 사람을 대상으로 마케팅을 할 필요가 없다. 윤자영 스타일웨어 대표가 강조하듯이, 많은 팬이 아니라 한 명의 팬이 중요하다. 한 사람에게 감동을 주면 그 사람을 통해 과거에는 상상할 수 없는 많은 사람과 연결되고, 이렇게 형성된 팬덤이 지속적인 수요를 창출하고 제품 혁신에 기여한다.

다움 추구의 또 하나의 장점이 협업이다. 다움을 추구하는 사람은 그렇지 않은 사람에 비해 다른 사람과 협업해 새로운 콘텐츠를 생산하고 자신이 속한 커뮤니티의 창의성을 높일 가능성이 높다. 이렇게 로컬 크리에이터의 개인 정체성을 기반으로 창조적 공유 문화를 구축한 도시가 미국 포틀랜드다. 포틀랜드 메이커들이 자신의 지식과 노하우를 흔쾌히 공유하는 이유는 다른 사람이 자신만 만들 수 있는 콘텐츠를 도용할 수 없다고 생각하기 때문이다.

자기다움과 탈물질주의의 전환

더 거시적으로 보면 자기표현은 1970년대부터 미국에서 시작된 탈물질주의의 일환이다. 1990년대 말이면 선진국의 대부분은 자기표현, 자아실현으로 요약될 수 있는 탈물질주의를 주류문화로 수용한다.

학계에서 한국은 선진국과 달리 소득 증가에도 불구하고 물질주의에서 정체된 대표적인 국가로 인용된다. 2010년대에 들어와 밀레니얼 세대를 중심으로 탈물질주의가 확산되면서, 매년 발표되는 트렌드 리포트에서도 자기다움을 추구하는 밀레니얼의 탈물질주의의 진화를 기록하고 있다.

자기다움과 관련된 로컬 지향 또한 글로벌 트렌드다. 마쓰나가 게이코는《로컬 지향의 시대》에서 지역에서 새로운 기회를 찾고 개척하는 세계의 젊은이들을 소개한다. 유휴공간, 느슨한 네트워크, 삶의 질, 건강한 음식, 취향을 공유하는 커뮤니티 등 일본과 유럽의 젊은이들이 지역에서 활용하는 자원은 한국과 크게 다르지 않다. 지역자원을 창의적으로 해석하고 비즈니스로 만드는 방식도 비슷하다.

자기다움은 어떻게 비즈니스가 되나

비즈니스로서의 라이프스타일과 로컬을 처음으로 접하는 독자는 궁금할 것이다. 과연 개인의 취향과 선호가 성공적인 비즈니스가 되고, 더 나아가 로컬 공동체를 강화하는 수단이 될 수 있을까? 이에 대한 명쾌한 답은 일본 야마나시현에서 도시와 농촌을 연결하는 로컬 비즈니스를 창업한 소네하라 히사시의 경험에서 찾을 수 있다.

"자신이 즐길 수 있는 라이프스타일을 찾아서 그 스타일로 살아가고자 하면 주변에 있는 것이 자신만의 라이프스타일을 실현하기 위한 자원으로 보이게 된다. 거기에서 사람이나 자원을 연결하는 활동과 조직이 만들어지게 된다. 이러한 개인의 워크스타일, 라이프스타일의 변화는 지역사회 전체에 큰 영향을 끼치게 된다."

_《농촌의 역습》, 소네하라 히사시, 쿵푸컬렉티브

2014년 전국에서 유일하게 상업적으로 성공한 로컬 매거진인 리얼 제주 매거진 〈iiin〉을 창업하고, 이를 기반으로 로컬 편집숍, 로컬 푸드, 로컬 제조업 등 다양한 로컬 비즈니스를 운영하는 고선영 재주상회 대표의 철학도 크게 다르지 않다.

"개인의 가치관과 취향이 일로 연결되면, 그 일들이 공간으로, 제품과 서비스로 만들어지고, 공간과 제품은 브랜드가 되어 지역을 만들며, 지역은 다시 사람을 만든다."

_〈2019 로컬크리에이터 페스타〉 자료집

경영학과 경영학 관점에서 아직 많은 질문이 남아 있다. 로컬에서 자기다움으로 충분할까? 자기다움에 무언가를 더해야 자기다움이 의미 있는 비즈니스와 산업으로 이어질 수 있는 것이 아닌지 질문할 것이다. 로컬 경제에 대한 깊은 이해와 분석, 그리고 로컬에서 찾은 기회와 자원을 사업화할 수 있는 기업가 정신을 논의하기 전에, 자기다움을 더 구체적인 세계관과 일의 방식으로 구체화하는 작업이 필요하다. 다음 장의 주제다.

03
라이프스타일,
일과 삶을 새롭게 정의하다

자기다움을 추구하는 로컬 크리에이터에게는 '나는 누구이며, 어떻게 살아야 하는가'라는 질문이 중요하다. 이들은 자신의 삶에 의미를 부여하고 스스로의 정체성 형성에 기여하는 가치를 찾는다. 로컬 크리에이터를 대표하는 가치가 있다면, 그것은 '대안'이다. 중앙 중심 사고와 대량생산 문화가 지배하는 한국 사회에서는 로컬과 크리에이터는 대안적 가치다. 장소 이동이나 기반을 요구하는 로컬 크리에이터의 일은 또한 라이프스타일의 변화를 수반한다. 로컬 크리에이터는 어떤 대안적 라이프스타일을 추구할까?

라이프스타일은 좋은 삶에 대한 확고한 철학과 역사관에서 파생한다. 일시적인 유행, 핫플레이스, 스타에 대한 추종으로 얻어지지 않는다. 또한 라이프스타일은 단기간에 만들 수 있는 것이 아니다. 라이프스타일은 특정 지역과 집단에서 오랜 세월 축적된 생활양식이다. 스가스케 마사노부가 말했듯이 "패션은, 그 경향이 현저해 강의 흐름처럼 흘러가는 것과 바닥에 침전해서 라이프스타일이 되는 것이 있다."

역사적으로 보면 로컬 크리에이터의 일은 산업사회에 대한 반작용으로 형성됐다. 국가산업, 대량생산은 산업사회를 정의하는 문화다. 그렇다면 로컬 크리에이터가 추구하는 라이프스타일도 산업사회의 라이프스타일과 대비되는 개념으로 이해해야 한다.

각기 다른 형태의 6가지 라이프스타일

필자의 전작 《인문학, 라이프스타일을 제안하다》는 산업사회 문화를 물질주의로 정의한다. 물질주의는 물질을 삶의 중심에 두고 물질적 성공을 추구하는 삶의 방식이다. 도전, 경쟁, 성실, 절약, 절제, 겸손이 미덕이고 이를 통해 얻는 신분과 지위가 중요한 가치다. 19세기 말과 20세기 초에 활동한 경제학자 소스타인 베블런과 사회학자 막스 베버는 라이프스타일을 특정 계층이 공유한 가치와 생활방식으로 정의했다. 프랑스 사회학자 피에르 부르디외도 라이프스타일을 부르주아, 쁘띠 부르주아, 프롤레타리아 계급의 계급적 취향과 정체성을 구별하는 수단으로 이해했다. 계급적으로는 분류하면, 물질주의는 부르주아 계급의 라이프스타일이다.

물질주의의 반대가 탈물질주의다. 물질과 독립된 삶을 제안하는 탈물질주의는 개성, 자기표현, 다양성, 삶의 질, 사회적 윤리를 중시한다. 탈물질주의자는 탈물질주의 가치에 따라 살기 위해 예술, 자연, 공동체, 사회적 책임, 창의성, 이동성이 부여하는 경제적 수단을 선택한다. 이처럼 역사적으로 라이프스타일의 본질은 나와 물질의 관계에서 출발한다. 물질을 내 삶의 어디에 두느냐에 따라 나의 라이프스타일이 결정된다.

그렇다면 로컬 크리에이터의 일이 산업사회에 대한 대안이라면, 그가 추구하는 가치는 탈물질주의에 가깝다는 가설이 성립된다. 실제로 로컬 크리에이터는 물질보다는 자신이 하고 싶은 일에 우선순위를 둔다. 로컬 크리에이터에게 어떤 탈물질주의 대안이 존재하는지는 서구의 탈물질주의 역사에서 도출할 수 있다.

서구 역사를 살펴보면 탈물질주의 안에 예술가의 보헤미안, 문화 저항자의 히피, 진보 기업가의 보보, 도시 창업가의 힙스터, 프리랜서의 노마드 등 다양한 라이프스타일 모델이 존재함을 발견할 수 있다.《인문학, 라이프스타일을 제안하다》는 라이프스타일 역사를 기반으로 물질과의 독립성과 추구하는 탈물질주의 가치에 따라 라이프스타일을 부르주아, 보헤미안, 히피, 보보, 힙스터, 노마드 등 여섯 가지 유형으로 분류한다.

물질주의와 탈물질주의의 경쟁은 19세기에 시작됐다. 당시 지배계급에 대한 반문화counter culture로 탈물질주의가 등장한 것이다. 왜 하필 19세기일까? 19세기는 산업혁명 이후 지배계급으로 부상한 부르주아 계급과 그들이 대표하는 산업사회 엘리트 문화에 대한 회의와 반성이 시작된 시기다. 전근대 귀족주의에 대한 반문화로 시작됐던 부르주아가 지배계급으로 자리 잡은 후 바로 새로운 반문화의 대상이 된 것은 역사가 반복된다는 역설을 실감하게 한다.

거시적으로 보면 라이프스타일 혁신 과정은 전근대사회의 전통 가치와 근대사회의 물질주의가 탈산업사회의 탈물질주의로 이동하는 과정이다. 서구 라이프스타일은 부르주아(18~19세기)에서 보헤미안(19세기), 히피(1960년대), 보보(1990년대), 힙스터(2000년대), 노마드(2010년대) 순으로 진전했다. 부르주아도 초기에는 귀족주의에 대한 반문화로 태동하였으나 곧 서구사회의 주류로 자리 잡아 보헤미안 이후의 탈물질주의 계급은 모두 부르주아 계급에 저항하는 서브컬처로 탄생하고 성장했다.

부르주아가 물질주의를 대표한다면 보헤미안, 히피, 보보, 힙스터, 노마드는 탈물질주의를 수용해 라이프스타일을 혁신한 세력이다. 물질주의가 신분, 경쟁, 조직력, 노력을 강조한다면, 탈물질주의는 공통적으로 개성, 다양성, 삶의 질, 사회적 가치를 중시한다. 19세기 보헤미안 문화에서 싹튼 탈물질주의는 20세기 실용주의, 대중문화, 저항문화를 주도했고, 1960년대 이후 '라이프스타일 혁명'을 통해 주류 문화로 자리 잡았다.

요약하면, 18세기 이후 라이프스타일의 역사는 문화와 생활이 민주화되는 과정이다. 소수 귀족과 자본가가 정립하고 전체 사회에 강요하던 부르주아 문화가 보헤미안, 히피, 보보, 힙스터, 노마드의 도전을 받아 패권이 약화되는 역사다. 그러나 새로운 라이프스타일의 등장이 기존 라이프스타일의 쇠퇴를 의미하는 것은 아니다. 금융, 대기업, 정부 영역에서 근대화를 주도한 부르주아는 아직 건재하다.

라이프스타일이 제시하는
일과 공간

물질을 좇는 부르주아와 달리, 보헤미안은 예술과 자연에서 물질의 대안을 찾는다. 히피즘은 본격적으로 물질주의에 반기를 들고 적극적으로 자연과 커뮤니티 가치를 지향한다. 부르주아와 보헤미안의 변증법적 결합을 의미하는 보보에게 가장 중요한 탈물질은 인권, 환경, 그리고 사회적 책임이다. 히피 운동의 후계자로 볼 수 있는 힙스터는 도시에서 독립적이고 창의적인 경제 영역을 구축한다. 힙스터에게 중요한 가치는 창조적인 방식으로 대량생산, 대량소비의 대안을 모색하는 것이다. 공유경제의 부상으로 확산되는 노마드는 이동성Mobility에서 자신의 정체성을 찾는다.

이 중 가장 적극적으로 물질과의 공존을 추구하는 건 보헤미안 부르주아를 의미하는 보보다. 노마드는 공유적 생산과 소비를 통해, 즉 새로운 방식으로 물질적 성공을 추구한다. 힙스터 또한 자본주의를 전면적으로 거부하기보다는 자본주의 내에서 독립적인 영역을 개척한다.

라이프스타일은 직업과 일하는 방식을 선택하고 결정하는 데 중요하게 작용하는 요인이다. 부르주아의 전형은 기업가다. 창업을 통해 자본을 축적하는 자본가와 이들 자본가를 지원하는 전문가 집단이 부르주아 라이프스타일을 선호한다. 부르주아가 선호하는 일의 방식은 조직이다. 이들은 대기업 조직에서 분업, 규율, 통제, 평가를 통해 효율성을 추구한다.

탈물질주의자는 조직보다는 창의성에 기반한 직업과 일을 선호한다. 보헤미안의 보편적 직업은 예술가와 창조 노동자다.

히피는 자급자족의 공동체를 추구한다. 마을기업, 협동조합, 대안경제 등이 현대의 반문화주의자가 선호하는 경제다. 부르주아의 경제적 안정, 보헤미안의 진보 가치를 추구하는 보보는 주로 변호사, 언론인, 지식인 등 교육 엘리트 직업군에서 활동한다. 힙스터의 직업 영역은 소상공인이다. 히피와 달리 도시를 선호하며, 공동체보다는 독립적인 소상공인 비즈니스를 창업해 자유로운 삶을 살고 싶어 한다. 노마드에 가장 적합한 직업은 프리랜서다. 컴퓨터와 인터넷만 있으면 전 세계 어디에서나 일할 수 있는 디지털 노마드가 미래 경제에서 성공할 수 있는 대표적인 노마드 직업이다.

히피, 보보, 힙스터, 노마드의 부상은 도시와 산업의 변화를 동반했다. 편리성과 효율성을 극대화하는 전원도시와 계획도시가 산업사회를 대표하는 도시라면, 탈산업사회의 도시는 다양성, 삶의 질, 창의적 커뮤니티를 강조하는 공동체 도시, 압축도시, 창조도시다.

코로나 위기의 여파로 우리의 도시가 재구성된다면, 탈산업사회 도시가 포스트 코로나 시대의 도시 모델로 부상할 가능성이 높다. 탈산업사회 도시가 주민이 한 지역에서 일, 주거, 놀이를 해결하는 생활권 도시를 지향하기 때문이다. 선진국에서 상업과 주거시설을 도심에 집중시켜 도시환경과 고령인구 복지를 개선하는 생활권 도시를 적극적으로 추진한 도시는 인구 감소를 겪는 산업도시다. 일부 글로벌 대도시도 생활권 활성화를 주민 삶의 질을 높이는 수단으로 활용한다. 도시 어느 곳에서 살더라도 자전거로 15분이면 갈 수 있는 거리 안에서 생활할 수 있는 인프라를 구축하는 계획을 발표한 파리를 사례로 들 수 있다.

　포틀랜드, 시애틀, 오스틴, 베를린, 멜버른은 크리에이티브, 거리문화, 아방가르드 미술, 압축도시, 친환경주의, 로컬리즘, 독립문화, 커피와 수제 맥주로 도시의 미래를 개척한다. 상대적으로 작은 규모지만 기술 주도의 하이테크 산업과 인간 중심의 하이터치 산업(생활 서비스와 라이프스타일 산업)의 균형을 실현하기 위해 노력한다. 하이테크 산업이 성장과 고용 창출을 주도하는 한편, 크리에이티브와 혁신적인 소상공인이 삶의 질을 높이고 도시의 특색을 더하는 로컬 브랜드를 창업한다.

　라이프스타일 역사는 로컬 크리에이터에게 어떤 비즈니스를 제안할까? 로컬을 생활권으로 정의하면, 국가 경제와 마찬가지로 로컬 경제에도 부르주아, 보헤미안, 히피, 보보, 힙스터, 노마드 등 모든 유형의 라이프스타일과 이를 추구하는 일과 직업이 필요하다. 그러나 창의성, 지역성, 독립성, 심미성, 체험 등 주로 산업사회에서 부각되지 않는 아이템으로 창업하는 로컬 크리에이터의 성향을 고려할 때 그가 부르주아적 가치를 추구하는 일과 도시를 선호할 가능성은 낮다.

　다수의 로컬 크리에이터는 탈물질주의를 추구하기 때문에 보헤미안, 히피, 보보, 힙스터, 노마드 중 하나를 선택한다. 어떤 라이프스타일을 선택하든지 중요한 것은 물질의 대안, 그리고 그 대안적 가치에서 찾을 수 있는 경제적 기회에 대한 확신이다. 대안적 가치와 더불어 중요한 것은 공동체관이다. 탈물질주의자는 모두 새로운 형태의 느슨한 연대를 중시한다. 서로 다름을 인정하고 이에 기반해서 의미 있는 협력과 공동체를 추구한다. 강요

되거나 권위적인 공동체는 탈물질주의와 공존하기 어렵다. 로컬 크리에이터에게 요구되는 라이프스타일은 탈물질주의이며, 탈물질주의 세계관과 라이프스타일이 로컬 크리에이터로서의 일과 공간을 정의한다.

로컬 브랜드의 탄생:
로컬 비즈니스 창업 가이드

LOCAL

Gallery

brewery

dessert

Atelier

coffee

Bakery

01

어디에서, 무엇을 만들고, 어떻게 운영할 것인가

다수의 로컬 크리에이터는 '공간'과 '비공간' 비즈니스 중 공간 기획과 운영에서 경쟁력을 찾는다고 해도 과언이 아니다. 비공간 비즈니스를 운영하는 로컬 크리에이터도 자신이 제공하는 제품과 서비스를 체험할 수 있는 공간을 함께 운영한다. 공간이란 요소가 그만큼 로컬 크리에이터 창업에 중요한 것이다.

공간 창업의 대상은 소매점, 외식업체, 숙박업소, 디자인 패션업체, 편집숍, 서점, 갤러리 등 매장을 기반으로 운영되는 상업 시설이다. 공간을 임대하거나 공유한다는 의미의 공유 비즈니스도 공간 창업의 하나다.

공간 창업의 수요가 큰 곳이 공간 자원이 풍부한 지역이다. 현재 전국 곳곳에서 지역성과 결합된 자신만의 콘텐츠로 가치를 창출하는 로컬 크리에이터들이 활동하고 있다. 그중 많은 이들이 콘텐츠와 더불어 공간을 경쟁력으로 활용하는데 앞으로는 공간을 기반으로 삼는 크리에이터의 수가 더 늘어날 것이다.

　돌이켜보면 2000년대 중반 시작된 골목상권의 부흥을 공간 창업이 주도했다. 골목상권은 말 그대로 하나의 공간인 골목길을 중심으로 조성된 상권이다. 골목길과 더불어 골목길 건축물이 공간 정체성 형성에 기여했다. 한국 도시의 골목상권은 한옥, 근대 건물, 1970년대 지어진 단독주택이 밀집된 지역이다. 1세대 골목상권 중 홍대와 이태원의 공간 정체성은 단독주택, 삼청동은 한옥이다. 골목상권 안에서 성공한 공간 역시 공간적 특색이 뚜렷하다. 오래된 공장, 창고, 학교를 리모델링해 지역 역사와 문화를 보존하거나, 오픈 계단, 루프탑, 공유 공간으로 지역주민과 문화와의 상생을 추구한다.

　공간이 창조하는 정체성과 사회성이 중요해지면서 공간 창업의 핵심은 '공간 기획'에서 '공간 운영'으로 넘어가고 있다. 공간을 구축하는 것만으로는 경쟁력을 확보하는데 한계가 있고 자신이 기획한 공간을 직접 운영하지 않으면 공간이 추구하는 가치를 실현하기 어렵다고 생각하는 건축가들이 늘고 있다. 공간 창업자는 불가피하게 건축학과 경제학의 접점을 고민해야 한다. 특히, 상업시설 운영자는 공간을 통해 지속가능한 비즈니스 모델을 개발해야 한다. 공간의 예술성만으로는 상업적인 성공을 담보할 수 없다.

　그렇다면 경제학은 공간 운영자에게 어떤 가이드를 제시할 수 있을까?

　공간 운영자들이 공간 경제학에서 답을 얻고자 하는 질문은 간단하다. 어디서, 어떤 공간을, 어떻게 운영해야 하는가?

어디에 창업해야 하는가

가장 직접적으로 다루는 이론이 위치이론Location Theory이다. 부동산 격언 중에 '첫째도 위치, 둘째도 위치, 셋째도 위치'라는 말이 있듯, 최적의 위치는 수익을 극대화하는 위치, 즉 소비 시장에 가깝고 생산비용을 최소화할 수 있는 곳이다.

공간 위치성 위치이론의 제안이 다소 막연하다 생각되면 안전하게 기존 상권 중 통행량이 많은 곳을 선택할 수 있다. 일반적으로 대중교통 접근성이 좋은 평지에 위치하고, 주변에 대규모 소비 인구가 거주하며 유동인구를 유발하는 근린시설이 많은 곳이 위치가 좋은 상권이다. 하지만 공간 운영자는 생산환경도 고려해야 한다. 공간을 통해 새로운 경험과 서비스를 창조해야 하기 때문이다. 운영자의 공간이 하나의 산업으로 성장할 수 있다면 선택한 지역이 그 산업에 적합한 입지 조건을 갖추었는지를 질문해야 한다.

공간 창조성 도시경제학이 강조하는 입지 조건은 도시다. 도시를 성장 주체로 처음으로 제시한 학자는 제인 제이콥스다. 그가 주목한 성장동력은 도시의 다양성이다. 도시가 성장을 주도하는 이유는 생산과 소비의 집적을 통한 규모의 경제에 있는 것이 아니고, 다양한 배경을 가진 행위자들의 상호작용을 통한 혁신이다. 제이콥스는 다양성을 제고하는 요소로 공간 구조에 주목한다. 주거와 상업활동을 허용하는 복합용도 구역, 짧은 거리가 촘촘하게 이어지는 블록, 낡은 건물과 신축 건물의 공존이 그 조건이다. 공동체와 공간이 자연적으로 만들어낸 사회 자본으로서의 다양성을 설명한 제이콥스는 도심의 오래된 마을과 공동체를 보전해야 도시의 활력을 유지할 수 있다고 믿었다. 그에게 대규모 단지 건설을 위한 재개발은 도시를 파괴하는 일이다. 제이콥스 이후 도시경제학자들은 인재와 기업의 밀도Density를 강조한다. 여기서 밀도란, 생산 주체의 밀도를 의미한다. 제이콥스와 달리, 에드워드 글레이저Edward Glaeser는 도시 성장에 반드시 공간의 다양성, 특히 저밀도 공간이 필요하다고 생각하지 않는다. 건축의 고층화와 고밀도화를 통해 인재와 기업을 도심에 더 집적시키는 것이 더 효과적인 성장 정책이라고 주장한다.

모든 도시 장소가 공간의 위치로 적합할까? 도시 안에서 더 작은 단위의 생산 지역을 찾는다면, 마이클 포터Michael Porter의 클러스터 이론을 응용할 수 있다. 그는 클러스터 경쟁력을 요소 시장, 수요 조건, 연관 산업, 내부 경쟁 구조에서 찾는다.

이 이론을 공간 창업 입지 조건에 적용하면 ① 인력, 재료, 자본 등 투입 요소를 원활하게 조달하고(요소 조건), ② 수준 높은 소비자가 많으며(수요 조건), ③ 연관 산업과 지원 산업이 잘 갖추어져 있고(연관 산업), ④ 내부 구조가 경쟁적인(내부 경쟁 구조), 즉 다양한 사업자가 경쟁하는 지역이 입지 조건이 좋다.

공간 문화성 문화경제 시대의 입지 조건은 물리적인 경쟁 요인보다는 문화와 건축환경 요인에 의해 결정될 가능성이 높다. 한국에서 공간 창업에 적합한 입지 조건을 갖춘 시장은 골목상권이다. 오프라인 상권 중 유일하게 성장하는 상권일 뿐만 아니라 이미 많은 공간 운영자가 그곳에서 기회를 찾고 성공하고 있기 때문이다.

《골목길 자본론》에서 필자는 골목상권의 실제 진화 과정에서 입지 조건을 도출했다. 서울의 골목상권 역사를 보면 단순히 골목 자원으로만 입지 조건을 설명하기 어렵다는 것을 알 수 있다. 걷기 좋은 골목길이 모두 골목상권으로 발전한 것은 아니다. 골목 자원은 뜨는 골목길의 여러 조건 중 건축 환경에 해당하는 조건이다.

골목상권은 일반적으로 문화자원Culture이 풍부하고, 임대료Rent가 싼 지역에 한 가게, 즉 '첫 가게Entrepreneurship'가 들어가며 시작된다. 이 가게가 잘 되는 것을 보고 다른 가게가 따라가 상권을 형성한다. 이 상권이 상권 경쟁력에 중요한 접근성Access, 공간 디자인Design, 정체성Identity을 잘 유지하고 보완하면 경쟁력을 가진 성공한 골목길로 발전한다.《골목길 자본론》은 이 6가지 조건을 'C-READI'로 정리한다. '문화성Culture이 준비ready돼야 한다'라는 의미다.

경제학이 강조하는 입지 조건을 정리하면 전통적인 물리적 조건과 탈물질주의가 요구하는 문화적 조건이다. SNS와 대중교통이 발달하고 소비자 취향이 다양해지면서 상권 규모와 생산자 집적 등 물리적인 조건만이 입지 조건을 결정하지 않는다. 소도시나 대도시의 주변 지역도 공간 시설이 들어설 수 있는 장소가 될 수 있다. 중요한 것은 운영자가 활용할 수 있는 지역의 문화자원이다. 규모가 작아도 문화자원이 풍부하고 정체성이 뚜렷한 지역이라면 공간 창업을 성공시킬 수 있다.

어떤 공간을 만들어야 하는가

공간 운영자는 궁극적으로 소비자를 만족시켜야 한다. 소비자가 원하는 공간을 기획하고 운영해야 하는 것이다. 공간이 창출하는 콘텐츠는 디자인, 건축, 장소성 등의 공간 콘텐츠와 전시, 공연, 경험 등의 비공간 콘텐츠로 나뉜다. 공간 경제학은 공간 콘텐츠와 비공간 콘텐츠 둘 다 강조한다. 또한 공간을 비공간 콘텐츠를 생산하는 하드웨어로 보지 않고 그 자체를 콘텐츠로 이해한다.

소비자가 공간과 공간 콘텐츠를 통해 만족하려는 욕구는 탈물질주의 욕구다. 탈물질주의가 확산함에 따라, 가성비와 과시성보다는 심미성, 차별성, 연대성, 사회성을 중시하는 소비자가 늘고 있다. 한국에서는 2000년대 중반부터 골목상권을 중심으로 차별적, 심미적 소비자가 모이기 시작했다. 물리적인 가격, 품질보다는 문화적 가치, 감성, 경험을 추구하는 소비자들이다. 한국에서 탈물질주의 성향을 뚜렷하게 보이는 소비자군이 밀레니얼 세대다.

소비를 통해 친구를 만나고, 다른 사람과 유대관계를 맺는 소셜적 소비 성향의 소비자도 부상하고 있다. 특정 가게와 상권을 중심으로 생산자-상인-소비자가 취향을 공유하며, 소비를 통해서 사회와 소통하고 자신의 가치를 실현하려고 노력한다. 소셜적 소비자는 자신이 사는 도시에서 만든 상품, 자신이 아는 사람이 제작한 상품을 선호하는 경향을 보인다.

공간 정체성 탈물질주의 소비자에게 가장 중요한 가치는 정체성과 사회성으로 요약할 수 있다. 정체성은 그 공간에서만 체험할 수 있는 특색과 차별성이다. 탈물질주의 소비자도 항상 묻는다. 이 공간의 특색이 뭘까, 여기는 다른 데에서 경험할 수 없는 무엇을 제공할까? 차별적 가치를 제공하지 못하는 공간은 사람을 모으기 어렵다.

공간 사회성 사회성은 환경, 인권, 공동체 등 공간이 창출하는 사회적 유대와 가치를 의미한다. 업사이클, 미니멀리즘, 심플 라이프, 슬로라이프, 공정무역, 공유경제, 로컬 푸드, 독립상점 소비 트렌드에서 볼 수 있듯이 탈물질주의 소비자들은 공동체를 강화하고 사회적 가치를 창출하는 기업과 비즈니스 모델을 선호한다.

공간 지역성 공간 운영자는 지역문화와 커뮤니티를 활용해 정체성과 사회성을 동시에 확보할 수 있다. 온라인 커뮤니티가 부상한다고 하지만, 지리적 영역에 따른 사회적, 문화적 차이는 여전히 존재한다. 탈물질주의 시대의 로컬은 또한 차별성, 공동체, 삶의 질을 상징한다. 공간 운영자가 지역성에서 경쟁력을 찾는 순간 공간 운영자와 로컬 크리에이터의 구분은 모호해진다. 지역성과 결합된 콘텐츠로 경쟁하는 공간 운영자를 로컬 크리에이터로 정의할 수 있다.

지역문화는 공간 정체성을 제공하는 중요한 소재다. 서울을 대표하는 골목상권인 홍대는 인디뮤직, 거리공연, 독립서점, 독립 브랜드, 실험예술 등 기존 문화의 틀을 깨는 대안문화 성격이 짙다. 독립문화, 대안문화가 홍대의 상징이 되면서 개성, 자유, 독립성을 갈구하는 젊은이들이 홍대 골목으로 모여든 것이다. 홍대 문화에서 공간 정체성을 찾는 지역 공간 운영자도 늘고 있다. 인디뮤직에서 자신의 원류를 찾는 YG, 스트리트 패션을 상품화한 스타일난다, 거리 예술과 미술로 내부를 디자인한 라이즈호텔이 지역문화를 공간에 구현한 로컬 브랜드다.

지역 예술가, 주민, 소비자 또한 공간의 정체성과 사회성을 확보하는 수단이다. 지역에서 탄탄한 고객층을 구축하는 것은 경영 안정화에 기여할 뿐만 아니라 지역주민과 문화를 만나고 싶어하는 외부인의 수요를 만족시키는 방법이다. 지역 예술가, 주민 상인이 참여하는 행사를 기획하고 이들이 모이는 공간을 만들며 지역문제 해결을 위해 함께 노력함으로써 교토의 거리를 바꾼 작은 가게 '게이분샤'가 좋은 사례다.

민관 협력을 통해서도 공간의 사회성을 확대할 수 있다. 민관 협력은 도시재생 분야에서 활발하다. 도시재생 스타트업 사업은 지역 정부에게 창의적인 운영자에 의해 낙후 지역을 활성화하는, 운영자에게는 사회성을 기반으로 공간을 창업할 수 있는 기회를 준다.

지역문화 중 생활문화를 상품화한다면 로컬 크리에이터의 일은 라이프스타일 비즈니스가 된다. 흔히 라이프스타일 비즈니스를 "내가 하고 싶은 일"을 하는 것으로 생각한다. 창업자 가치가 중요한 것은 사실이지만, 라이프스타일 비즈니스가 단순히 개인 취향을 사업화하는 것은 아니다. 스타벅스, 나이키, 이케아 등 밀레니얼 세대가 열광하는 라이프스타일 기업들은 지역의 매력적인 라이프스타일을 재해석하고 재창조한 비즈니스 모델로 창업했다. 선진국 라이프스타일 산업이 보여주듯이 라이프스타일 비즈니스가 일정 규모를 확보하려면 지역에서 소비자, 전문인력이 참여하는 홈마켓 생태계를 구축해야 한다.

어떻게 운영해야 하는가

운영자 정체성을 기반으로 사회성과 지역성을 구현하는 공간을 창업한다는 것은 지역상생을 공간 운영의 원칙으로 선택한다는 것을 의미한다. 지역상생은 쉽게 표현하면 동네 사랑방이 되는 것이다. 글로벌 대기업도 예외가 아니다. 공간 비즈니스의 혁신을 주도하는 글로벌 기업인 스타벅스는 처음부터 매장을 공동체가 모일 수 있는 제3의 사회적 장소로 구상했다. 애플은 애플 매장을 아예 타운스퀘어, 즉 '동네 광장'이라 부른다. 지역자원을 연결해 지역문화의 체험을 제공하는 에이스호텔은 커뮤니티 라운지를 지향한다. 이들 대기업이 지향하는 매장 모델은 유통 언어로 앵커스토어로 표현할 수 있다.

앵커스토어란 혁신성, 지역성, 문화성을 기반으로 유동인구, 시설, 구심점, 정체성 등 상권 공공재를 제공하는 상업시설이다. 신규 앵커스토어들의 공통점은 혁신적인 수익 모델이다. 공간 기획, 문화 기획, 공간 비즈니스, 옴니채널 등 다양한 방법으로 오프라인 수익 모델을 개발한다. 동시에 지역 정체성을 기반으로 지역상권의 대장주와 플랫폼이 되겠다는 강한 의지를 보인다. 또하나의 공통점이 문화 중심지가 되려는 노력이다. 앵커스토어는 모두 지역의 랜드마크가 되기 위해 노력한다.

사실 앵커스토어는 새로운 개념이 아니다. 과거에도 백화점,

대형 할인마트, 스타벅스, 홀푸드마켓, 반스앤노블이 쇼핑센터와 주상복합단지의 앵커시설로 기능했다. 과거와 다른 점은 활동 영역이다. 과거의 앵커스토어가 쇼핑센터 운영자가 임의적으로 배치한 시설이라면, 현재의 앵커스토어는 자연적으로 형성된 거리 상권에서 시장 경쟁을 통해 자리 잡은 거점 공간이다.

다시 첫 질문으로 돌아가 보자. 어디서 어떤 공간을 어떻게 운영해야 하는가? 공간 경제학의 답은 명료하다. 골목상권에서 지역과 상생하는 공간으로 앵커스토어를 운영해야 한다.

02
지역과 함께 성장하는 앵커스토어

오프라인 매장 기반의 로컬 크리에이터가 지역을 대표하는 앵커 기업으로 성장하길 원한다면 현재로서는 전국적으로 성장세를 유지하는 골목상권을 등에 업어야 한다. 골목상권을 개척하고 활력을 뒷받침하는 앵커스토어가 되는 것을 1단계 목표로 삼아야 한다는 의미다. 상권이 형성되지 않은 지역의 기업은 건축 자원, 커뮤니티, 동네와 거리문화, 도보와 대중교통 접근성 등 지역단위의 특색과 자원을 활용하는데 한계가 있다.

앵커스토어를 구체적으로 정의하면 혁신성, 지역성, 문화성을 기반으로 유동인구, 기반시설, 구심점, 정체성 등 다양한 상권 공공재를 제공하는 상업시설이다. 전통적인 F&B 산업은 전국 각지에서 이미 많은 앵커스토어를 배출했다. 강원도 강릉 지역의 현황만 봐도 앵커스토어의 기여가 확연하게 드러난다. 뜨는 상권의 중심에는 예외 없이 그 상권을 견인한 앵커스토어를 지목할

앵커스토어의 성공 조건

혁신성
(Biz 모델)

+

지역성
(지역다움과 기반)

+

문화성
(문화적 임팩트)

로컬 앵커스토어 추구
혁신성, 지역성, 문화성을 기반으로
유동인구, 시설, 구심점, 정체성 등 상권 공공재를 제공하는 상업시설

수 있다. 포남동의 빵다방, 초당동의 툇마루와 순두부젤라토, 명주동의 오월과 봉봉방앗간, 홍제동의 버드나무브루어리, 강문해변의 카페폴앤메리다.

콘텐츠 기반의 로컬 크리에이터 산업에서도 앵커스토어가 나타나기 시작했다. 부상하는 콘텐츠 기반 앵커스토어는 공통적으로 공간 기획, 문화 기획, 공간 비즈니스, 옴니채널 등 다양한 혁신을 통해 오프라인 수익 모델을 개발한다. 동시에 지역정체성을 기반으로 지역상권의 대장주와 플랫폼이 되겠다는 강한 의지를 보인다. 또 하나의 공통점은 문화 중심지가 되려는 열정이다. 앵커스토어는 모두 지역의 랜드마크가 되기 위해 노력한다.

공간 기반 앵커스토어는 공통적으로 공간 디자인과 기획을 통해 주민과 파트너를 모은다. 공간은 주민과 주민을, 주민과 고객을, 지역과 기업을 연결하는 중요한 수단이다. 특히 문화재, 공공건물, 공공미술, 자연 기념물 등을 공간으로 확보하면 확보 즉시 지역의 랜드마크가 될 수 있다. 자연적인 랜드마크를 확보하지 못하는 기업은 지리적으로 편리하고, 장소성이 강한 지역에 도서관, 공연장, 체험장이 포함된 상업시설을 건설할 수 있다. 공간과 장소에 대규모 투자를 할 수 없는 로컬 기업도 오픈 계단, 서가, 루프탑, 빈티지를 통해 지역의 거리, 자연, 지식, 역사와 소통하고 지역의 스토리 자산을 활용할 수 있다. 공간 디자인 모델의 핵심은 공간을 통해 동네와 지역의 볼거리, 먹거리, 즐길거리를 연결하는 일이다. 창의력과 상상력을 발휘하면 작은 기업도 공간을 통해 앵커스토어 위치를 확보할 수 있다.

로컬 크리에이터가 대기업과 경쟁해 지역 시장의 앵커스토어로 자리 잡으려면 특별한 비즈니스 모델로 지역 정체성, 지역 기반, 지역 대표성을 확보해야 한다.

로컬 브랜드를 수집해 판매하는 로컬 브랜드 편집숍, 지역브랜드가 참여하는 팝업 스토어와 축제, 공동 판매, 공동 작업과 제작 등 로컬 브랜드 간 협업, 로컬 창업자를 육성하고 로컬 창업자 커뮤니티를 구축하는 코워킹 스페이스와 창업 인큐베이터 등의 방식으로 로컬 콘텐츠를 개발한다.

공간 창업자가 앵커스토어를 추구해야 하는 이유는 지속가능성이다. 대기업과 경쟁하기 위해서는 지역자원과 네트워크를 연결해 복사가 어려운 콘텐츠를 개발하고 상권을 기업 브랜드의 일부로 만들어야 하는데, 이는 지역상권에 공공재를 제공하는, 일정 수준의 시장 지배력을 가진 기업만이 가능하다. 앵커스토어에 대한 소비자 충성도도 앵커스토어 추구를 불가피하게 한다. 지역 상권에 공공재를 제공하고 명성을 안겨주는 기업은 지역에 대한 자부심을 불러일으키는 상징적 브랜드로 인정받는다.

독립기업의 앵커스토어 전략

			사례
지역특화			대전 성심당
			연희동 사러가쇼핑센터
로컬 플랫폼		단일 업종	카페, 서점, 스테이, 라운지 등
	복수 업종	마이크로 타운	연희동 어반플레이 셰어빌리지, 부산 영도 RTBP 마을 리조트, 목포 괜찮아마을
		커뮤니티 호텔 / 커뮤니티 비즈니스	제주 성산 플레이스캠프, 공주 제민천 봉황재
		복합문화공간	연희동 연남장, 합정동 취향관 약수동 로컬스티치, 신촌 만인의꿈
		로컬 편집숍	제주 안덕면 사계생활, 연남동 연남방앗간
		상권개발	연희동 어반플레이, 군산 (주)지방

키워드는 '로컬 상생'

현재 한국과 선진국에서 성공적으로 운영되는 앵커스토어 비즈니스 모델은 전통적인 지역특화 모델과 새로운 유형의 로컬 플랫폼 모델이다. 복합문화공간, 공간 디자인, 로컬 콘텐츠, 커뮤니티 비즈니스, 골목길 기획 등이 로컬 플랫폼이 활용하는 비즈니스 모델이다.

지역특화 모델

전통적으로 독립기업은 가격, 서비스, 생산방식의 차별화로 대기업이나 프랜차이즈와 경쟁했다. 관료적이면서 전국적인 구매 시스템을 운영하는 대기업은 로컬 기업만큼 로컬 소비자가 원하는 상품을 신속하게 공급할 수 없다. 예컨대 산지와 도매상 접근성이 좋은 로컬 과일 가게는 대기업보다 빨리 신선한 과일을 매장에 선보일 수 있다. 광주의 무등산브루어리처럼 지역에서 생산되는 재료로 생산방식을 차별화하는 것도 지역특화를 활용하는 효과적인 방법이다.

　　지역특화를 경쟁력으로 삼는 독립기업은 지역에서의 안정적인 시장 점유율을 추구하기 때문에 구조적으로 타 지역으로 진출할 유인이 적다. 역으로 말하면 타 지역으로 진출하는 것보다 지역에서 독점 기업으로 남는 것이 지속가능성을 높이는 길이라고 생각하는 것이다. 다카이 요코는 어느 한 지역에 집중해 그 지역의 넘버원이 되고 타 지역으로 진출하지 않는 전략을 도미넌트 전략이라고 부른다.

　　도미넌트 전략으로 대전의 넘버원 기업으로 자리 잡은 기업이 바로 '성심당'이다. 대전에만 집중하는 성심당은 다양한 매장을 원도심의 한 거리에 집적시켜 그 거리를 성심당 거리로 만들었다. 대전 원도심 지역사회에서 다양한 사회사업을 추진할 뿐 아니라 유동인구, 건축 랜드마크, 지역 자부심 등 대전 원도심에 필요한 공공재를 제공한다.

또 다른 사례로는 서울 연희동의 사러가쇼핑센터를 들 수 있다. 연희동 시장을 기반으로 성장한 사러가쇼핑센터는 우리나라에서 유일하게 백화점, 할인마트와 동등하게 경쟁하는 독립 슈퍼마켓이다. 연희동 골목상권은 주차장, 유동인구, 문화 상징성 등 다양한 공공재를 제공하는 사러가쇼핑센터를 중심으로 형성됐다. 성심당과 마찬가지로 사러가쇼핑센터도 연희동으로 진출한 후 타 지역 시장으로 진출하지 않는다.

로컬 플랫폼 모델

로컬 비즈니스의 최신 키워드는 연결, 만남, 그리고 커뮤니티다. 오프라인에서도 소비자, 생산자, 사업자가 만나고 연결되는 커뮤니티를 구축하는 플랫폼 전략이 확산된다. 오프라인 특성상 하나의 플랫폼 비즈니스 모델이 지배하기 어렵다. 마이크로 타운, 커뮤니티 호텔, 복합문화공간, 로컬 편집숍, 상권개발 등의 다양한 방식이 사용된다. 로컬 플랫폼이 되기 위해서는 이처럼 다양한 업종을 융합한 비즈니스 모델을 개발해야 한다. 단일 업종으로는 로컬 플랫폼으로 성장하기 어렵다.

마이크로 타운 가장 야심적인 로컬 플랫폼 모델은 마이크로 타운, 즉 도시 안에서 자생적으로 기능할 수 있는 작은 도시를 조성하는 사업이다. 부산의 RTBP, 연희동과 연남동의 어반플레이, 목포의 괜찮아마을 등 전국의 여러 로컬 크리에이터가 자신이 활동하는 지역에서 청년들이 일, 주거, 놀이를 한 곳에서 해결하는데 필요한 공간과 콘텐츠를 개발한다.

커뮤니티 호텔 • 커뮤니티 비즈니스 포틀랜드의 에이스호텔이 커뮤니티 호텔이다. 스타벅스가 한 골목을 살린다면, 에이스호텔은 한 지역을 살린다고 할 정도 파급효과가 큰 기업이다. 이 호텔은 처음에 입지를 선정하고 건축할 때부터 지역의 예술가와 크리에이터와 협업한다. 이런 과정을 거치기 때문에 한번 호텔을 기획하고 입주하는데 평균 5년이 걸린다. 완공한 후에도 지역 독립브랜드와 계속 협업하고 호텔 라운지를 객실 손님뿐만 아니라 지역주민에도 공개한다. 호텔을 지역브랜드와 협업하고 지역 크리에이터들이 모여 새로운 기회를 창출하는 플랫폼으로 활용한다.

주민이 직접 참여하거나 지역의 사회적 가치를 창출하는 커뮤니티 비즈니스를 통해서도 로컬 플랫폼을 구축할 수 있다. 마을기업, 협동조합, 사회적 기업 등이 주민이 주체가 돼 지역이 필요한 상품과 서비스를 생산한다. 지역문제를 해결하고 지역에 공공재를 제공하는 개인 기업도 커뮤니티 비즈니스라고 할 수 있다. 지역의 유휴공간을 활용해 창업하는 도시재생 스타트업, 지역주민이 참여하고 지역자원을 관광자원으로 활용하는 커뮤니티 호텔, 지역주민에게 모임과 교류의 장소를 제공하는 커뮤니티 카페 등이 현재 부상하는 커뮤니티 비즈니스 모델이다. 건축도시공간연구소 '운영자의 전성시대'가 소개한 부여 세간 자온길, 부산 이

바구캠프, 서울 핏플레이스, 춘천 썸원스페이지 모두 주변의 다른 운영자와 협력해 매력적인 로컬 씬을 만들고 이를 통해 지역문제를 해결하고 지역가치를 창출하는 커뮤니티 기반 앵커스토어다.

복합문화공간 단일 매장으로 조성되는 복합문화공간에는 매장 공간과 쉽게 조화를 이룰 수 있는 카페가 인기다. 매장에 카페를 설치하는 트렌드는 서점에서 시작됐는데 지금은 갤러리, 옷 가게, 편집숍, 코워킹 스페이스, 세탁소, 바버숍 등 리테일 전 업종으로 확산됐다. 모델 확산 효과도 크다. 해방촌 론드리프로젝트에서 시작된 세탁소 카페 모델은 전국적으로 일반적인 세탁소 운영방식으로 자리 잡았다. 만남을 유도하고 체험을 제공하는 공간도 다양해진다. 소규모 독립기업도 카페뿐 아니라 체험장, 행사장, 공연장을 매장에 추가한다. 연희동 연남장, 합정동 취향관, 서교동 로컬스티치, 신촌 만인의꿈 등은 모임, 행상, 전시 등의 행사를 열 수 있는 공간으로 기획된 복합문화공간이다.

로컬 편집숍 지역브랜드를 편집해 판매하는 매장이 로컬 편집숍이다. 선진국 도시에서는 "포틀랜드 메이드Portland Made", "메이드 인 포틀랜드Made in Portland" 등 '우리 도시 제품 상점'으로 운영된다. 길게는 지역의 50년 이상 된 브랜드를 편집해 소개하는 기업인 일본의 디앤디파트먼트D&DEPARTMENT도 새로운 유형의 앵커스토어다. 47개 일본 도도현에 매장이 있는데 서울에도 지점이 있다. 한남동 서울 매장은 아피스 만년필, 모나미 펜, 말표 구두약 등 한국의 오랜된 디자인 제품을 소개한다. 국내에서는 로컬 참기름,

마늘 소금, 명란 등 지역의 장인 제품을 수집해 서울 소비자에게 소개하는 연남동의 연남방앗간, 제주 서귀포 사계리 지역의 가게와 브랜드뿐만 아니라 제주 지역의 장인 제품을 수집하고 판매하는 사계생활, 시흥 월곶동에서 로컬 농산물과 지역 소비자를 연결하는 빌드의 팜닷이 대표적인 사례다.

상권개발 동네를 새롭게 '창업'하는 골목길 개발회사도 늘고 있다.＊ 1세대 기획사는 〈신동엽의 신장개업〉, 〈백종원의 골목식당〉모델로 개별 가게를 리모델링해주는 사업이다. 〈신동엽의 신장개업〉은 1999년에 시작한 프로그램이며 〈백종원의 골목식당〉은 가게 하나가 아니고 한 지역의 여러 식당을 리모델링한다. 개별 상점 리모델링으로 골목길을 살릴 수 있는지는 확실치 않다. 《골목길 자본론》은 골목상권의 6개의 성공 조건으로 C-READI를 제시하는데, 정부가 골목상권의 육성을 원한다면 C-READI 전 영역에 기여해야 한다. 즉, 골목길의 문화자산을 확충하고, 임대료를 안정적으로 유지하며, 골목 창업을 지원하고 필요 인력을 훈련·육성, 골목길 연결성과 대중교통 접근성을 개선하며, 골목길 정체성을 유지하기 위한 공공재에 투자하는 것이다.

C-READI 원칙은 골목길을 기획하는 민간 사업자에게도 적용된다. C-READI 전 영역에 기여하는 프로젝트가 성공 가능성이 높다. 경리단길 주식회사 장진우, 용산 열정도 청년장사꾼, 익

＊ 상권개발은 인프라 비즈니스로 분류할 수 있다.

선동 익선다다 등이 동네길 전체를 기획한 2세대 기획사다. 강릉 더웨이브컴퍼니, 속초 소호259, 공주 봉황재, 연희동 어반플레이, 시흥 월곶 빌드, 부여 자온길, 인천 개항로프로젝트, 순천 브루웍 스는 콘텐츠와 커뮤니티 기반으로 지역상권을 활성화한다.

앵커스토어는 모두 하나의 공간을 넘어 동네 전체를 운영하는 것을 목표로 한다. 글로벌 대기업이나 이들에 대응해야 하는 독립기업도 다르지 않다. 지역상권에서 성공하기 위해서는 동네 매니지먼트 컴퍼니 모델을 실천하는 연남동 어반플레이, 군산 주식회사 지방과 같이 지역을 대표하고 지역과 상생하는 앵커스토어로 자리 잡아야 한다.

대기업과 앵커스토어의 상생

독립기업이 앵커스토어로 자리 잡으면 대기업과 동등하게 협업할 수 있다. 한국에서도 로컬 브랜드와 상생해 로컬 정체성을 부각하는 대기업이 늘고 있다. 로컬 푸드, 지역 식가공 브랜드, 지역 맛집을 적극적으로 유치하는 이마트, 오픈마켓과 오프라인 파트너스퀘어를 통해 지역 소상공인과 크리에이터의 디지털 전환을 지원하는 네이버, 제주 탑동 매장에 제주 디자인 상품 편집숍을 입점시킨 올리브영, 지역 음식점의 리모델링을 지원하는 제주신라호텔 등이 있다. 다양한 스몰 브랜드로 상업 공간을 채우는 부동산 개발회사 OTD는 자신의 비즈니스 모델을 로컬 브랜드를 발굴하고 지원하는 공간 플랫폼으로 정의한다.

대기업이 매장의 지역 정체성을 강화하기 위해 로컬 브랜드를 지원하고 이들과 협업하는 것, 이것이 진정한 상생이 아닐까?

영업시간을 단축하고, PB상품의 생산을 중소기업에 위탁하는 것은 피상적인 상생 방식이다. 로컬 지향 시대의 대기업은 협업할 로컬 브랜드가 부족한 지역에서 직접 로컬 브랜드를 육성할 정도로 로컬 자원을 중시할 것이다.

종합하면, 앵커스토어 개념은 골목상권의 성공 조건과 밀접한 관계가 있다. 성공한 앵커스토어가 지역상권을 활성화한다면, 앵커스토어는 결국 자신의 상권이 C-READI 조건을 만족하도록 기여하는 기업이다. 가게 스스로가 문화자원과 기업가 정신을 창출하고, 공간과 접근성을 개선하며, '착한 가격'으로 지역 파트너와 협력하는 것이다. 앵커스토어의 C-READI 전략, 즉 지역상권의 C-READI 조건에 대한 기여는 지역상권을 활성화할 뿐 아니라 문화성, 창의성, 공유가치, 커뮤니티 중심으로 변화하는 시장 환경에서 성공할 수 있는 비결이다.

03

라이프스타일 비즈니스의 본질은
지역문화를 상품으로 만드는 것

로컬 트렌드의 큰 흐름 중 하나가 라이프스타일이다. 밀레니얼
세대가 로컬에서 자유롭고 독립적인 라이프스타일을 추구하는
것은 세계적인 현상이다. 젊은 소비자들을 중심으로 라이프스타
일에 대한 관심이 높아지면서 라이프스타일 숍, 라이프스타일 브
랜드, 라이프스타일 디벨로퍼 등 라이프스타일 비즈니스를 표방
하는 기업도 늘고 있다.

　한국의 라이프스타일 비즈니스는 거의 예외 없이 도쿄, 뉴
욕, 킨포크, 웰빙, 휘게, 노르딕 등 외국 라이프스타일을 수입하는
데 소비, 유통, 생산으로 구분한다면, 한국은 현재 라이프스타일
수요를 만족시키기 위해 외국산 라이프스타일 수입을 본격적으
로 시작하는 단계에 와 있다. 한국이 라이프스타일 강국으로 도
약하려면 수입만으론 부족하다. 새로운 라이프스타일을 독자적
으로 만들어낼 수 있어야 한다.

자신만의 라이프스타일을 제안하는 츠타야 서점

　수입에서 생산으로 넘어가는 과정에서 필연적으로 부딪히는 문제가 라이프스타일의 '국적'이다. 외국 라이프스타일 상품을 소비하는 소비자나 이를 단순 판매하는 리테일러와는 달리, 새로운 라이프스타일 상품을 개발해 국내외 시장에 출시하기를 원하는 생산자는 국적을 따져야 한다. 과연 우리 것이 아닌 라이프스타일을 성공적인 상품으로 만들 수 있을까?

라이프스타일 비즈니스의
정의와 진정성

라이프스타일 비즈니스는 창업자가 추구하는 라이프스타일을 고객에게 제안하는 사업 모델이다. 대량생산되는 제품과 다르게 특정 라이프스타일에 특화된 브랜드다. 나이키, 이케아, 스타벅스, 애플 등 세계적인 생활산업 브랜드는 모두 라이프스타일 비즈니스다. 이들 브랜드의 라이프스타일은 각각 아웃도어, 북유럽, 뉴요커, 혁신적 라이프스타일로 간결하게 표현할 수 있다.

글로벌 라이프스타일 브랜드가 성공한 가장 큰 이유는 진정성이다. 진정성은 특정 라이프스타일을 일방적으로 선언한다고 해서 얻어지지 않는다. 주목받고 있는 라이프스타일의 대부분이 특정 국가나 지역이 배출한 문화라는 사실에서 쉽게 추론할 수 있듯이, 진정성의 기반은 지역성이다. 힙스터, 빈티지, 카운터 컬처, 독립문화(인디)는 뉴욕과 캘리포니아, 웰빙, 비건, 그린 라이프스타일은 캘리포니아, 휘게, 라곰, 피카 라이프스타일은 북유럽, 미니멀 심플 라이프스타일은 캘리포니아와 일본에서 시작되고 산업화된 라이프스타일이다.

한국과 중국 소비자가 열광하는 미니멀리즘 브랜드 무인양품은 하라 켄야가 '섬세, 정중, 치밀, 간결'로 표현한 일본인의 가치관을 구현한 디자인을 판다. 이케아가 추구하는 실용성과 기능성은 이케아와 창업자가 성장한 스웨덴 스몰란드 지역의 문화다. 한국에서 라이프스타일 열풍을 일으킨 일본 기업 츠타야도 업의 본질과 올바른 삶에 대한 고민, 소비자에 대한 배려와 존중 등 일본 고유의 상인과 장인 문화를 바탕으로 다양한 라이프스타일을 재해석하는 기업이다.

글로벌 라이프스타일 브랜드는 공통적으로 홈마켓 생태계를 통해 진정성을 강화했다. 나이키, 이케아, 스타벅스, 애플 모두 자신이 탄생한 도시에 소비자, 생산자, 기술자, 투자자가 참여하는 라이프스타일 산업 생태계를 구축했다. 포틀랜드의 아웃도어 산업, 시애틀의 커피산업, 스몰란드의 디자인산업, 실리콘밸리의 스마트폰 산업 생태계가 각각 나이키, 스타벅스, 이케아, 애플이 조성한 생태계다. 기업이 구축한 산업 생태계 덕분에 홈마켓 도시가 지속적으로 새로운 기업과 브랜드를 배출한다.

이처럼 글로벌 라이프스타일 기업들의 공통점은 지역문화의 성공적인 상품화에 있다. 출신 지역에서 시장 가치가 있는 라이프스타일을 발굴하고, 창업가의 경영 철학으로 흡수해 비즈니스 모델을 디자인하는 일. 지역문화, 개인 가치, 시장 수요가 교차하는 영역에서 혁신적인 소재와 모델을 찾는 일. 지역문화를 창업 철학과 시장 가치로 재해석하는 일. 이것이 라이프스타일 비즈니스의 본질이다.

라이프스타일 비즈니스의 지역성은 반복해서 강조할 만큼 중요하다. 실제로 많은 사람들이 즐기는 라이프스타일이 소비자가 체험하고 수용하길 원하는 '진짜' 라이프스타일이다. 라이프스타일 전파의 일반적인 유형도 특정 지역에서 생활화, 산업화가 된 라이프스타일이 해외나 다른 지역으로 수출되는 것이다. 예컨대 캘리포니아에서 먼저 상품화된 라이프스타일이 캘리포니아 라이

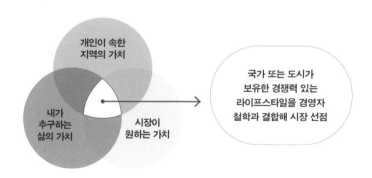

라이프스타일 비즈니스의 본질

개인이 속한
지역의 가치

내가
추구하는
삶의 가치

시장이
원하는 가치

국가 또는 도시가
보유한 경쟁력 있는
라이프스타일을 경영자
철학과 결합해 시장 선점

프스타일로 다른 지역에 수출된다. 역으로 캘리포니아에서 성장하고 활동하지 않는 기업이 '캘리포니아 라이프스타일을 파는' 것에 성공할 가능성은 희박하다.

지역성은 또한 핵심 경쟁력으로 작용한다. 지역문화를 공유하는 소비자, 생산자, 전문인력으로 형성된 지역생태계가 생산하는 라이프스타일 상품은 다른 지역이 쉽게 모방할 수 없다. 타 지역에서 이를 소비할 수는 있어도 생산하는 것은 거의 불가능하다.

지역성이 반드시 사전적인 조건일 필요는 없다. 한 기업이 특정 라이프스타일의 생산 시스템을 새로운 지역에서 사후적으로 구축할 수 있다. 시애틀의 커피산업과 포틀랜드의 아웃도어 산업을 사후적으로 지역성 조건을 만족한 사례로 꼽을 수 있다. 스타벅스는 시애틀에 이탈리아의 에스프레소 카페 문화를 성공적으로 이식했으며, 나이키는 포틀랜드에 다른 지역에서 찾을 수 없는 아웃도어 산업을 만들었다. 필자는 《작은 도시 큰 기업》에서 스타벅스와 나이키가 진입하기 전에도 시애틀에는 커피 문화, 포틀랜드에는 아웃도어 문화가 존재했음을 강조한 바 있다. 시애틀과 포틀랜드도 사전적 지역성 조건을 만족한 사례로 해석될 수 있다.

시애틀과 포틀랜드는 역설적으로 라이프스타일 산업의 지역성이 왜 중요한지를 단적으로 보여준다. 지역기반이 약한 라이프스타일을 산업화하려면 시애틀의 커피산업, 포틀랜드의 아웃도어 산업 수준의 거대한 생태계를 건설해야만 가능하기 때문이다.

라이프스타일 비즈니스의 경영학

라이프스타일 비즈니스는 지역문화, 시장 수요, 창업자 가치 기반으로 디자인되기 때문에 장기적인 성패도 지역성, 지속성, 내재성 등 기본 경쟁력 요소를 지속적으로 관리하고 강화하는 일에 달렸다고 해도 과언이 아니다.

첫째로 지역성, 즉 라이프스타일 비즈니스의 지역생태계를 구축하는 일이다. 로컬 소비를 통해 충분한 규모의 경제를 실현해야, 다른 지역에 수출할 라이프스타일 비즈니스를 육성할 수 있다. 처음부터 지역에서 생활화된 라이프스타일을 선택해 상품화하는 것이 지역생태계를 상대적으로 쉽게 구축하는 방법이다.

둘째로 라이프스타일의 지속성을 강화하는 일이다. 개인과 공동체의 가치관에 기반한 라이프스타일은 단기적인 유행이나 트렌드와는 다른 현상이다. 《물욕 없는 세계》의 저자 스가스케 마사노부는 "패션은, 그 경향이 현저해 강의 흐름처럼 흘러가는 것과 바닥에 침전해서 라이프스타일이 되는 것이 있다"라고 설명함으로써 유행과 라이프스타일을 구분한다.

지속성은 지역성과도 밀접한 관계가 있다. 한 지역에서 오랫동안 사랑받은 라이프스타일이 그 지역뿐만 아니라 다른 시장에서 장기간 수요를 유지할 가능성이 높다. 창업 후에는 소비자와 함께 호흡하고 동행하는 것이 중요하다. 더 많은 마니아, 더 열정적인 팬을 확보함으로써 라이프스타일의 지속성을 높일 수 있다.

셋째로 라이프스타일을 기업문화로 내재화하는 일이다. 창업자와 더불어 조직 전체가 기업이 표방하는 라이프스타일을 실천해야 소비자의 신뢰를 얻을 수 있다. 자신의 취향을 적극 표출하고 직접 제작에도 참여하는 등 소비의 질적 만족을 추구하는 소비자들은 피상적인 라이프스타일 브랜드에 만족하지 못한다. 생산방식, 기업 내 조직문화 등은 물질주의 시대적 방식에 머무르면서, 라이프스타일을 새로운 마케팅 도구로만 인식하는 기업은 성공하기 어렵다.

라이프스타일의 내재화는 궁극적으로 사회와 지역 전체에 탈물질주의의 수용을 요구한다. 1970년대 이후 서구 문화는 물질적 성공, 경쟁, 사회적 지위를 강조하는 물질주의에서 개성, 다양성, 삶의 질을 중시하는 탈물질주의로 전환했다.

탈물질주의 경제는 가치 지향적 소비와 생산 활동을 중시한다. 소비를 통한 질 높은 삶·문화적 체험·정체성·사회정의의 추구, 친환경 상품과 유기농 먹거리의 대중화, 공유경제의 일상화, 골목상권의 부상 같은 움직임은 모두 탈물질주의의 확산을 반영한다. 한국이 선진국 수준의 라이프스타일 산업을 원한다면, 생산자와 소비자 모두 자기표현, 삶의 질, 정체성 등 그에 필요한 탈물질주의 가치의 수용은 불가피하다.

라이프스타일 테이커에서 메이커로 가는 길

라이프스타일 산업을 육성해야 하는 한국 정부의 과제는 명확하다. 새로운 라이프스타일을 생산하기 위해 우리 문화와 가치를 글로벌 기준에 맞게 재해석하고 재창조하는 노력을 지원하는 일이다. 해외에서 유입된 라이프스타일을 무조건 배격할 필요는 없다. 외국 라이프스타일도 한국 문화와 융합해 독창적인 라이프스타일 상품으로 재창조할 수 있다.

라이프스타일의 발굴과 재해석에 필요한 한국적 문화 의식과 정체성은 무엇일까? 그 누구도 시원한 답을 주지는 못한다. CJ, 이마트 등 대기업이 한국 라이프스타일 기업을 자처하고 산업계가 한국 정체성을 구현하려는 노력을 계속한다면, 머지않아 한국도 라이프스타일 테이커taker에서 메이커maker가 될 수 있다.

한국의 라이프스타일 기업도 생태계 구축의 가능성을 보이는 기업도 나오고 있다. '아시아 뷰티 크리에이터'를 지향하는 아모레퍼시픽은 설화수, 혜라, 이니스프리를 통해 각각 '한국의 전통미', '컨템퍼러리 서울 뷰티', '제주 자연주의'를 마케팅한다. 한국, 서울, 제주와 연관된 라이프스타일을 제안하는 것이다. '당찬 여자' 이미지를 부각하는 스타일난다의 배경 도시는 개성이 강하고 도전적인 라이프스타일의 중심지인 홍대다. 로컬에서도 양양 서핑문화를 산업화한 서피비치, 거제 캠핑문화의 베이스 캠프를 개발하는 공유를위한창조, 제주 성산 스케이트 보드 문화를 활성화하는 도렐커피, 부여에서 전통공예 마을을 조성하는 자온길, 강남 고유의 로컬 브랜드를 개발하는 CNP가 지역기반 라이프스타일 비즈니스를 개척한다.

지역 생활문화가 집적된 골목길도 라이프스타일 비즈니스 창업에 적합한 장소다. 한옥, 단독주택, 적산가옥, 공장 등 동네의 건축자원을 활용한 공간을 운영하는 로컬 크리에이터는 이미 동네문화를 소개한다는 의미에서 라이프스타일 비즈니스에 진입했다고 볼 수 있다. 보다 적극적으로 골목길 문화를 라이프스타일 비즈니스로 개척하는 기업은 해방촌 론드리프로젝트와 속초

호스텔 소호259다. 론드리프로젝트는 골목길에 사는 1인 가구가 빨래를 하면서 커피 문화를 즐길 수 있는 빨래방 카페 비즈니스를 개척했다. 소호259는 골목길 라이프스타일 체험 프로그램을 통해 라이프스타일 비즈니스 영역을 확대한다. 속초 동명동 일대 자연, 마을자원을 활용해 지역자연과 공동체 중심의 '히피' 투어와 로컬 핫플레이스 중심의 '힙스터' 투어를 제공한다.

한국 라이프스타일 브랜드가 부상한 데에는 한류의 영향이 크다. 한류가 세계적인 대중문화로 자리 잡으면서 한국 라이프스타일에 대한 세계 소비자의 관심도 높아지고 있다. 빅히트엔터테인먼트, YG, SM 등 연예기획사들이 패션, 화장품, 식품, 디자인 등 생활산업으로 속속 진출한다. 그러나 한국에는 아직 나이키, 이케아, 스타벅스, 애플에 비교될 수 있는 글로벌 프리미엄 브랜드가 없다는 것이 솔직한 평가일 것이다. 글로벌 라이프스타일 기업의 교훈은 두 가지다.

첫째, 한국 기업이 지금보다 더 타깃이 명확한 라이프스타일을 제안해야 한다. 전체가 아닌 일부 소비자가 선호하는 라이프스타일을 선택해야 라이프스타일 브랜드의 정체성을 확보할 수 있다. 일부 소비자의 라이프스타일도 세계 시장 규모로 보면 글로벌 대기업을 배출할 수 있는 거대 시장이다.

둘째, 한 지역이나 도시에서 라이프스타일 생태계를 구축해야 한다. 국내 라이프스타일 브랜드 중 지역에 생태계를 구축한 브랜드는 아모레퍼시픽의 이니스프리가 대표적이다. 아모레퍼시픽은 자연주의 화장품을 개발하면서 모델 도시로 외국 도시가 아닌 제주를 택했고, 플래그십 스토어 장소, 매장 디자인 콘셉트, 재료

공급지로 활용한다. 아모레퍼시픽 브랜드 중 이니스프리가 선전한 이유 중 하나가 제주를 통해 확보한 라이프스타일 진정성이다.

이처럼 라이프스타일 브랜드로 도약하길 원하는 한국 기업은 로컬 자원을 주목해야 한다. 지역을 활용하는 라이프스타일 비즈니스에는 두 가지 유형이 있다. 기존의 지역문화를 활용하거나 새로운 지역문화를 창조하는 기업이다. 스타일난다, 젠틀몬스터, 로우로우 등 홍대 기반의 패션과 화장품 기업은 독립문화, 디자인 문화, 아방가르드 등 홍대 지역에서 생활화된 라이프스타일을 구현하는 제품을 판매한다. 양양 서핑산업, 강릉 커피산업, 제주 녹차산업은 입지 조건이 좋은 지역에서 새로운 산업을 개척한 사례다.

지역에 생태계를 구축해야 하는 라이프스타일 산업은 로컬 자원과 문화를 연결해 성장하는 로컬 브랜드와 로컬 크리에이터 기업에 유리한 산업이다. 정부가 세계적인 수준의 생활 산업을 원한다면, 라이프스타일 비즈니스에 대한 이해를 바탕으로 로컬 기업과 이들을 위한 생태계를 지원해야 한다. 제주와 홍대 브랜드들이 보여주듯이 이들 중에서 한국 기업의 넘사벽으로 인식되는 글로벌 라이프스타일 브랜드가 나올 가능성이 높기 때문이다.

인프라 비즈니스의 전형:
로컬 매거진 발행

로컬 경제가 성장하면서 새롭게 주목받는 로컬 비즈니스가 인프
라 비즈니스다. 로컬 기업이 필요한 서비스를 제공하는 인프라
비즈니스에 대한 수요도 증가하고 있기 때문이다. 로컬 콘텐츠는
모든 로컬 비즈니스에서 중요한 인프라다. 전국적으로 로컬 기업
에 로컬 콘텐츠를 제공하는 '로컬 매거진' 이 늘어나는 이유다.

로컬 매거진의 중요성은 로컬 매거진 기업의 성장 과정에서
도 엿볼 수 있다. 제주에서 '리얼제주 매거진 〈iiin〉'과 3개의 로
컬 편집숍을 운영하는 재주상회, 서울 연남동과 연희동 일대에
서 공유마을Share Village의 개념으로 7개의 복합문화공간을 개발하
는 어반플레이는 흥미롭게도 로컬 매거진으로 사업을 시작했다.
2014년 창간된 매거진 〈iiin〉은 매호 최대 1만 부가 판매되는 국
내에서 보기 드문 상업적으로 성공한 로컬 매거진이다. 어반플레
이도 2017년 연남동을 시작으로 지금까지 6개 지역의 동네 매거

로컬 브랜드 구독 서비스로 확장하는 매거진 〈iiin〉의 비즈니스 모델

진을 발행했다.

　동네 매거진으로 시작한 재주상회와 어반플레이는 이어서 로컬 편집숍 운영으로 영역을 확장했다. 재주상회는 제주 중문에서 인스토어, 제주 탑동에서 올리브영 매장 내의 편집숍, 서귀포 안덕면 사계리에서 사계생활 등 3개의 로컬 브랜드 편집숍을 운영한다. 매거진 구독자를 대상으로 신간 잡지와 함께 제주 굿즈를 선정해 배송하는 구독 서비스도 시작했다. 어반플레이는 연남동 연남방앗간, 연희동 연남장에서 참기름, 약과, 마늘 소금 등의 로컬 브랜드를 상시 판매하고, 수시로 유명 로컬 브랜드와 팝업 상점을 연다.

　로컬 매거진 발행자가 편집숍을 운영하는 것은 자연스러운 확장이다. 로컬 매거진에서 로컬숍과 로컬 브랜드를 취재하다 보면 동네에서 좋은 브랜드를 한 곳에 모으고 싶은 충동을 느낀다고 한다. 로컬 편집숍을 제일 잘 운영할 수 있는 사람은 동네의 상업자원과 브랜드를 가장 잘 파악하는 사람, 즉 로컬 매거진 운영자다.

로컬 편집숍으로 확장이 그치는 것이 아니다. 재주상회와 어반플레이 모두 편집숍 운영을 위해 자체 브랜드를 개발한다. 편집숍을 운영하다 보면 로컬에서 부족한 상품이 무엇인지를 파악하고 직접 그 상품을 개발하게 되는 것이다. 직접 생산하지 않더라도 위탁 생산의 방식으로 로컬 제조업에 진출한다.

'로컬 매거진-로컬 편집숍-로컬 제조업'으로 이어지는 로컬 기업의 성장 과정은 로컬 산업의 새로운 가능성을 제시한다. 지역의 장점과 특색의 활용이 무엇인지 모르겠다는 사람도 로컬 브랜드를 모으고 거기에서 부족한 상품을 직접 생산하는 비즈니스 모델은 쉽게 이해할 것이다. 현재로선 로컬 매거진을 통해 로컬 콘텐츠 개발 능력을 키우는 것이 로컬 크리에이터 창업을 위한 가장 좋은 준비 과정이다.

로컬 매거진을 발행하는 경험은 자신이 사업하고자 하는 지역의 상권에 대해 다루는 개인 블로그로도 시작할 수 있다. 반드시 정식 매거진을 발행하거나 기존 매거진에서 일할 필요는 없다. 강릉 콘텐츠로 다양한 비즈니스를 기획하는 더웨이브컴퍼니도 온라인 매거진 〈033〉으로 콘텐츠를 발굴하고 커뮤니티를 확장한다. 비정기적으로 로컬 창업 콘텐츠를 발행하는 〈브로드컬리〉, 〈소도시〉, 〈로컬업〉, 〈비로컬〉도 로컬 매거진으로 분류할 수 있다.

학교에서 출발하는 지역교육

그렇다면 왜 로컬 매거진이 로컬 콘텐츠 발굴에 중요한 역할을 하는지 질문해보자. 로컬 미디어, 지역 학교, 지역경제단체가 지역 상업자원을 제대로 연구하고 발굴한다면, 창업자가 굳이 로컬 매거진에 의존하지 않고도 로컬 콘텐츠를 개발할 수 있을 것이다. 지역의 산업과 경제 활동에 대해 교육받지 못한 지역 인재가 로컬 콘텐츠 개발에 어려움을 겪는 현실은 어쩌면 놀랄 일이 아니다.

현재 정규 교과과정에서 지역교육은 전무하다고 말해도 과언이 아니다. 전북 지역교육의 현황을 설명한 《로컬에듀》에 따르면 학생들은 초중고 12년 교육과정을 이수하면서 딱 두 번 지역교육을 받는다고 한다. 초등학교 3학년 때 기초단체에 대해서, 4학년 때 광역단체에 대해 공부한다. 이나마도 지역교육은 보조교재로 지정됐기 때문에 실제 얼마나 교육하는지는 선생님의 재량에 달렸다.

로컬 자원으로 지역경제를 활성화할 로컬 크리에이터를 양산하기 위해서는 일차적으로 학교에서 지역교육을 강화하고, 이차적으로 로컬 브랜드와 기업에 대한 정보를 전파하는 로컬 매거진과 로컬 미디어를 지원해야 한다. 전북 완주가 2015년 개발한 마을교육과정이 전국 모든 학교에서 채택돼야 한다. 완주 마을교육과정은 마을의 전문가와 기업이 도예, 목공, 원예, 요리 등 실제 마을경제와 생활을 움직이는 기술을 직접 학생들에게 교육하는 프로그램이다. 학교가 다양한 기간의 마을교육과정을 운영함으로써 학교가 마을을 만나고 마을경제를 지원하며 마을에 남을 인재를 육성하게 된다. 완주에서 보듯이, 학교가 지역사회로 나와야 한다. 학교가 학생에게 지식을 전달하는 것으로 만족해서는 지역 경제를 살릴 수 없다.

지역교육과 더불어 로컬 매거진의 지원이 중요하다. 현재 제주 매거진 〈iiin〉 외에 상업적으로 독립된 로컬 매거진은 홍대의 〈스트리트 H〉, 대전의 〈월간 토마토〉, 광주의 〈전라도닷컴〉, 부산의 〈다시부산〉, 수원 〈사이다〉 정도다. 선진국처럼 지역 호텔이 로컬 매거진을 비치하게 만드는 방안도 로컬 매거진의 활성화에 도움이 될 것이다.

창조경제에서 로컬 콘텐츠의 중요성은 수없이 강조돼 왔다. 지역이나 국가 모두 문화적 특색과 정체성으로 경쟁하는 시대가 왔기 때문이다. 한국뿐 아니라 외국 관광객도 다른 지역에서 살수 없는 상품, 다른 지역에서 체험할 수 없는 경험을 요구한다. 풍부한 로컬 콘텐츠 없이는 국제적으로 경쟁력 있는 관광산업을 육성할 수 없다.

코로나 위기 이후 로컬 콘텐츠에 대한 수요는 더욱 늘어났다. 동네에서 보내는 시간이 늘어나고 지역단위로 방역을 하기 때문에 동네 정보와 콘텐츠가 중요해진 것이다. 새롭게 열린 동네 경제를 적극적으로 활용하는 기업이 동네 주민 중고제품 직거래 서비스인 당근마켓이다. 직거래 마켓으로 시작한 당근마켓은 이제 이커머스, 마켓, 콘텐츠, SNS, 카페, 딜리버리를 망라한 동네 플랫폼으로 변신하고 있다. 네이버, GS리테일, 티몬, 페이노트 등 다른 대기업들도 동네 주민 배달, 동네 맛집 추천, 동네 상품 선물하기, 동네 시장 배송 등 다양한 동네 기반 서비스를 연이어 출시한다.

동네 플랫폼을 두고 벌이는 경쟁은 이제 막 시작 단계다. 당장은 위치기반 서비스에 기반한 지역 거래, 교환, 배달 중심으로 진행되지만 궁극적인 승자는 양질의 로컬 콘텐츠를 제공하는 플랫폼이 될 것이다. 로컬 콘텐츠 플랫폼의 구축은 검색이나 정보 배치를 통해 기존 콘텐츠를 취합하는 방식으로는 불가능하다. 동네 단위의 콘텐츠가 빈약해 플랫폼에 필요한 콘텐츠를 새롭게 개발해야 하는 상황이다. 양질의 로컬 콘텐츠를 생산할 수 있는 크리에이터가 로컬 매거진 시장에 진입해야 하는 상황이다.

다양한 로컬 콘텐츠를 활용해 문화, 커뮤니티, 공간을 기획하고 운영하는 로컬 크리에이터가 주도하는 지역경제가 미래 창조경제의 모습이다. 정부가 학교에서 지역교육을, 출판업에서 로컬 매거진을 지원하는 것이 미래 경제를 준비하는 일이다.

05

로컬 콘텐츠 기획의 정석:
다움, 연결, 그리고 보육의 예술

공간 비즈니스, 라이프스타일 비즈니스, 인프라 비즈니스 등 모든 로컬 비즈니스를 관통하는 핵심 경쟁력은 '로컬 콘텐츠'다. 지역성과 결합된 고유의 콘텐츠로 새로운 가치를 창출하는 일은 로컬 크리에이터의 정체성 그 자체다. 로컬 크리에이터가 일반 창업가와 다름 점도 두 개의 단어, '로컬'과 '콘텐츠'에 있다. 로컬 콘텐츠 개발이 로컬 크리에이터의 가장 중요한 일인 것이다.

문화산업에서 콘텐츠란 "부호, 문자, 도형, 색채, 음성, 음향, 이미지, 영상 등의 자료 또는 정보"를 말한다. 문화산업은 사회에 축적된 다양한 형태의 지식과 정보를 인적·기술적 자원을 활용해 시장 가치가 있는 창의적 제품과 서비스를 생산하는 산업활동을 의미한다. 로컬 크리에이터의 경우 문화산업뿐 아니라 골목산업에서도 활동하기 때문에 콘텐츠의 범위를 확대해서 생각할 필요가 있다. 골목산업이란 상점가의 매장에서 주민과 관광객을 대상으로 상품과 서비스를 판매하는 산업활동으로 소품, 잡화점, 공예 공방, 서점, 음식 주점, 숙박 등이 포함된다. 여기서는 로컬 크리에이터 산업의 특수성을 고려해 콘텐츠를 '브랜드, 프로덕트, 공간, 커뮤니티 공공재 등 유/무형 혼합 콘텐츠를 포함한 다양한 유형의 아웃풋Output(생산물)'으로 정의한다.

콘텐츠가 개발 과정을 통해 생산되는 아웃풋이라면 환경, 역사, 문화, 공동체, 지리, 장소 등의 지역자원은 로컬 콘텐츠 생산 과정에 투입되는 인풋input(투입재)이라 할 수 있다. 로컬 콘텐츠는 이처럼 지역자원과 생태계에서 추출되는 콘텐츠다. 지역자원에는 생산 생태계도 포함된다. 지역의 오랜 역사와 문화가 상호작용해 형성한 생태계에는 마이클 포터가 주장한대로 다른 지역이 복사할 수 없는 그 지역만의 유형적, 무형적 기술과 노하우가 내재되어 있다. 로컬 기술과 노하우는 로컬 기업에게 다른 지역과 차별할 수 있는 지리적 우위Locational Advantage를 제공한다.

로컬 콘텐츠 기획 개념도

콘텐츠 발굴

발굴, 개발, 보육으로 이어지는 로컬 콘텐츠 개발 과정의 첫 단계는 발굴이다. 로컬 크리에이터가 활용할 수 있는 콘텐츠 소재는 자연환경, 역사문화, 지리장소, 커뮤니티다. 이 중 가장 손쉽게 접근할 수 있는 인풋은 자연환경이다. 세계 어디서나 산, 강, 바다 등 자연환경은 지역의 특색, 그리고 생산물을 결정한다. F&B 분야의 로컬 크리에이터라면 지역에서 생산되는 농수산물의 활용 가능성을 일차적으로 검토해야 한다.

지역의 역사와 문화 또한 중요한 콘텐츠 소재다. 지역의 역사는 공간으로 활용할 수 있는 건축물뿐 아니라 브랜딩과 스토리텔링에 필수적인 이야기 소재를 제공한다. 문화자원이 반드시 문화재일 필요는 없다. 지역에서 현재 활동하는 예술가, 공예인, 작가도 중요한 자원이다. 지역 작가의 작품을 공간에 활용하고 전시, 공연, 행사 등 그들과 협업해 다양한 콘텐츠를 개발할 수 있다.

지역의 문화자원은 고전적인 의미의 문화예술 자원, 즉 전문 예술가가 창조하는 문화예술 자원에 한정되지 않는다. 문화의 영역을 생활문화로 확대하면 인풋 자원은 무궁무진하다. 스타벅스와 나이키가 활용한 시애틀과 포틀랜드의 콘텐츠 소재는 각각 커피와 아웃도어 문화였다.

로컬 크리에이터가 창의적으로 활용할 수 있는 또 하나의 자원이 지리와 장소다. 사업장의 위치가 사업자가 접근할 수 있는 자원, 활동하는 상권, 만족해야 하는 소비자층을 결정한다. 장소성 또한 사업의 성격과 범위를 규정하는 중요한 요소다. 사업장이 위치한 지역이 도시인지, 농촌인지, 도시에서도 신도시인지원도심인지, 원도심에서도 도로변인지 골목인지에 따라 고객에게 제공할 수 있는 '장소의 경험'이 달라진다.

　커뮤니티는 사업장이 위치한 지역에 거주하는 주민, 그곳에서 활동하는 사업자, 장인, 그리고 예술가, 브랜드를 응원하는 고객 등 다양한 그룹을 의미한다. 지역 장인과 예술가는 예술적 가치가 있는 콘텐츠를 개발하는 로컬 크리에이터가 가장 먼저 접근해야 하는 로컬 자원이다. 지역의 일상을 만드는 주민도 중요한 파트너다. 특히 지역주민과 여행자가 자연스럽게 만날 수 있는 환경과 프로그램을 만들어야 하는 커뮤니티 호텔에게 중요하다. 커뮤니티 프로그램 없이 현지인처럼 살고 싶은 여행자를 유치할 수 없다.

　같은 지역에서 사업하는 기업과 브랜드는 공동 행사와 제품 개발을 위해 협업할 수 있는 파트너이자, 매장에서 활용하는 로컬 제품을 생산하는 협력업체다. 로컬 크리에이터가 다른 지역에서 경험할 수 없는 서비스를 개발하고자 한다면, 자신이 활동하는 지역에서 누가 어떤 상품과 서비스를 생산하는지를 파악하는 일로 시작해야 한다. 자신의 비즈니스와 직접적인 관련이 없는 지역의 상업자원도 많은 인사이트를 줄 수 있다. 지역에서 성공한 상인과 기업은 이미 지역의 자원을 연결한 비즈니스를 창업했다고 가정하는 것이 맞다. 지역에서 성공한 기업과 상인의 비즈니스 모델을 탐구하는 것으로 로컬 콘텐츠 개발을 시작해야 하는 이유다. 창업 준비 과정으로 더 체계적인 지역 상업 문화 연구가 필요하면, 로컬 블로그와 매거진의 운영을 추천한다. 인터뷰를 통해 로컬 브랜드 운영자의 철학과 비즈니스 모델에 대해 조사할

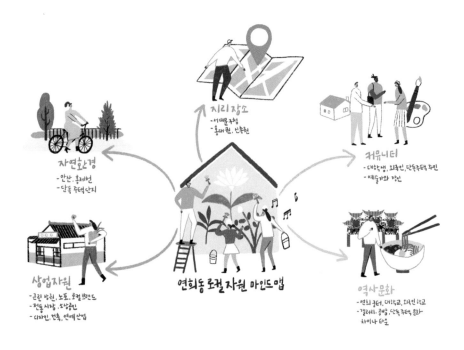

자연환경
- 안산. 홍제천
- 단독 주택단지

지리장소
- 서대문구청
- 홍대권. 신촌권

커뮤니티
- 대학생, 외국인, 단독주택 주민
- 예술가와 장인

상업자원
- 근린 상권, 노포, 로컬 브랜드
- 전통시장, 도심공원
- 디자인, 건축, 연예 산업

역사문화
- 연희 궁터, 여의도교, 외국인 학교
- 개고기, 콩밥, 단독 주택 문화
  하이나 타운

연희동 로컬 자원 마인드맵

수 있고, 매거진 운영을 통해 블로그와 매거진을 통해 자신의 구
상과 지역경제의 이해를 정리할 수 있어 좋다.

　로컬 자원을 어떻게 찾아야 하는가? 소재가 될 수 있는 모든
자원을 자기 검열하지 말고 자유롭게 리스트하는 작업으로 시작할
수 있다. 내가 활동하는 지역의 소재를 자연환경, 역사문화, 지리장
소, 커뮤니티, 상업자원 등 분야별로 나열하는 것이다. '우리 동네'
라는 키워드를 중앙에 놓고, 소재가 될 수 있는 아이디어를 분야별
로 세분화한 지도를 그리는 일이다. 위 그림은 서대문구 연희동을
예로 그린 마인드맵이다. 연희동 로컬 자원이 어떻게 비즈니스 모

델로 활용되는지는 4부에서 소개하는 사러가쇼핑센터, 쿠움파트너스, 어반플레이, 보틀팩토리 사례를 통해 설명할 예정이다.

보다 어려운 일은 그중 어떤 자원을 사업 모델로 선택하는 작업이다. 지역자원 발굴과 관련된 문헌은 커뮤니티 디자인에서 찾을 수 있다. 협의의 커뮤니티 디자인은 "아름답고 쾌적한 지역환경을 만들기 위한 예술활동을 말한다. 지역공동체의 인프라라 할 수 있는 사회문화적 정체성의 확보를 위한 조형 활동으로 이해할 수 있다." 광의의 커뮤니티 디자인은 공동체 계획이나 설계를 의미한다.

커뮤니티 디자인 문헌이 권장하는 지역자원 발굴 방식은 학습공동체다. 주민 중심으로 커뮤니티 맵핑을 통해 역사, 문화, 전통에서 문화적으로 재생산할 수 있는 지역자원을 조사하고 학습하는 과정이다. 커뮤니티 디자인 분야에서는 이처럼 커뮤니티 디자인의 아웃풋으로 이해할 수 있는 장소 만들기Place Making나 커뮤니티 비즈니스를 주민 참여 학습공동체를 통해 발굴한다. 학습공동체는 민간에서 단독으로 창업하는 로컬 크리에이터가 접근하기 어려운 방식이나, 옹벽과 담, 숨은 그림, 언덕길과 골목길, 랜드마크, 예술가와 문화자원 등 주민의 생활 문화를 담은 고현학적 방식에서 로컬 콘텐츠 소재를 찾는 방식을 배울 수 있다.

로컬 소재 발굴을 반드시 개념적이나 이론적으로 접근할 필요는 없다. 한국의 〈골목식당〉과 같이 오래된 식당을 리모델링해주는 넷플릭스 프로그램 〈레스토랑 온 더 에지Restaurants on the Edge〉가 소개하는 방식을 따르면 된다. 프로그램을 진행하는 3명의 호스트는 각자 자신의 전문 분야가 있다. 레스토랑을 경영하는 리버라토Liberato는 브랜딩과 SNS 홍보를 담당한다. 지역문화를 반영한 대표Signature 메뉴를 개발하는 것이 그의 주 임무다. 메뉴 개선 작업을 하는데 요리사 데니스 프레스캇Dennis Prescott은 로컬 식자재나 지역의 로컬 푸드 레스토랑에서 영감을 얻는다. 인테리어를 담당하는 디자이너 캐린 본Karin Bohn은 지역 예술가나 전통 건축에서 인테리어 모티브를 찾는다. 이론에 기반하지 않은 상식적인 수준이지만 발품으로 로컬 콘텐츠 소재를 발굴한다.

콘텐츠 개발

로컬 크리에이터 다수가 활동하는 골목산업이 생산하는 콘텐츠는 브랜드, 프로덕트, 공간, 커뮤니티 공공재다. 이 중 프로덕트와 공간은 전형적인 무형 콘텐츠가 아닌 유무형 혼합 콘텐츠로 분류할 수 있다. 브랜드, 프로덕트, 공간, 커뮤니티 공공재를 기획하는 능력이 바로 로컬 크리에이터에게 필요한 콘텐츠 개발 능력이다. 그렇다면 콘텐츠 기획 능력은 어떻게 키울 수 있는가? 기존 문헌은 어떤 '로컬 콘텐츠 개발 방법론'을 제시하는가?

브랜드 기획 비즈니스 모델 개발의 시작은 브랜딩이다. 창업가가 추구하는 브랜드 가치, 브랜드가 타깃으로 하는 소비자층, 브랜드 가치를 전달하는 브랜드 메시지가 브랜드 정체성을 구성한다. 로고와 태그라인, 광고 슬로건과 카피, 브랜드 스토리, 기업 이념, 대표 상품, 건축과 인테리어 등이 일반적으로 사용되는 브랜딩 기법이다.

로컬 크리에이터는 로컬 콘텐츠를 통해 브랜드 정체성을 확립한다. 지역자원과 문화는 브랜드 소재를 제공하는 일차적인 자원이다. 공공 문서, 사료, 향토 문화 연구서, 인터넷 정보의 아카이빙을 통해 소재를 발굴할 수 있다. 로컬 크리에이터가 주로 의식주 생활산업에서 주로 활동하기 때문에 생활 문화가 뚜렷한 도시가 브랜드 기획에 좋은 환경을 제공한다. 슬로 라이프, 친환경주의, 아웃도어, 커뮤니티, 독립 문화, 힙스터, 진보주의 등 독특한 라이프스타일을 자랑하는 포틀랜드가 대표적인 도시다. 포틀랜드 라이프스타일을 소재로 창업한 매거진 〈킨포크〉는 가까운 사람을 의미하는 킨포크라는 타이틀로 포틀랜드의 정체성을 브랜드에 구현했다.

로컬 문화를 브랜드에 반영하는 가장 보편적인 방법은 상호나 태그라인에 지역 이름을 사용하는 것이다. 출신 도시를 가장 적극적으로 마케팅하는 한국 기업인 대전 성심당의 태그라인은 '나의 도시, 나의 성심당'이다. 동네 이름도 좋은 로컬 브랜드 소재다. 과거에는 명동, 압구정동 등 시대를 대표하는 중심 상권이 브랜드였다면, 지금은 골목길의 부활 덕분에 연희동, 연남동, 한남동, 익선동, 성수동 등 서울의 중심 상권과 거리가 먼 작은 동네가 사람을 모으는 브랜드로 자리 잡았다. 상호, 브랜드 메시지에 동네 이름을 삽입해 브랜드의 지역성을 강조함으로써 특색, 유동인구, 이미지 등 동네 브랜드가 제공하는 유무형 자산을 활용할 수 있다.

프로덕트 개발 프로덕트는 로컬 크리에이터가 소비자에게 제공하는 제품과 서비스다. 문화콘텐츠와 사용자 경험도 프로덕트

의 일부로 이해할 수 있다. 로컬 크리에이터에게 중요한 콘텐츠는
자신이 직접 기획하거나 만들 수 있는 콘텐츠다. 로컬 크리에이터
를 창작자를 의미하는 크리에이터라고 부르는 이유다.

　제품과 서비스를 가장 손쉽게 로컬 콘텐츠로 제작하는 방법
은 지역에서 생산되는 재료 등 지역자원을 인풋으로 사용하는 것
이다. 인풋은 농수산품과 같은 유형의 재료에 한정되지 않는다.
제품과 서비스를 마케팅하고 홍보하는 데 투입되는 콘텐츠 소재
도 인풋으로 이해할 수 있다. 사투리 디자인으로 소품을 제작하
는 광주 역서사소, 지역 농산물을 맥주 재료로 사용하는 강릉 버
드나무브루어리의 '미노리세션', 광주 무등산브루어리의 '광산바
이젠', 지역 식품을 아이스크림 재료로 활용하는 강릉의 '순두부
젤라토', 평창의 특산물 메밀을 재료로 건강한 빵을 만드는 '브레
드메밀'이 대표적인 사례다.

　로컬 크리에이터가 일차로 활용해야 하는 인풋은 전통문화
다. 전국 어디서나 전통 공예, 농법, 기술을 친환경적이고 지역 밀
착적인 생산방식으로 활용할 수 있다. 불교의 경주, 유교의 안동
과 전주, 근대문화의 군산과 인천 등 전통문화가 뚜렷한 도시에
서는 전통문화에 글로벌과 기술을 접목하는 방식으로 전통문화
를 활용할 수 있다.

　또 다른 중요한 인풋이 커뮤니티 자원이다. 로컬 브랜드를
수집해 판매하는 로컬 브랜드 편집숍, 지역브랜드가 참여하는 팝
업 스토어와 축제, 공동 판매, 공동 작업과 제작 등 로컬 브랜드
간 협업, 로컬 창업자를 육성하고 로컬 창업자 커뮤니티를 구축
하는 코워킹 스페이스와 창업 인큐베이터 등 다양한 방식으로 커

뮤니티 자원을 동원할 수 있다. 주민이 직접 경영에 참여해 지역에 필요한 상품과 서비스를 생산하는 마을호텔, 마을기업, 협동조합, 사회적 기업도 커뮤니티 인적 자원을 활용한 프로덕트 기획 모델의 하나로 분류할 수 있다.

지역브랜드를 편집해 판매하는 매장이 로컬 편집숍이다. 포틀랜드에서 지역 상품을 포틀랜드 메이드Portland Made, 메이드 인 포틀랜드Made in Portland 등으로 표현하듯이 선진국 도시에서는 '우리 도시 제품'을 적극적으로 홍보한다. 국내에서는 로컬 참기름, 마늘 소금, 명란 등 지역의 장인 제품을 수집해 서울 소비자에게 소개하는 연남동의 연남방앗간, 제주 서귀포 사계리 지역의 가게와 브랜드뿐만 아니라 제주 지역의 장인 제품을 수집하고 판매하는 사계생활, 시흥 월곶동에서 로컬 농산물과 지역 소비자를 연결하는 빌드의 팜닷이 대표적인 사례다.

공간 기획 로컬 콘텐츠 개발의 세 번째 방법은 공간 디자인이다. 스타벅스 재팬이 지역문화재를 매장 건물로 활용하는 콘셉트Concept 스토어를 출시하듯이, 역사적 가치가 높은 건축물을 매장으로 리모델링하거나 유서 깊은 거리에 매장을 오픈하는 것이 가장 손쉬운 지역기반 공간 기획이다. 역사적 건축물이 부족한 장소에서는 공간 디자인을 통해 주민과 주민을, 주민과 고객을, 지역과 기업을 연결하는 것이 공간 기획의 핵심이다. 최근 트렌드는 오픈 계단, 서가, 루프탑, 빈티지를 통해 지역의 거리, 자연, 지식, 역사와 연결하고 지역의 스토리 자산을 활용하는 것이다.

지역상생 개념으로 공간을 디자인하는 기업으로는 연희동

카페거리에서 약 70여 개 건물을 리모델링한 쿠움파트너스를 들수 있다. 옛 주택의 장점을 고스란히 살림으로써 단독주택 단지라는 동네 정체성을 유지하고 외부 계단과 연결 다리 등을 통해모든 임차 공간을 대로변 상가 1층처럼 설계한다. 동네 유동인구를 자연스럽게 매장으로 유치하는, 동네와 호흡하는 공간을 기획하는 것이다.

　　커뮤니티 공공재 생산 마지막으로 랜드마크, 커뮤니티 공간, 로컬 플랫폼, 로컬 비즈니스 생태계 등 커뮤니티 공공재(정확히 말해 공공재 성격을 일부 띤 사유재)를 로컬 콘텐츠로 개발할 수 있다. 커뮤니티 공공재는 지역상생을 추구하는 로컬 크리에이터가 자연스럽게 생산할 수 있는 콘텐츠다. 공공재를 공급하는 데 있어 민간기업인 로컬 크리에이터에게 지역 정부만큼의 수준을 기대하기는어렵다. 로컬 크리에이터와 지역경제가 상생할 수 있는 영역에서공공재를 제공하는 방법을 찾아야 하는데 지역상권 활성화가 골목상권에서 활동하는 로컬 크리에이터에게 적합한 상생 영역이다.
　　서울 연희동의 사러가쇼핑센터가 커뮤니티 공공재를 제공하는 대표적인 기업이다. 연희동 시장을 기반으로 성장한 사러가쇼핑센터는 우리나라에서 유일하게 백화점, 할인마트와 동등하게 경쟁하는 독립 슈퍼마켓이다. 연희동 골목상권은 주차장, 유동인구, 문화 상징성 등 다양한 공공재를 제공하는 사러가쇼핑센터를 중심으로 형성됐다. 상권 공공재를 제공하는 사러가쇼핑센터는 충성 고객, 균형적인 상권 구성, 상점의 다양성 등의 혜택을 얻는다.

커뮤니티 공공재 개념에는 지역문제 솔루션도 포함된다. 지역의 유휴공간을 활용해 창업하는 도시재생 스타트업, 지역주민이 참여하고 지역자원을 관광자원으로 활용하는 커뮤니티 호텔, 지역주민에게 모임과 교류의 장소를 제공하는 커뮤니티 카페 등이 현재 부상하는 커뮤니티 비즈니스 모델이다.

로컬 크리에이터가 주도하는 상권 공공재 생산과 상권개발을 개념화할 수 있는 분석틀이 《골목길 자본론》에서 골목상권 성공 조건으로 제시한 C-READI 모델이다.

지역상권에 공공재를 제공하는 로컬 크리에이터는 결국 자신의 상권이 C-READI 조건(또는 지역산업 생태계의 조건)을 만족하는데 기여하는 기업이다. 가게 스스로가 문화자원과 기업가 정신을 창출하고, 공간과 접근성을 개선하며, '착한 가격'으로 지역 파트너와 협력하는 것이다. 로컬 크리에이터의 C-READI 전략, 즉 지역상권의 C-READI 조건에 대한 기여는 지역상권을 활성화할 뿐 아니라 문화성, 창의성, 공유가치, 커뮤니티 중심으로 변화하는 시장 환경에서 성공할 수 있는 비결이다.

지금까지 브랜드, 프로덕트, 공간, 커뮤니티 공공재 기획을 통해 로컬 콘텐츠를 개발하는 방법을 설명했다. 이 네 가지 방법이 현장에서 가장 보편적으로 사용되는 로컬 콘텐츠 개발 방식이자 결과물이다.

임팩트

창의적으로 개발된 로컬 콘텐츠의 가장 큰 수혜자는 소비자다. 개성과 다양성을 중시하는 탈물질주의 소비자에게 로컬 콘텐츠는 단순한 상품이 아닌 문화적 욕구를 만족하는 경험이다. 지역 공공재, 커뮤니티 정체성, 취향 공동체, 친환경 생활 등 로컬 콘텐츠가 유발하는 사회적 가치도 소비자 가치로 추가된다.

고객과 더불어 콘텐츠 개발자가 주목해야 하는 효과는 로컬 임팩트다. 일반 스타트업이 확장성에서 정체성을 찾는다면 로컬 크리에이터는 로컬 임팩트에서 정체성을 확보한다. 로컬 임팩트란 고용창출, 도시재생, 상권 활력 등 지역경제 활성화 효과만을 의미하지 않는다. 지역 정체성, 자부심 등 지역의 랜드마크가 창출하는 상징 자본이 지역사회에 더 중요한 자산이다. 연구단지, 행정수도, 철도 중심지 등 대전의 정체성을 정의하는 자산은 많지만, 일상생활에서 대전의 상징은 성심당이다. 대전 시민의 일상이자 자부심으로 자리 잡은 성심당이 없다면, 대전 시민과 여행자가 대전의 로컬리티를 느끼기 어렵다.

로컬 콘텐츠 개발 과정에서 보육하거나 협업을 통해 공동 개발한 로컬 브랜드 또한 지역의 중요한 자산이다. 로컬 브랜드가 풍부한 지역만이 탈산업화 경제에서 독자적인 성장을 추구하고 미래 여행산업을 선도할 수 있다. 로컬 브랜드는 새로운 콘텐츠 발굴의 소재로서도 중요할 뿐만 아니라 로컬 브랜드 사이의 '느슨한 연대'는 탄탄한 로컬 생태계를 구축하는 데에도 핵심적인 역할을 한다.

콘텐츠 기획의 키워드: 다움, 연결, 보육

앞서 그림을 통해 로컬 콘텐츠 개발 과정을 발굴, 개발, 임팩트로 이어지는 기업의 밸류체인으로 살펴봤다. 이 과정에서 로컬 크리에이터의 기획 활동을 따로 떼어내면, 다움, 연결, 보육으로 표현할 수 있다. 전창록이 강조한 대로 초연결시대의 마케팅은 다움과 연결로 출발한다.

다른 브랜드와 마찬가지로, 로컬 크리에이터도 브랜딩을 통해 소비자에게 명확한 약속을 하고 이를 지켜야 한다. 다른 점이 있다면 로컬 브랜드의 지역성에 기반한 '자기다움'이다. 로컬 콘텐츠 기획의 시작은 지역과 개인 정체성의 접점을 찾아 다움을 완성하는 작업이다. 이 과정은 로컬 크리에이터에게 어려운 일이 아닐 수 있다. 앞에서 설명한 바와 같이 많은 로컬 크리에이터는 자신이 하고 싶은 일을 하기 위해 지역을 찾는다. 하고 싶은 일이 정해진 상태에서 그에 맞는 로컬 콘텐츠를 접목한다.

콘텐츠 개발, 생산, 판매 전 과정에서 가장 중요한 기획은 연결이다. 로컬 크리에이터의 일을 정리해보자. 지역의 다양한 자원과 네트워크를 연결해 콘텐츠를 만들고, 고객 한 명, 한 명을 연결해 커뮤니티를 구축하며, 고객과 장소가 연결된 매장에서 콘텐츠를 판매하는 일, 모든 단계에서 연결이 등장한다. 다른 로컬 기업과의 컬래버도 연결이 중요한 사업이다. 필자는 《인문학, 라이프스타일을 제안한다》에서 밀레니얼 문화를 '개인의 자유, 느슨한 연대'로 표현한다. 밀레니얼 세대에게 연결은 일상적인 문화다. 특히, 지역기반의 소규모로 시작하는 로컬 비즈니스는 다른 기업보다도 더 연결에 의존하는 비즈니스 모델이다.

로컬 생태계와 브랜드 지속가능성을 고민하는 창업자가 투자해야 하는 기획 분야가 보육이다. 보육은 로컬 크리에이터의 일에서 자연스럽게 발생한다. 한 지역에서 다움과 연결 작업을 계속하면, 다양한 플레이어와 협업하고 새로운 플레이어를 육성하게 된다. 자신이 훈련한 직원이 독립해 창업하면, 이것 또한 보육의 과정이다. 브랜드의 지속적인 혁신과 생태계의 지속가능성을 원한다면 보다 적극적인 보육 활동이 필요하다. 부동산 개발회사 네오밸류와 OTD는 외부 브랜드를 유치하기도 하지만, 브랜드 포트폴리오의 안정성을 위해 자체 브랜드를 개발하는 사업체를 운영한다. 이렇게 보육한 로컬 브랜드는 다시 새로운 콘텐츠를 개발할 수 있는 소재가 된다.

로컬 콘텐츠 개발의 성공은 결국 인풋과 아웃풋을 연결하는, 즉 인풋을 시장에서 가치를 창출하는 아웃풋으로 생산하는 능력에 달렸다. 문화 상품 성격이 강한 로컬 콘텐츠를 개발할 수 있는 능력은 무엇이며 어떻게 키울 수 있을까?

로컬 크리에이터 문헌에서 자주 인용되는 개념이 기획과 디자인이다. 기획과 디자인 개념을 대중화한 서적은 마스다 무네야키의 《지적 자본론》이다. 마스다는 1983년 오사카에 처음 문을 열어 30년 만에 일본 전역에 1,400여 개 매장을 내고 5,000만 명 가까운 회원을 모집한 서점 기업 츠타야의 창업자다. 《지적 자본론》은 츠타야 서점이 파는 것은 책이 아니고 라이프스타일이라는 주장으로 이야기를 시작한다.

마스다의 지적 자본론은 이렇게 전개된다. 소품목 대량생산과 다품목 소량생산이 모두 가능한 고도의 소비사회에서 소비자는 도움이 필요하다. 끊임없이 쏟아져 나오는 상품 중에서 필요한 것을 선택할 수 있는 기술이다. 이에 기업은 소비자들에게 라이프스타일을 제안해야 한다. 소비자에게 필요한 기업은 "높은 가치를 부여할 수 있는 상품을 찾아 주고, 선택해주고, 제안해주는" 기획 능력을 갖춘 기업이다. 라이프스타일을 파는데 필요한 이 능력이 새로운 경제가 요구하는 지적 자본이다.

　마스다의 라이프스타일 비즈니스는 구체적으로 "삶을 제안하고 변화를 읽으며 취향으로 묶고 스토리로 파는" 기업으로 정의할 수 있다. 라이프스타일 비즈니스로 성공하면, "철저하게 고객 관점에서 비즈니스를 재구성하고, 고객과 깊은 관계를 맺고, 그래서 고객의 시간을 점유하는 비즈니스가" 될 수 있다.

　라이프스타일 비즈니스 관점에서 본 콘텐츠 개발자에게 필요한 능력은 인간과 삶에 대한 깊은 이해를 필요한 인문학적 지식, 이를 취향과 스토리로 풀 수 있는 예술가적 감각, 이를 사업 모델로 구체화하고 추진할 수 있는 비즈니스 마인드다.

　과연 기획과 디자인 능력은 경험과 지식을 의미하는 지적 자본만 확보할 수 있을까? 마스다는 지적 능력으로 가능하다는 입장이다. 예술가적 능력은 다를 수 있다. 예술적 능력은 타고난다고 믿는 예술가가 많은 것을 보면 훈련과 경험으로 부족한 것이 예술가적 창작 능력이다. 리드카와 오길비는 디자인씽킹, 즉 디자인적 사고로 예술적 디자인과 기획적 디자인을 구분한다. 타고난 재능이 필요한 예술적 디자인과 달리, "구매자가 갖고 싶도록 하는 방법을 만들어내는 것"으로 정의할 수 있는 디자인씽킹은 일반인도 충분히 배울 수 있다고 주장한다.

　디자인씽킹을 거친 상품도 기업가 정신과 결합될 때 시장에서 빛을 볼 수가 있다. 탁월한 예술적 재능에도 불구하고 시장에서 실패하는 예술가와 콘텐츠 기업을 얼마나 많이 봐왔던가. 그런데 리드카와 오길비는 디자인씽킹과 비즈니스씽킹은 충돌하지 않는다고 주장한다. 직관과 실험 중심의 디자인씽킹을 논리와 수치를 중시하는 전통적인 비즈니스씽킹과 차별된 새로운 비즈니스씽킹의 유형으로 제안한다.

로컬 크리에이터 분야에서 디자인씽킹은 무엇을 의미할까. 로컬 콘텐츠도 문화콘텐츠의 일종임으로 앞서 연희동에 응용한 마인드매핑과 같은 리드카와 오길비의 도구를 활용하는 것도 하나의 방법이다. 아직 체계적인 지식이 축적되지 않은 현재 상황에서는 복잡한 이론보다는 현장 지식이 더 직관적일 수 있다. 서울 골목길에서 다양한 로컬 콘텐츠를 개발하는 어반플레이 홍주석 대표는 "자신이 만들고 싶은 콘텐츠를 자신이 있는 지역의 콘텐츠와 결합하라"라고 조언한다.

제주 재주상회의 로컬 콘텐츠 개발

발굴, 개발, 임팩트를 거치는 로컬 콘텐츠 개발 과정, 그리고 이 과정에서 로컬 크리에이터가 행하는 다움, 연결, 보육의 기획 활동은 전국의 모든 로컬 크리에이터가 공유하는 창조 방식이다. 동일한 단어를 사용하지는 않지만, 콘텐츠 개발자로서, 로컬 사업가로서 고민해야 하는 문제와 이를 해결하는 방식은 동일하다.

개발과 기획 개념은 이미 창업을 한 사업자에게 자신의 활동을 정리하는 수단으로 유용할 수 있다. 하지만 로컬 창업을 준비하는 사람에게는 더 구체적인 사례가 필요할 것이다. 전국에 좋은 사례가 많지만, 상대적으로 작고 중심지에서 떨어진 지역에

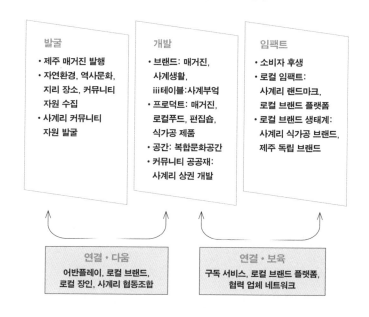

제주 재주상회의 로컬 콘텐츠 기획

발굴
• 제주 매거진 발행
• 자연환경, 역사문화, 지리 장소, 커뮤니티 자원 수집
• 사계리 커뮤니티 자원 발굴

개발
• 브랜드: 매거진, 사계생활, iii테이블:사계부엌
• 프로덕트: 매거진, 로컬푸드, 편집숍, 식가공 제품
• 공간: 복합문화공간
• 커뮤니티 공공재: 사계리 상권 개발

임팩트
• 소비자 후생
• 로컬 임팩트: 사계리 랜드마크, 로컬 브랜드 플랫폼
• 로컬 브랜드 생태계: 사계리 식가공 브랜드, 제주 독립 브랜드

연결 · 다움
어반플레이, 로컬 브랜드, 로컬 장인, 사계리 협동조합

연결 · 보육
구독 서비스, 로컬 브랜드 플랫폼, 협력 업체 네트워크

서 콘텐츠 중심으로 로컬 브랜드를 개발하는 사례로는 제주 안덕면 사계리에서 활동하는 재주상회만큼 좋은 사례를 찾기 어렵다. 다른 장에서 재주상회의 비즈니스 모델을 자세히 설명하기 때문에 여기서는 로컬 콘텐츠 개발 개념도를 응용하는 방식으로 간략하게 소개한다.

재주상회의 가장 큰 경쟁력은 자체 발행하는 제주 매거진 〈iiin〉이다. 로컬 매거진을 통해 발굴하는 스토리, 식자재, 예술가, 장인, 소상공인이 무궁무진한 콘텐츠 소재를 제공한다. 플래그십 스토어 사계생활이 위치한 안덕면 사계리도 공간, 장소성, 커뮤니티 등 풍부한 로컬 자원을 제공한다. 재주상회가 브랜드, 프로덕트, 공간, 지역 공공재를 개발하는 과정에서 연결한 파트너는 사계생활을 공동 운영하는 서울의 어반플레이, 매거진을 통해 발굴한 제주 로컬 브랜드, 사계리 지역의 주민 단체와 협동조합, 제주 지역 일러스트작가다. 재주상회의 연결 활동은 판매와 고객 관리 과정에도 계속된다. 제주 로컬 브랜드를 함께 배송하는 구독 서비스와 사계생활의 편집숍이 고객, 파트너와의 연결을 유지하는 통로다. 로컬 브랜드, 사계리 협동조합과의 협업은 새로운 로컬 브랜드를 창출하는 보육 활동으로도 중요하다.

로컬 콘텐츠 개발에 대한 우리의 지식은 아직 초보 단계다. '로컬 콘텐츠 개발론', 즉 콘텐츠 개발에 필요한 반복적인 과정(절차, 방법, 산출물, 기법, 도구)을 체계적으로 정리한 것으로 부를 만한 수준의 지식은 축적되지 않았다. 한국에서 콘텐츠 기반 로컬 비즈니스가 본격적으로 시작되지 않았기 때문이다. 앞으로는 다를 것이다. 로컬 창업에 대한 관심이 고조되고, 성공 사례가 늘기 때문에 보다 체계적인 연구가 가능할 것이다. 학계가 지속적인 리서치와 현장 조사를 통해 보다 정교한 로컬 콘텐츠 개발 방법론을 개발할 것을 기대한다.

4

새로운 패러다임을 개척하는
크고 작은 기업들

01

커뮤니티 복합문화공간으로 진화하는 오프라인 공간

로컬 비즈니스를 대표하는 업종은 커피전문점이다. 커피전문점의 영역은 전통적인 커피전문점에 한정되지 않는다. 거의 모든 리테일 기업이 매장과 카페를 동시에 운영한다. 서점에서 시작된 이 트렌드는 최근에 갤러리, 옷 가게, 편집숍, 코워킹 스페이스, 세탁소, 바버숍 등 소위 말하는 '힙'한 분위기를 추구하는 모든 매장으로 확산되고 있다.

이런 현상이 일어나는 한 가지 이유로 불경기를 들 수 있다. 장사가 안 되는 매장이 카페를 겸업하는 것인데, 아직 일정 수준의 수익성을 창출하지 못하는 가게들이 상품 매출을 보완하는 아이템으로 커피를 활용하는 경향이 있다.

하지만 매장에 들어서는 커피전문점을 부대 사업으로만 이해하는 것은 단편적 견해일 수 있다. 커피전문점이 창출하는 '커피 문화'가 도시문화 전체를 선도한다는 점을 고려하면, 도시문화와 오프라인 매장 진화의 맥락에서 생각해야 한다.

스타벅스, 커피 문화를 대중화하다

도시문화의 큰 흐름은 물질주의에서 탈물질주의로의 전환이다. 사람들의 가치가 탈물질주의로 변함에 따라, 도시문화도 미니멀리즘, 빈티지, 레트로, 커뮤니티, 로컬리티, 골목길 등 탈물질주의 수요를 충족하는 방향으로 진화한다. 이 상황에서 커피 문화가 도시문화의 핵심으로 부상한 것은 우연이 아니다.

도시에서 카페라는 '탈물질주의' 공간을 처음으로 대중화한 커피전문점 스타벅스의 역할이 컸다. 스타벅스 업종은 정확하게 표현하면 에스프레소 커피 카페다. 에스프레소 커피, 에스프레소 커피로 만든 커피음료, 그리고 커피를 여유롭게 즐길 수 있는 공간을 제공하는 것이 스타벅스 비즈니스의 본질이다.

스타벅스 혁신의 근원은 창업자의 도전정신이다. 우리가 혁신 모델로 인식하는 스타벅스 모델은 제2의 창업자 하워드 슐츠가 개척했다. 원조 스타벅스는 1973년 시애틀 파이크 플레이스 마켓에서 오픈한 원두커피 판매점이다. 스타벅스의 원조 창업자들은 원두를 로스팅해 판매하면서 원두커피를 시음하게 하는 독특한 소비자 서비스를 선보였다.

뉴욕의 커피 기계 수입상이었던 하워드 슐츠는 1980년 시애틀의 작은 가게가 다량의 커피 기계를 주문하는 것이 궁금해 직접 시애틀 매장을 방문한다. 원두커피를 처음 마셔본 그는 원두커피가 커피산업의 미래라고 판단해 스타벅스에 자원한다. 스타벅스 마케팅 담당자로 채용된 슐츠는 우연한 기회에 이탈리아를 방문, 현지의 에스프레소 커피 카페 문화를 체험한다. 이후 스타벅스 창업자들에게 에스프레소 커피 카페의 창업을 제안하지만, 원두커피 가게의 정체성을 유지하고 싶었던 창업자들은 슐츠의 제안을 거부한다. 실망한 그는 회사에서 나와 독립적으로 '일 지오날레'라는 에스프레소 커피 카페를 창업한다.

그러던 중 슐츠에게 기회가 찾아온다. 1987년 스타벅스 창업자들이 캘리포니아 버클리 소재 피츠커피Peet's Coffee를 인수하기 위해 스타벅스를 매물로 내놓은 것이다. 버클리로 돌아가는 창업자들로부터 스타벅스를 인수한 슐츠가 제2의 창업을 통해 오늘날의 스타벅스 모델을 탄생시킨다.

커뮤니티 복합문화공간으로 진화하는 스타벅스

처음부터 집과 직장의 대안이 되는 제3의 공간을 제공하는 걸 목표로 삼은 스타벅스는 현대 도시문화를 주도하는 '공간 비즈니스'를 개척한 기업이다. 창업 후에도 지속적으로 공간 비즈니스를 혁신하고 새로운 가치를 창출해왔다. 초기에는 도시에서 일상을 향유할 수 있는 대안적 공간으로서의 의미가 중요했다. 대안적 공간은 경쟁적인 문화가 강한 다른 하이테크 도시와 달리 여유와 삶의 질을 중시하는 시애틀에 어울리는 개념이다. 자유롭고 여유로운 도시에서 이를 상징하는 브랜드가 탄생한 것이다.

스타벅스는 또한 도시 라이프스타일을 판매했다. 스타벅스가 제안하는 라이프스타일은 아침에 테이크아웃 커피 한 잔 들고 걸어서 출근하는 진보적이고 트렌디한 뉴요커다. 대도시 전문직

지역 행사 게시판을 운영하는 스타벅스 도쿄 지유가오카점

매장 안에 코워킹 스페이스를 조성한 스타벅스 도쿄 긴자 서클스점

의 라이프스타일을 상품화하기 위해 공정무역, 인권, 환경 등 진보적인 가치를 표방하고, 인테리어, 제과, 배경 음악 등 모든 매장 요소를 이들의 취향에 맞게 구성한다.

이런 스타벅스가 주목하고 있는 가치는 커뮤니티다. 지역사회에 뿌리를 내리고 지역 내 고객 기반을 강화하기 위해 지역특색을 드러내는 인테리어로 매장을 디자인하고 동네 행사 게시판을 설치한다. 많은 젊은이들이 이미 스타벅스를 업무 공간으로 활용하는 것을 고려하면, 스타벅스는 자연스럽게 지역주민이 함께 일하고 작업하는 코워킹 스페이스로 진화한다고 평가할 수 있다.

2020년 7월 30일 오픈한 도쿄 긴자의 스타벅스 서클스점Circles은 매장 한편에 1인실 코워킹 스페이스를 조성했다. 지역주민의 비공식 작업 공간을 기능하던 매장을 공식적인 코워킹 스페이스로 전환한 것이다. 싱킹랩Thinking Lab이라고 불리는 서클스점은 스타벅스 역사의 새로운 분기점이다. 개인의 제3의 공간으로 시작한 스타벅스 매장이 커뮤니티 공간으로, 그리고 이제 창조 커뮤니티로 진화한다.

온라인 커뮤니티에서도 스타벅스는 혁신을 시도한다. 미국에서 현재 가장 많이 쓰이는 모바일 결제 앱은 구글이나 애플 페이가 아닌 전체 결제의 40%가 앱을 통해 이뤄지는 스타벅스 앱이다. 스타벅스 앱 사용자 수는 2,000만 명을 넘어섰고 선불카드에 충전된 현금 보유량은 1조 원을 넘어섰다. 스타벅스 앱에 축적된 현금 자산이 미국의 일반적인 지방 은행을 능가할 수준으로 증가한 것이다. 많은 전문가들이 디지털 혁신을 주도하는 스타벅스가 막대한 금융 자산과 고객 베이스를 기반으로 새로운 플랫폼

기업으로 도약할 것이라 전망한다.

핵심 경쟁력은 탈물질주의 콘텐츠

커피가 리테일 매장으로 진입하는 과정은 리테일 매장이 복합문화공간으로 진화하는 과정이다. 커피전문점을 매장에 입점시키는 다른 기업도 스타벅스와 마찬가지로 커피를 매개로 커뮤니티 복합문화공간을 구축하는 것이다. 커피가 커뮤니티 구축의 매개체로 등장한 배경에는 커피라는 기호식품의 매력뿐 아니라 스타벅스가 개척한 비즈니스 모델의 영향력이 크게 작용했다. 커피를 통해 커뮤니티 복합문화공간을 개척하는 방법을 보여준 것이다.

모든 기업이 스타벅스 모델을 따라가는 것은 아니다. 커피 코너를 기본으로 공간의 행사장, 공연장, 작업장 기능을 강화하고 있다. 도쿄 다이칸야마 츠타야 서점은 라이프스타일 제안으로, 교토 이치조지 게이분샤는 갤러리와 팝업 스토어로, 연희동 연남장은 공연, 전시, 행사 무대로, 성수동 성수연방은 편집숍과 공유공장으로 새로운 리테일 매장 모델을 모색한다.

복합문화공간의 미래는 콘텐츠의 융복합이다. 공간, 커뮤니티, 전시를 넘어 아티스트와 크리에이터가 직접 창작하고 소통하는 공간으로 진화한다. 대표적인 공간이 미디어, 포스터, 예술, 디자인 콘텐츠와 공간을 결합한 어반플레이의 연희동 캐비넷클럽하우스다.

성공한 복합문화공간 모델을 관통하는 핵심 경쟁력은 탈물질주의 콘텐츠다. 개성, 다양성, 삶의 질, 커뮤니티가 대표하는 탈물질주의는 본질적인 라이프스타일의 변화를 의미하며, 모든 리테일 기업은 보다 혁신적인 방법으로 오프라인 매장에서 탈물질주의 콘텐츠를 창출하기 위해 노력한다. 그 과정에서 미래 모델로 자리 잡은 것이 커피를 매개로 한 커뮤니티 복합문화공간이다. 커피가 모든 매장으로 진출하는 이유는 바로 여기에 있다.

02

생활권 경제의
중심이 된 동네 마켓

사양 기업은 있어도 사양 산업은 없다는 말이 있다. 동네 식료품 시장도 마찬가지다. 동네 마켓이 사양산업이 된 것이 아니다. 아무리 온라인 쇼핑이 발전해도 주민에게 대인 서비스와 커뮤니티 공공재를 제공하는 동네 가게의 영역은 남아있다.

그렇다면 동네 슈퍼가 사장된 이유는 무엇일까? 이유는 본연의 커뮤니티 기능을 다하지 못한데서 찾아야 한다. 한마디로 동네 슈퍼가 프랜차이즈와 대형마트가 제공할 수 없는 커뮤니티 서비스와 공공재를 창출하지 못한 것이다. 만약에 동네 주민의 특별한 니즈를 만족하고 동네 공동체의 사랑방 역할을 수행하는 전통적인 '동네 잡화점General Store'으로 돌아가면 동네 시장의 판도는 달라질 수 있다.

글로벌 어페어즈Global Affairs 매거진 〈모노클〉은 2015년 토론토 잡화점 럭키페니Lucky Penny를 소개하며 동네 잡화점의 부활을 새로운 트렌드로 주목했다. 다른 도시에서도 전통적인 잡화점이 커뮤니티 서비스 기반으로 되살아난다고 한다. 동네 슈퍼가 아날로그의 반격을 이어갈 다음 타자가 될 가능성을 엿볼 수 있다.

동네 슈퍼가 특화할 수 있는 또 하나의 방향은 스페셜티 식품과 제로 웨이스트Zero Waste 마켓이다. 이태원 보마켓과 같이 표준화된 일반 식품과 다른 커피, 치즈, 오일, 꿀, 초콜릿, 향료, 소스, 유제품, 소시지, 훈제 육류 등 독특한 맛과 향을 원하는 소비자를 위해 생산되는 스페셜티 식품을 판매하는 마켓이 늘어나고 있다. 성수동 더피커와 연희동 채우장은 쓰레기 발생을 최소화하는 제로 웨이스트 마켓이다. 일부 스페셜티 식품점은 판매되는 식자재를 활용해 음식을 파는 그로서란트Grocerant를 운영한다.

작은 규모의 동네 마켓만이 동네 슈퍼의 가능성을 보이는 것은 아니다. 미국의 '홀푸드마켓'은 대기업이지만 오랫동안 동네 마켓 기능을 훌륭히 수행했다. 홀푸드마켓은 1980년 텍사스 오스틴에서 존 매키가 창업한 미국의 유기농 슈퍼마켓이다. 2017년 6월 전자상거래 기업 아마존이 홀푸드마켓을 137억 달러, 우리 돈 약 15조 5,000억 원에 인수한다고 발표해 홀푸드마켓을 사랑하는 소비자들이 충격에 빠지기도 했다. 미국 부유층은 홀푸드마켓이 없는 동네에서는 절대 살지 않겠다고 선언할 정도로 이 가게를 지역사회의 중심지이자 자부심으로 생각했기 때문이다.

오랫동안 승승장구하던 홀푸드가 위기에 빠진 원인 중의 하나가 구매의 전국화다. 홀푸드는 로컬 푸드 전통을 유지하기 위해 전국을 12개 지역으로 나눠 지역단위로 구매했으나, 2010년대 초반 로컬 구매 정책을 포기하고 중앙에서 구매하는 방식으로 전환했다. 가격 경쟁력을 확보하기 위해 자체 브랜드 상품PB의 판매를 늘려 2016년 매출의 20%까지 높였다. 2016년에는 저가 매장인 '386'을 출시했다. 하지만 실적은 개선되지 않았고 투자자의 압력을 이기지 못한 홀푸드는 결국 2017년 6월 아마존에 매도하기로 결정했다.

홀푸드는 왜 지역기반 비즈니스 모델을 포기하고 전국 통합 모델을 선택했을까? 일반 슈퍼마켓이 유기농 상품의 출시를 늘리면서 경쟁 압력이 거세지고 투자자들이 비용 절감과 매출 성장을 요구했기 때문이다. 결과만 놓고 보면 홀푸드의 전국화 모델은 지속가능하지 않은 것으로 판명됐다. 초심을 잃지 않고 지역 슈퍼마켓으로 남았다면 더 오래 자신의 경영 철학을 지켰을지도 모른다.

다행인 것은 유기농과 건강식품 문화가 대세로 자리 잡은 만큼, 더 훌륭한 서비스를 제공하는 새로운 기업들이 홀푸드의 자리를 채우고 있다는 사실이다. 홀푸드가 어려워지기 전에 이미 미국 전역에서 이에 버금가는 지역기반 유기농 슈퍼마켓이 등장했다. 포틀랜드의 뉴시즌스마켓New Seasons Market이 대표적인 사례다.

지역의 '간판 상점'으로 자리 잡은 사러가쇼핑센터

그런데 한국에도 홀푸드마켓, 럭키페니, 뉴시즌스마켓처럼 지역 기반 비즈니스 모델로 골목상권 부흥을 이끄는 친환경 슈퍼마켓이 있다. 바로 연희동의 '사러가쇼핑센터'이다. 사러가쇼핑센터는 1974년 재래시장이었던 '연희시장'을 인수하면서 현대화된, 한국에서 보기 드문 대형 독립 슈퍼마켓이다. 단순히 생필품만 파는 슈퍼마켓이 아니라 떡집, 제과점, 외국 상품 전문점, 약국, 의류점, 양품점 등 지역에 필요한 다양한 가게가 입점해 있는, 지역의 종합시장이라 할 수 있다.

사러가는 연희동에 안전하고 신선한 먹거리를 공급하겠다는 '기업가 정신Entrepreneurship'에서 출발했는데, 창업 당시 지역주민의 건강과 사회 환경을 우선시하는 기업으로 출발한 홀푸드마켓과 매우 비슷하다. 하지만 홀푸드마켓은 가격 경쟁력에 밀려 저가 매장을 열고, 기존의 지역단위 식품 유통방식 대신 본사 중심 일괄구매 방식으로 전환하는 전국화 모델을 선택하면서 결국 아마존에 인수되고 말았다. 반면 사러가쇼핑센터는 지역 정체성을 대표하는 '간판 상점'으로서 여전히 자리를 지키며 연희동 골목상권을 이끌고 있다.

사러가쇼핑센터가 지역사회의 구심점이 된 것은 이 기업이

포틀랜드 유기농 슈퍼 뉴시즌스마켓

지역을 기반으로 한 비즈니스 모델을 선택했기 때문이다. 1965년 창업 후 연희시장을 인수한 뒤에도 사러가쇼핑센터는 프랜차이즈화 하지 않고 신길동과 연희동 두 곳에서만 매장을 운영하는 동네 슈퍼마켓 모델을 고수했다. 이 같은 지역기반 비즈니스 모델이 성공하기 위해서는 지역주민의 신뢰가 필요한데, 사러가쇼핑센터는 서대문구와 마포구, 은평구까지 상품을 직접 배송하고, 식자재 품질관리를 위해 정육점과 수산물 코너를 직영으로 운영한다. 가공된 농수산 식품은 친환경 인증을 받은 상품들을 직거래해 소비자들에게 내놓는다. 이 같은 편리한 서비스와 철저한 품질 관리, 친환경 상품 중심의 매장 구성 등으로 소비자 신뢰를 확보한 것이다.

사러가쇼핑센터는 지역 소상공인들과 함께 성장하며 연희동 주민을 넘어 외부인들이 일부러 방문하는 핫 플레이스가 되고 있는데, 사러가 안에는 시민상회, 반도상회, 이쁜이신발 등 재래시장의 추억을 간직한 35년 이상 된 매장들이 여전히 자리를 지키고 있다. 또 여러 독립 가게와 수입 잡화점이 옹기종기 모여 다양한 볼거리를 제공하고 있다. 사러가쇼핑센터 안에서 창업한 가게도 늘고 있다. 건물 한편에 오픈한 수제 치즈 타르트 가게는 쇼핑을 마친 사람들이 커피와 디저트를 즐기기 위해 찾고 있고 수제 맥주집 케그스테이션은 크래프트 맥주를 즐기는 주민들의 입소문을 타고 외부에서도 찾아오는 이들이 늘고 있다.

연희동 골목길로 사람들이 모일 수 있었던 또 다른 이유 중 하나는 사러가쇼핑센터가 제공하는 공용 주차장 덕분이다. 연희동은 개인 차고를 갖춘 단독주택이 밀집한 동네다 보니 외지인이

연희동 사러가쇼핑센터

이용할만한 별도의 주차공간이 거의 없다. 차를 가지고 나오면 주차할 곳이 마땅치 않아 여유롭게 쇼핑하기 어렵다. 그런데 사러가쇼핑센터가 공용 주차장을 운영하면서 사람들은 연희동 구석구석에 자리한 독립 가게들을 둘러보며 골목길을 즐길 수 있게 됐다.

지역사회와 공동체를 이루는 지역기반 비즈니스 모델은 적지 않은 위력을 발휘한다. 간판 상점이 지역상권을 위해 공공재를 창출하면, 지역사회는 지역 소비자의 충성과 대형마트가 누리지 못하는 활력 있는 배후 상권으로 간판 상점을 지원하기 때문이다. 지역사회와의 상생 덕분에 사러가쇼핑센터가 대형마트, 백화점과 경쟁할 수 있었고 연희동 골목길로 사람들을 불러 모을 수 있었던 것이다.

지금까지 연희동 상권의 리더이자 간판 상점인 '사러가쇼핑센터'가 어떻게 지역창업을 촉진하고 지역 라이프스타일을 발전시키며 연희동 골목길로 사람들을 불러 모으고 있는지 살펴봤다.

홀푸드마켓의 좌절, 사러가쇼핑센터의 건재, 스페셜티 마켓의 등장은 오늘날 기업에게 많은 것을 시사한다. 기업이 왜 지역사회와 상생해야 하는지, 지역 고유의 문화와 정체성을 발전시키기 위해 노력할 때 어떤 경쟁력을 가질 수 있는지, 동네 슈퍼가 다음 레트로 붐을 주도할지에 대한 답을 보여준다.

03

머물고 싶은 동네에는
반드시 빵집이 있다

필자는 강연에서 '작은 도시도 네 종류의 매력적인 가게만 있으면 머물고 싶은 동네를 만들 수 있다'고 주장한다. 커피전문점, 독립서점, 게스트하우스, 그리고 베이커리다. 왜 골목상권에 빵집이 들어가야 할까? 결론부터 말하면 동네 빵집이 동네문화의 상징이기 때문이다. 세계 최고 수준의 문화 감수성을 자랑하는 파리 시민들도 서로 자기 동네 빵집이 제일 맛있다고 논쟁할 만큼 빵집을 중요시한다.

빵집이 동네에 의존하는 이유를 논리적으로 접근하려면 빵이 저가이고 신선식품인 점을 주목해야 한다. 베이커리는 고가의 음식을 외부인에게 팔 수 있는 일반 음식점과는 달리 생산하자마자 저가로 주민에게 팔아야 하는 상품을 판매한다. 비즈니스 모델이 주민 의존적이기 때문에 적극적으로 동네 가게를 표방해야 한다.

동네 주민도 동네 빵집에 의존하는 성향을 보인다. 대형 광산 사고로 성인 남성의 다수를 잃은 캐나다 탄광촌의 애환을 그린 캐나다 드라마 〈호프 밸리Hope Vally〉에 이런 이야기가 나온다. 사고가 나기 전 이 작은 마을의 가게는 술집과 호텔을 겸한 화이트 스탠튼 살롱White Stanton Saloon과 잡화점 요스츠 머캔타일Yost's Mercantile이 다였다. 광산 사고로 남편과 아들을 잃은 아비게일은 용감하게 자신이 잘 만드는 비스킷, 파이를 파는 카페를 오픈한다. 많이 걱정했지만 카페를 연 첫날 아침 사람들이 빵을 사기 위해 줄 서서 기다렸다. 그들은 이구동성으로 빵 굽는 냄새와 커피 향에 끌려 가게로 왔다고 말했다. 이런 감성적인 이유에서 베이커리는 주민 삶의 일부가 되는 것이다.

한국에서도 지역마다 유명한 빵집 하나는 무조건 있다고 말할 수 있을 만큼 빵집이 지역의 대표 브랜드로 자리 잡았다. 로컬 빵집이 2000년대 이후 새롭게 주목을 받은 이유는 두 가지다. 첫째 원인이 제과의 레트로 붐이다. 유행이 쉽게 바뀌는 서울과 달리 단팥빵, 소보로, 찹쌀 도넛 등 지역의 빵집은 지역주민에게 오랫동안 사랑받은 빵을 계속 생산했다. 지역을 찾는 밀레니얼 여행자는 지역의 '오래된' 빵을 새로운 콘텐츠로 인식한다. 두 번째 요인이 주식 빵의 부상이다. 2000년대 후반 서울 골목상권 중심으로 홍대 폴앤폴리나, 이태원 오월의종 등 전통적인 간식 빵이 아닌 주식 빵을 만드는 베이커리가 진입했다. 주식 빵 베이커리가 다른 골목상권으로 퍼지면서 전통적인 지역 빵집과 더불어 골목상권의 부흥을 이끌었다.

성심당의 로컬 브랜드 전략

지역 빵집을 대표하는 기업은 대전 성심당이다. 대한민국 국민이라면 대전 성심당의 대표 브랜드 튀김소보로를 한 번 정도 들어 봤을 것이다. 전국 5대, 10대 빵집에 늘 언급될 정도로 대전하면 대부분 성심당을 떠올린다.

성심당이 빵집만 운영하는 것이 아니다. 대전 원도심 '성심당 거리Sungsimdang Street'로 들어서면 서양식 4층 건물 성심당케익부띠끄가 여행객의 발걸음을 붙잡는다. 처음 오는 사람은 거리 초입에 위치한 이 건물을 성심당 본점으로 오해할 수 있다. 케익부띠끄에서 한 블록 걸으면 대형 튀김소보로 사인과 함께 성심당 본점을 만날 수 있다. 본점 맞은편에는 전통제과를 전문으로 하는 성심당옛맛솜씨가 우리를 반긴다.

성심당, 성심당케익부띠끄, 성심당옛맛솜씨 등 성심당 3대 제과 브랜드가 이 거리의 중심 시설이지만, 플라잉팬, 테라스키친, 삐야또, 우동야 등 성심당 외식사업부가 운영하는 식당들도 이 거리에 모여 있다. 전국 어느 도시에서도 성심당 거리와 같이 한 기업이 조성한 음식문화거리를 볼 수 없다.

전국의 모든 빵집이 지역에 의존하고 지역만의 차별성을 강조한다고 하지만, 성심당만큼 '강력한' 지역상생 모델을 추구하는 기업은 없다. 그 결과 성심당은 대전이라는 지역의 정체성의 일부가 됐다. 일반 시민과 대전을 찾는 여행자에게 대전의 상징은 '성심당'이다. 대전 시민들 또한 타지인에게 성심당 빵을 선물할 정도로 성심당에 대한 애정과 애착이 남다르다.

성심당도 독특한 경영 모델로 지역주민의 성원에 답한다. 성심당이 추구하는 경영철학은 'EoC Economy of Communion_모두를 위한 경제'다. EoC는 기업이 경영을 통해 공동 선을 실현할 수 있다고 믿으며 이를 실천하는 경제 개념이다. 독실한 천주교 신자인 창업자 가족이 천주교 대안학교에서 배운 대안적 경영 철학이다. 성심당이 EoC 이념을 바탕으로 2007년 개발한 기업 비전이 무지개 프로젝트다. 일곱 색깔 무지개는 저마다의 개성을 존중하면서 완전한 조화를 이루는 새로운 비전의 상징이다.

성심당의 지역상생이 주목받아야 하는 진짜 이유는 대전 브랜드 전략이다. 성심당에 들어서면 '성심당은 대전의 문화입니다', '나의 도시, 나의 성심당', '聖心堂, 1956年 以來 大韓民國 大田', '대전브루스' 등 거의 모든 사인, 포장, 포스터에 대전이라는 단어가 등장한다. 2005년 화재를 극복하는 과정에서 성심당을 변함없이 성원한 대전 시민에 대한 고마움이 국내 기업에서 찾아보기 어려운 '출신 도시에 대한 무한 사랑'으로 발전했다.

성심당의 대전 사랑은 슬로건과 브랜딩에 그치지 않는다. 수도권 백화점의 입점 제안에도 불구하고 대전 본사, 대전 매장 원칙을 고수하고 있다. 현재 운영하고 있는 매장은 본점, 대전역 매장, 대전 롯데백화점 매장, 대전 컨벤션센터 등 4곳으로 모두 대전에 위치해 있다. 프랜차이즈 시장을 통해 전국 생산망을 구축하는 것보다는 같은 지역에 거주하는 직원, 소비자, 협력업체로 구성된 지역산업 생태계로 지역을 대표한다는 사명감을 고취하고 고유의 품질과 맛을 유지해 전국 소비자가 대전 매장을 방문하도록 유도하는 지역중심 성장 전략을 선택한 것이다.

성심당 50주년 기념 브랜드 '대전부르스'

대전 마케팅으로 채워진 본점 인테리어

성심당 거리가 제시하는
지역상생 모델 베이커리 타운

성심당 지역상생 모델의 다음 단계는 무엇이 돼야 할까? 원도심에 별도 장소를 마련해 영구 전시관을 설치하고 싶다는 것이 성심당의 포부다. 대전시도 새로운 상생 테마를 발굴하기보다 이미 형성된 성심당 거리 테마를 좋은 방향으로 발전시키는 방안을 고민해야 한다. 본래 무에서 유를 창조하는 것은 어렵다. 존재하지 않는 테마를 재개발하고 산업으로 육성하는 것보다, 이미 보유한 자산을 보호하고 더 키우는 것이 도시재생 정신이다.

대전 원도심 성심당 거리가 베이커리 타운으로 발전하기 위해 필요한 것은 무엇일까? 우선, 성심당이 할 일과 대전시가 할 일로 나눌 수 있다. 우리 사회가 성심당에게 사회적 책임을 요구한다면 그것은 제과산업 발전에 대한 기여다. 제과점 성심당의 의무라고 한다면, 성심당이 종사하는 제과산업, 특히 독립 베이커리 산업을 이끌 인재를 키우는 일이 최우선이다.

이미 성심당은 독립 베이커리 발전에 기여하고 있다. 성심당 출신 인재들이 곳곳에서 독립 빵집을 창업하고 있기 때문이다. 그러나 기존 학원들이 제대로 제빵사를 훈련하지 못하는 현실을 고려할 때, 성심당과 같은 중견 제과기업이 새로운 제과학원을 세우고 졸업생의 창업을 지원해야 제과인재 교육의 획기적인 변화가 가능하다.

대전시는 제과문화의 산업화와 베이커리 타운 조성을 적절히 지원해야 한다. 성심당은 이미 2019년 기준 연매출 500억 원, 고용인력 350~400명 규모의 중견기업이다. 성심당에 재료를 공급하는 협력업체, 이 기업이 운영하는 외식업체, 여기에 성심당을 찾는 여행객이 유발하는 비즈니스 창출 효과를 더하면, 성심당은 이미 원도심 경제의 주요 산업이다. 대전시는 이를 기반으로 성심당 거리를 베이커리 타운으로 육성하는 방안을 고안해야 한다.

대전시가 성심당 중심으로 형성된 제과산업에 창업을 통한 새로운 기업과 상점의 진입을 유도한다면, 원도심은 한국을 대표하는 거리형 제과산업 클러스터로 성장할 수 있다. 디저트 카페 거리, 제과산업 창업지원센터, 제과학원, 독립 빵집 등이 들어선 원도심 거리가 우리가 기대할 수 있는 베이커리 타운의 모습이다.

해외 성공 사례로는 '허쉬스 초콜릿 월드 어트랙션Hershey's Chocolate World Attraction'이 있다. 허쉬초콜릿은 1970년 출신 도시 펜실베이니아 허쉬에 초콜릿 타운을 설립해 투어라이드, 3D/4D 쇼, 초콜릿 공장 견학, 초콜릿 제품 판매 등 다양한 볼거리와 즐길 거리를 성공적으로 제공하고 있다. 2009년에는 교육 목적의 '허쉬 스토리 뮤지엄'을 열어 양질의 전시로 지역발전에 기여하고 있다.

베이커리 타운이 원도심 재생 사업의 전부는 아니다. 이 사업과 더불어 대전시는 보행로를 확대하고, 횡단로를 늘려 걷고 싶은 거리를 조성하며, 다양한 유형의 저층 건물을 보존하기 위해 단지형 건축물의 신축을 최소화하는 등 기본 도시 인프라 사업에 투자해야 한다. 궁극적으로 도시재생의 성공은 인구와 기업의 유입에 달렸다. 원도심을 살기 좋고, 여행하기 좋은 지역으로 만드는 것이 베이커리 타운을 포함한 모든 재생 사업의 목표가 돼야 한다.

04

상품이 아닌
라이프스타일을 팔다

책의 시대는 끝났다는 이야기가 많다. 비근한 예로 지하철에서 책을 들고 있는 사람을 찾기 어렵다. 실제로 전국적으로 많은 서점들이 문을 닫고 있고, 대형 서점도 기업 이미지 때문에 유지하는 것이지 실제 수익성은 별로 좋지 않다는 말이 들린다. 출판사, 서점 등 책과 관련된 사업을 하는 이들은 내려가는 에스컬레이터를 탄 상태에서 거꾸로 올라가려 애를 쓰는 형국이다.

그런데 이웃 일본엔 이런 출판의 위기 속에서도 승승장구하는 신기한 서점이 있다. 츠타야 서점이다. 1983년 오사카 히라카타에서 처음 문을 연 이 서점은 2018년 기준 일본 전역에 1,500여 개 매장을 내고 6,000만 명에 가까운 회원을 모집하며 파란을 일으키고 있다.

"라이프스타일이요. 저희는 책을 파는 게 아니고 라이프스타일을 팔거든요." 츠타야 서점을 운영하는 컬처 컨비니언스 클럽

Culture Convenience Club, CCC 마스다 무네아키 대표는 자신들의 성공 비결을 이렇게 밝혔다. 곰곰이 생각하면 책방이 라이프스타일 제안소가 되는 것은 당연하다. 책에 모든 유형의 라이프스타일이 담겨 있기 때문이다.

츠타야 서점이 기존 서점과 다른 점은 접근 방식이다. 기존 서점이 잡지, 단행본, 문고본 등 유통업자 입장에서 편리하게 기계적으로 책을 진열해 판매했다면, 이 서점은 고객 입장에서 테마별로 모든 상품을 재분류해 제공한다. 예를 들어 여행이라는 테마를 하나 선정하면 그와 관련된 모든 서적과 CD, DVD를 한자리에 모으고 거기에 덧붙여서 가전제품이나 기타 관련된 여러 상품까지 한꺼번에 제공해 원스톱으로 모든 준비를 마칠 수 있게 해주는 것이다.

요리, 디자인 등 다른 테마도 마찬가지다. 즉, 츠타야 서점은 고객이 관심 있는 테마와 관련된 라이프스타일 일체를 한꺼번에 해결해줄 수 있는 솔루션을 제공하는 것을 사업의 본질로 삼고 있다. 기존 서점과는 업에 대한 접근 자체가 다른 것이다.

동네로 들어온 라이프스타일 서점

국내에서 츠타야의 영향을 가장 먼저 받은 산업은 서점이다. 교보문고, 영풍문고 등 대형 서점이 츠타야의 공간구조를 벤치마크해 라운지와 카페 공간을 확대했고 아크앤북, 당인리발전소, 최인아 책방 등 츠타야의 라이프스타일 제안 콘셉트를 채택한 중형 서점 체인이 시장에 진입했다. 유통과 호텔 산업 역시 라이프스타일 공간을 구축하고 해당 라이프스타일 철학에 맞는 잡지와 도서를 큐레이트한 서점 공간을 조성한다. 대표적인 사례가 코엑스의 별마당 도서관과 부산 기장 리조트 아난티 코브의 이터널저니다.

독립서점도 라이프스타일 책방 붐으로 성장한다. 독립서점들은 지역고객을 위해 다양한 문화활동을 한다. 저명 작가를 초대해 독서회와 저자 사인회를 연다. 평상시에도 거의 매일 독서회를 열고 커뮤니티 행사를 통해 작가들의 작품을 홍보하고 판매한다. 독립서점의 이러한 '지역주의Localism' 전략은 서점 문을 열고 들어가면 금방 느낄 수 있다. 독립서점은 대형 서점보다 지역 작가와 지역문화에 대한 책을 전면에 배치한다.

지역문화와 더불어 독립서점이 확산하려는 문화는 인디문화다. 다수의 독립서점이 대형 출판사의 상업적 책보다는 독립출판사가 발행한 독립출판물을 선호한다. 한국에서 독립서점과 독립출판 클러스터가 형성된 곳은 홍대 지역이다. 미국과 일본의 독립서점과 같이, 동네 거점으로서 주민에게 특별한 책을 소개하고, 동네에서 구하기 어려운 문구류나 아트상품을 판매한다.

독립서점은 리테일 산업 전체에 있어 중요한 문화자원이 됐다. 라이프스타일을 이해하는 부동산 개발회사라면 독립서점의 입점은 필수다. 네오밸류는 앨리웨이 광교에 책발전소, 오티디코퍼레이션이 성수연방에 아크앤북스, 에머슨퍼시픽이 아난티코브에 이터널저니를 유치했다. 신세계가 코엑스몰에서 별마당 도서관을 운영하는 것도 리테일에서 책문화가 얼마나 중요한지를 보여준다. 대기업뿐만이 아니다. 북카페를 운영하는 카페, 공예 도서를 전시하고 파는 공방, 요리책을 판매하는 식당 등 일반 상점도 책을 상점 정체성을 구현하는 콘텐츠로 활용한다.

골목상권의 사랑방

독립서점이 생산하는 지역문화를 가장 쉽게 목격할 수 있는 곳이 골목상권이다. 독립서점은 베이커리, 커피전문점, 게스트하우스와 더불어 골목상권이 갖춰야 할 필수 업종 4개 중 하나다. 독립서점 없이는 골목상권을 조성할 수 없다고 해도 과언이 아니다. 커뮤니티 비즈니스 성격의 2세대 골목산업 업종에서도 서점은 중심적인 역할을 한다. 복합문화공간, 라운지, 코워킹, 편집숍 등 서점이나 책 판매대가 들어가지 않는 곳을 찾기 어렵다.

골목상권에서 독립서점의 일차적 기능은 동네 여행 가이드다. 단적으로 동네에서 동네 지도를 자발적으로 만드는 업소가 어디인지를 질문하면 된다. 어느 동네에서나 그곳은 독립서점일 가능성이 높다. 독립서점은 또한 지역콘텐츠를 모으는 것부터 시작해 독서모임, 북 토크, 책 만들기 수업 등 다양한 행사로 지역의 책문화를 활성화한다.

독립서점이 동네 자체를 바꾸기도 한다. 갤러리, 팝업 스토어, 동네 축제로 교토의 이치조지 지역을 재생한 작은 서점 게이분샤와 같은 곳이 한국에도 늘어나고 있다. 게스트하우스, 카페, 독립서점을 미술관 등 기존의 문화자원과 연결해 통영 봉평동의 작은 골목을 여행자가 찾는 관광 명소로 만든 독립 출판사 '남해의봄날'이 대표적인 사례다.

독립서점과 지역의 상생

동네와 지역경제에 많은 공공재를 제공함에도 불구하고 대부분의 독립서점은 경영상의 어려움을 겪는다. 역설적이지만 이 상황

에서 독립서점이 선택해야 할 타개 방안은 오히려 더 지역 밀착
적인 전략이다. 구체적으로 자신이 활동하는 지역을 책문화 도시
로 만들어 독립서점의 생존 기반을 담보해야 한다.

책문화로 가장 앞선 도시라고 말할 수 있는 뉴욕은 생산, 소
비, 유통 모든 분야에서 출판시장을 선도한다고 말해도 과언이
아니다. 도시 전체가 책문화 도시다. 하지만 뉴욕 안에서도 책문
화 지구가 있다. 작가, 서점, 독자가 집적된 지구를 말한다. 뉴욕
의 전통적인 책문화 지구는 뉴욕대학 주변에 형성된 보헤미안 지
역인 그리니치빌리지다.

그리니치빌리지는 뉴욕의 지식인과 작가들이 모여 사는 동네
다. 이곳은 1930년대 유럽에서 망명한 지식인을 중심으로 자유주
의, 사회주의, 아나키즘, 페미니즘, 동성애주의 등 20세기를 지배
한 중요한 사상을 탄생시킨 곳이라고 말한다. 그곳에 스트랜드, 맥
널리 잭슨 등 세계적인 독립서점이 위치한 것이 우연이 아니다. 뉴
욕의 책문화 지구는 뉴욕이 확장하면서 다른 지역으로 확장한다.
현재 맨해튼을 대표하는 예술가, 작가의 도시는 이스트빌리지다.

뉴욕에서는 새로운 지역이 '작가의 도시'로 부상하고 있다.
뉴욕의 독립서점, 독립출판의 중심지 브루클린이다. 뉴욕 언론은
여행자에게 조언한다. 미국 현대 문학의 거장을 거리에서 만나고
싶다면 브루클린 독립서점 여행을 떠나라고.

브루클린 문학계의 구심점은 단연 독립서점이다. 2014년 〈브
루클린 매거진〉에서 20개 이상 주요 서점이 소개될 정도로 지역
전역에 퍼져 있다. 독립서점들은 지역 작가를 위해 다양한 활동을
한다. 브루클린 북 페스티벌 기간에는 저명 작가를 초대해 독서회

와 저자 사인회를 연다. 평상시에도 거의 매일 독서회를 열고 커뮤니티 행사를 통해 브루클린 작가들의 작품을 홍보하고 판매한다.

독립서점은 지역의 독자와 작가가 만나고 대화하는 일종의 사랑방이다. 독자들은 독립서점에서 인터넷 쇼핑이 제공하지 못하는 문화와 가치를 체험할 수 있다. 다양한 지역주민들과의 소통은 작가에게 중요하다. 그들의 경험과 스토리가 작품의 소재를 제공하기 때문이다.

한국에서도 홍대 지역을 중심으로 독립서점과 독립출판 클러스터가 형성되어 있다. 과연 홍대가 한국의 브루클린으로 성장할 수 있을까? 독립서점과 독립출판사가 영업하는 장소만으로는 부족하다. 파주 출판문화도시도 대안이라고 보기 어렵다. 작가와 독자가 빠진 채 출판사만 모여 있는 도시이기 때문이다.

진정한 의미의 브루클린이 되기 위해서는 우선 작가와 책을 좋아하는 사람들이 모여 사는 공동체 구축이 필요하다. 주민들이 책에 대해 열띤 토론을 나누고 독서를 즐기며, 풍부한 이야깃거리를 통해 글을 쓰는 작가들이 많은 지역 문학공동체가 작가의 도시 브루클린을 만들었음을 기억해야 한다.

도서정가제와 독립서점의 미래

이렇게 할 일이 많은 독립서점 산업에 2020년 여름 위기의식이 팽배했었다. 정부가 도서정가제 폐지를 검토한다고 발표했기 때문이다. 도서정가제는 책을 정가 이하로 판매하는 것을 제한하는 제도로서 독립서점의 생존에 필수 조건이다. 책값을 자유롭게 책정할 수 있게 되면, 대형 서점은 지금보다 더 많이 할인된 가격으로 책을 공급할 것이고 이에 대응할 여력이 없는 지역 서점이 퇴출되는 것은 쉽게 예상할 수 있는 결과다.

실제로 독립서점이 현재 수준으로 늘어난 것도 도서정가제 덕분이다. 2014년 강화된 도서정가제가 독립서점의 창업을 촉발한 것이다. 2020년 5월에 실시된 독립서점 현황 조사에 따르면, 전국적으로 총 583곳의 독립서점이 영업한다. 2015년 97곳에 비해 500%나 증가한 숫자다. 대형 서점과 다른 책을 판매하는 독립서점의 진입으로 출판시장에 유통되는 책의 종류도 다양해졌다.

도서정가제로 책문화 생태계가 다양해졌다면, 소비자 가격의 폭은 좁아졌다. 소비자 관점에선 책을 더 싼 가격에 구매할 수 있는 기회를 제한하는 도서정가제는 비효율적인 제도다. 정부가 소비자 후생 차원에서 도서정가제 완화를 고려하는 이유다.

문제는 소비자 후생의 정의다. 과연 현재와 같은 문화경제 시대에 소비자 편익을 가격만으로 정의할 수 있을까? 소비자가 독립서점에서 얻는 편익은 책에 담긴 콘텐츠에 한정되지 않는다. 책방 주인의 개성과 취향을 반영한 공간과 큐레이션, 서점 중심으로 형성된 동네의 책문화를 동시에 구매한다. 현대 리테일 이론은 소비자 후생의 요소로 가격과 더불어 다양성과 체험을 강조한다. 도서정가제 폐지로 독립서점이 사라지면 소비자는 독립서점이 창출하는 다양한 지역문화를 소비할 기회를 상실한다.

이처럼 독립서점은 그곳에서 판매되는 책 이상의 문화 공공재를 생산한다. 정부가 산출하는 소비자 후생에 책 가격과 함께 지역문화라는 외부효과가 추가돼야 한다. 정부가 소비자 편익을 제대로 산출하면, 독립서점을 긍정적 외부효과를 고려해 보조금을 지급하는 교육과 연구 기관과 같은 수준으로 대우할 것이다.

결론적으로 도서정가제는 출판산업의 문제만이 아니다. 지역문화와 산업에 미치는 영향을 고려해야 하는 지역발전의 문제다. 도서정가제가 독립서점의 생존에 필수적이고, 독립서점이 지역발전과 라이프스타일 산업의 발전에 크게 기여하는 문화자산이라면 다른 지역발전 사업에 비해 비용이 크게 들지 않는 현행 도서정가제를 유지해야 한다.

도서정가제 논쟁은 결국 정부가 현행 제도를 유지하기로 결정함으로써 종료됐다. 하지만 독립서점에 대한 정부의 인식이 변했는지는 확실하지 않다. 현재 한국은 인구를 분산하고 지역경제와 국내 여행을 활성화하기 위해 지역의 삶의 질을 높여야 하는 상황이다. 지역에서 사는 청년에게는 골목상권과 독립서점이 일자리만큼 삶의 질을 결정하는 중요한 요인이다. 우리 사회가 도서정가제 논쟁을 새로운 지역발전 방식을 논의하는 기회로 삼기를 기대한다.

05

호텔 말고 마을에
'스테이'하세요

지역산업의 영원한 숙제는 대기업이 제공할 수 없는 상품과 서비스를 발굴하는 일이다. 기술이 발달하면서 공간의 거리가 줄어들고 공간을 넘는 커뮤니티의 결성이 쉬워지면서 지역만이 생산할 수 있는 상품의 범위가 좁아지고 있다.

위기에 빠진 지역산업에 희망을 주는 변화가 체험 경제의 확산이다. 온라인이 주지 못하는 오프라인만의 감성과 경험을 중시하는 소비자가 늘면서 여행 트렌드도 자연과 역사에서 지역문화 중심으로 옮겨가고 있다. 색다른 체험과 공감을 위한 로컬 여행은 기성세대에게는 생소한 개념이지만 밀레니얼 사이에선 이미 보편적이다.

로컬 여행은 SNS와 연결된 스마트 여행으로 표현할 수 있다. 로컬 여행자는 지역의 특정 관광명소를 둘러보는 것에 그치는 것이 아니라, 그 지역만의 콘텐츠를 즐긴다. 스마트폰 앱을 통해 지

216

역 곳곳의 숨겨진 공간을 발견하고 직접 찍은 사진과 영상 콘텐츠를 SNS에 일상처럼 공유하며 여행한다.

현지인처럼 살고 싶어 하는 여행 수요를 만족하기 위한 비즈니스 모델이 에어비앤비다. 여행자와 현지인을 연결해 현지인 주택을 숙박시설로 공급하고 다양한 프로그램을 통해 현지 일반 호텔에서 체험할 수 없는 현지인 문화 체험을 제공한다.

로컬 여행과 현지인 체험이 여행의 대세로 부상하자 마을과 호텔산업도 대응에 나섰다. 마을에서는 전통적인 민박에서 벗어나 마을의 자원을 체계적으로 조직해 마을 전체를 하나의 호텔로 운영하는 '마을호텔'이 등장했다.

마을호텔의 대표적인 모델이 일본 도쿄 야나카의 하나레 호텔이다. 마을의 중앙에 로비 기능을 하는 하기소를 운영하고 숙박, 목욕, 세탁소, 식당, 자전거 렌탈, 선물가게 등은 동네의 일반 업소들에 위탁한다. 서울 서교동 로컬스티치, 서촌 서촌유희, 공주 봉황재, 정선 18번가 등 한국에서도 동네에 있는 상업시설을 연결한 마을호텔 사례가 늘어나고 있다.

한국에서 마을호텔을 진정한 의미의 커뮤니티 수준으로 발전시킨 곳은 공주의 문화재, 랜드마크, 생활사가 남아 있는 원도심 제민천이다. '마을스테이 제민천'을 건설하는 운영자들은 동네 책방을 컨시어지로, 민박과 게스트하우스를 숙박으로, 마을 가게와 식당을 호텔 식당과 선물가게로, 코워킹과 라운지를 주민과 손님과 손님과 손님을 연결하는 장소로, 갤러리, 행사, 마을 투어, 워크숍, 마을 가게 등을 로컬 문화를 체험하고 문화 창출에 참여하는 공간으로 활용한다. 운영자의 철학을 들어보자.

마을 전체를 호텔로 활용하는 하나레 호텔 로비

에이스호텔의 시그니처 라운지

"마을스테이란 지역의 고유한 정체성을 지닌 건물에서 하루를 지내고, 이름난 맛집보다는 주민들이 즐겨 찾는 동네 식당과 가게를 찾는 여행이다. 지역 예술가, 작가, 교류할 수 있는 공방과 갤러리, 동네 책방에서 지역주민과 교류하고 커뮤니티의 일원이 된다. 친구가 된다."

_마을스테이 제민천 홈페이지

거리를 넘어 지역을 바꾸는
커뮤니티 호텔

호텔산업도 로컬 문화 체험 프로그램과 주민과 여행객이 교류할 수 있는 라운지를 운영하는 커뮤니티 호텔로 고객의 지역문화 수요에 대응한다. 대표적인 커뮤니티 호텔 모델이 미국 포틀랜드에 본사를 둔 에이스호텔이다. 동네 라운지를 표방하는 이 호텔은 힙한 도시라면 하나쯤 있어야 하는 앵커시설로 떠올랐다.

에이스호텔은 도시를 살리는 호텔로도 알려져 있다. 호텔이 들어서면 호텔 주변으로 몰려드는 호텔 취향과 비슷한 가게들이 상권을 활성화한다. 스타벅스가 한 거리를 바꾼다면, 에이스호텔은 동네 전체를 바꾸는 것이다.

에이스호텔의 매력은 로컬 문화 체험이다. 입지 선정, 스토리텔링, 인테리어, 레스토랑과 바 메뉴 등 거의 모든 영역에서 로컬 예술가, 크리에이터와 협업한다. 고객이 한 곳에서 지역문화를 체험할 수 있도록 호텔을 디자인한다. 이 호텔의 상징은 라운지다. 라운지 전체를 꽉 채우는 소파와 테이블을 설치해 고객과 지역주민이 교류하고 소통하는 공간을 만든다. 주민은 라운지에서 여유롭게 일상을 즐기고, 고객은 주민과 소통하며 현지인같이 지낼 수 있다.

피츠버그의 에이스호텔도 역사와 건축 자원이 풍부하지만 경제적으로 쇠락한 이스트 리버티East Liberty 지역에 진출했다. 이 지역은 에이스호텔이 2015년 오픈한 후 피츠버그의 새로운 재생 지역이 됐다. 매력적인 가게뿐 아니라 구글 오피스, 스타트업이 몰리는, 문화와 산업이 선순환하는 창조도시로 전환했다.

에이스호텔 팬에게는 아쉽게도 2020년 기준 에이스호텔은 전 세계에 11곳에 불과하다. 미국이 8곳, 영국 1곳, 파나마 1곳이다. 아시아에서는 일본 교토가 이 호텔을 처음으로 유치해 2020년 6월 오픈했다. 커뮤니티 기반을 구축해야 하는 에이스호텔은 단기간에 매장을 늘리지 못한다. 현재 전체 매장 수는 1~2년마다 하나씩 증가하는 추세다.

한국에서도 커뮤니티 호텔을 지향하는 기업이 나오고 있다. 제주 성산에서 시작한 플레이스캠프는 20~30대 취향의 숙박과 상업시설뿐 아니라 다양한 로컬 콘텐츠를 제공하는 것으로 유명하다. 대표적인 플레이스캠프 콘텐츠가 체험이다. 미술, 요가, 글쓰기, 칵테일 만들기, 아웃도어, 해양스포츠 등 지역자원과 호텔 시설을 활용한 다양한 체험 프로그램을 운영한다. 지역 크리에이터들이 참여하는 토요일 플리마켓도 지역주민과 호텔 투숙객에게 인기다.

플레이스캠프는 또한 호텔 단지 안에 매력적인 골목상권을 운영한다. 커피전문점, 카페, 베이커리, 편집숍, 라이브 뮤직바, 이

자카야, 파스타 전문점, 만두 전문점 등 골목상권을 대표하는 업종의 가게들이 입점했다. 아름다운 제주 자연 속에서 제주 문화와 더불어 매력적인 도시문화를 즐길 수 있는 인프라를 구축한 것이다.

플레이스캠프만이 아니다. 지역 커뮤니티와 연결된 참여형 프로그램과 숙박의 결합은 제주에서 시작해 전국 체인망을 구축하는 20~30대 여행자를 위한 글로벌 호스텔 베드라디오, 속초 시외버스터미널 부근의 작은 골목에서 골목 가게를 연결한 거리를 조성하고 속초 라이프스타일을 제안하는 호스텔 소호259, 서핑, 아프리카 댄스, 요가와 체험 프로그램과 강릉의 두부를 활용한 식품을 식탁에 올리는 게스트하우스 위크엔더스의 철학이기도 하다.

체험 경제가 확대되면서 공유숙박, 마을호텔, 커뮤니티 호텔은 지역의 새로운 성장산업으로 부상했다. 진정한 현지 문화 체험을 제공하는 것은 지역 커뮤니티와 로컬 크리에이터의 몫이다. 아무리 자본력이 큰 대기업이라도 지역마다 지역문화를 구현하는 호텔을 건설하기 어렵다. 지자체도 해외 테마파크 등 지역문화와 동떨어진 관광시설의 유치보다는 지역자원의 개발로 승부해야 한다. 미래의 관광자원은 인공적인 관광단지가 아닌 지역의 있는 그대로의 생활문화다.

로컬 편집숍,
로컬의 플랫폼이 되다

로컬이 발전하면 자연스럽게 증가할 업종이 로컬 브랜드 편집숍이다. 전 세계 어느 도시를 가도 메이드 인 시드니Made in Sydney, 포틀랜드 메이드Portland Made 등 로컬 상품을 모아 놓은 기념품 상점을 공항과 주요 관광지에서 쉽게 발견할 수 있다.

로컬 브랜드가 강한 미국 포틀랜드에서는 포틀랜드 메이드, 메이드 인 오리건Made in Oregon, 텐더 러빙 엠파이어Tender Loving Empire 등 다양한 민간과 공공 편집숍이 중심지뿐 아니라 일반 동네 상권에서도 활발하게 영업한다. 로컬 브랜드가 여행자뿐 아니라 주민들에게도 인기가 있단 걸 알 수 있다. 포틀랜드의 로컬 편집숍에는 전통적인 특산물만 있는 것이 아니다. 패션, 가구, 디자인 소품, 음식 등 그 동네에서만 살 수 있는 로컬 브랜드를 한 곳에 모아 판매한다.

로컬 편집숍의 전형

로컬 편집숍의 전형은 일본의 디앤디파트먼트다. 이 기업은 한 지역에 입점하면 그 지역의 오래된 브랜드를 수집하는데 길게는 50년 이상 된 브랜드도 있다. 일반적으로 매장 구성의 반은 그 지역에서 온 것이고 나머지 반은 일본 전역에서 수집한다. 매장은 '롱 라이프 디자인'이 담긴 지역의 물건에 현대적 감각을 더해 제작자의 생각을 전하는 가게로서 오래도록 사랑받은 지역의 일, 물건을 소개, 지역주민들이 롱 라이프 디자인을 즐기는 교류의 장으로 기능한다.

창업자 나카오카 겐메이는 2000년 도쿄 세타가야에 첫 디앤디파트먼트 프로젝트를 수행했다. 지역의 개성을 이해하는 장소로서 47개 도도부현에 설립하는 것이 목표다. 그는 이곳을 "일본 개성에 대한 이해와 발전을 위한 네트워크"이자 "디자인이라는 젊은 감성이 존재하는 관광안내소 같은 잡화점"으로 설명한다.

디앤디파트먼트가 한국에서 처음으로 진출한 지역은 서울 한남동이다. 한국에서도 오래된 생활용품을 판매하며 제품의 반을 한국에서 조달하고, 나머지 반은 일본에서 수입한다. 디앤디파트먼트가 한국에서 수집한 50년 이상 된 로컬 브랜드는 말표 구두약, 모나미 볼펜, 아피스 만년필 등이다.

필자는 한국에서 만년필이 생산된다는 사실을 그곳에서 처음 알았다. 대학 본부에서 일하면서 외국 손님이 오면 학교 마크를 찍은 독일제 라미펜을 선물했는데 한국제 만년필이 아닌 것이 왠지 창피하게 느껴졌다. 아피스 만년필은 1970년대 300만 개의 만년필을 팔았고 배우 정윤희를 광고 모델로 고용할 정도로 규모

디앤디파트먼트 한남점이 선정한 부산 아피스 만년필

가 큰 회사였다고 한다. 지금은 생산을 중단했지만 부산 남부민
동에 가면 아피스 거리로 불리는 생산 시설이 근대 문화유산으로
남아있다. 2021년 3월 기준, 아피스 만년필은 재고 소진으로 더
이상 디앤디파트먼트 매장에서 판매되진 않는다.

왜 아피스 만년필의 존재를 몰랐을까 자책하면서 제품 관
련 기사를 검색하니 이 만년필에 대한 감동적인 스토리를 찾았다.
2001년 8월 23일 〈매일경제〉 기사다. 제목은 "구제금융 땐 외제
만년필 졸업장엔 국산으로 서명… 몽블랑 VS 아피스"다.

"1997년 11월 21일 임창열 당시 부총리 겸 재정경제원 장관
은 프랑스제 몽블랑 만년필로 IMF 구제금융 신청서에 서명
했다. 그로부터 3년 9개월 뒤인 2001년 8월 22일. 전철환 한

국은행 총재는 IMF 졸업장이라 할 차입금 최종 상환 결재 서류에 서명하면서 국산 아피스 만년필(상표명 임페리얼)을 썼다. 아피스 만년필은 한은의 화폐금융박물관에 모셔진다. 전 총재는 "정말로 감개가 무량하다"며 자신이 서명한 결재 서류와 만년필을 한은 박물관에 전시해 두고두고 기념토록 하겠다고 말했다. 이 만년필은 전 총재가 "역사 깊은 서명"을 위해 특별히 국산으로 준비토록 지시해 마련된 것이다. 비서실 관계자는 "서명용 만년필을 주문했더니 아피스 측이 IMF 졸업 서명을 위해 쓴다면 무상으로 기증하겠다고 해 그 의사를 존중해 받았다"라고 설명했다. 수십만 원대를 호가하는 몽블랑으로 IMF체제를 시작했지만 5만 원짜리 국산 만년필로 졸업한 셈이다. 한은의 한 관계자는 "IMF체제 3년 9개월은 국민들의 생활과 의식 속에 서명용 만년필만큼이나 커다란 변화를 몰고 왔다"라고 촌평했다."

일본 기업이 우리가 잊어버린 오래된 브랜드들을 다시 소개한다는 것은 어떻게 보면 속상한 일이다. 지금부터라도 로컬 브랜드숍을 통해 한국의 오래된 브랜드를 중시하는 문화를 살려야 한다.

대기업과 소상공인의 상생

탈산업화의 여파로 무엇을 하던 개성과 특색을 내세워야 하는 시대가 왔다. 한국에서도 로컬 브랜드를 소개하는 편집숍이 늘어나는 추세다. 2016년 봄 인스토어 탑동, 2017년 6월 인스토어 중문,

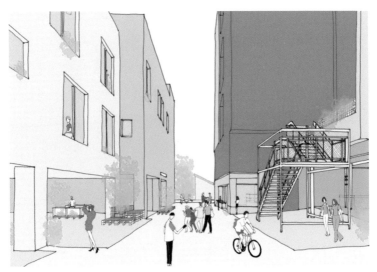

제주시 탑동 아라리오타운 조감도(ⓒSchemata Architects)

2018년 11월 사계생활 등 제주에서 3개의 로컬 편집숍을 운영하
는 로컬 콘텐츠 그룹 재주상회가 로컬 편집숍 시장을 주도한다.
매장들 중 가장 큰 편집숍이 서귀포 사계리에 위치한 '사계생활'
이다. 단순히 있는 브랜드를 모으는 것이 아니다. 로컬 브랜드를
적극적으로 발굴하고 일부는 OEM 방식으로 위탁 생산하는 등
로컬 브랜드의 플랫폼 기능을 수행한다. 제주 매거진 〈iiin〉을 발
행하는 로컬 콘텐츠 크리에이터가 로컬 편집숍을 통해 로컬 플랫
폼 비즈니스를 시작한 것이다.

　전통적인 대량생산 대량소비 산업인 유통과 건설업도 로
컬 브랜드 판매를 늘린다. 제주시 탑동 이마트 매장에서도 로컬
과 제주 사인을 만날 수 있다. 관광지에서 영업하는 이마트 탑동

점은 관광객이 제주도에서 무엇을 사야 하는지를 소개해야 한다. 적극적으로 로컬 브랜드를 수집해 농산물, 유제품, 식가공 제품뿐 아니라 로컬 디자인 상품도 같이 판매하는 이유다.

대기업이 아무리 지역화해도 지역 마케팅을 위해서는 로컬 브랜드에 의존할 수밖에 없다. 로컬 브랜드에 대한 수요가 높다 보니 요즘 알려진 로컬 브랜드를 가진 사업자는 매우 바쁘게 활동한다. 여기저기서 컬래버 요청을 받는다. 대기업이 로컬 맛집을 유치하는 것은 전국적으로 익숙한 현상이 됐다. 로컬 맛집으로 시작된 로컬 브랜드 입점이 수제 맥주, 전통주, 디자인 상품까지 확대되고 있는 것이다.

그런데 아쉽게도 이들에게 러브콜을 보내는 기업은 대부분 전국 기업이다. 정작 지역 기업은 전국 기업의 대량생산 대량소비 시스템을 따라가느라 로컬 브랜드에 관심이 없다. 탑동에서도 로컬을 외치는 슈퍼마켓은 이마트지 제주에서 가장 큰 지역 슈퍼마켓인 마트로가 아니다.

디앤디파트먼트가 견인하는 아라리오타운

디앤디파트먼트 매장을 제주로 유치한 기업 또한 천안 기반 외지 기업 아라리오뮤지엄이다. 디앤디파트먼트 유치는 현재 진행되는 아라리오타운 프로젝트의 일환이다. 2014년 제주 탑동에 4개의 미술관과 미술관 주변에 4개 상업시설을 오픈한 1단계 도시재생사업을 시작한 아라리오뮤지엄은 2020년 5월 2단계 사업으로 상업시설, 호텔, 창업 지원 시설을 포함한 작은 도시를 건설하는 아라리오타운 프로젝트를 가동했다. 세계 도시재생 역사상 민간 미술관이 한 지역을 작은 도시로 재생한 유일한 사례로 기록될 것이다.

2014년 10월에 오픈한 1세대 가게는 에이팩토리 베이커리, 에이팩토리 카페, 일이탈리아노, 탑동 왕돈까스다. 아라리오가 직영하지 않았지만 초기부터 맥파이 매장이 입점했었고, 비밥스 매장이 길 건너 있었다. 캘리포니아 풍의 패션 편집숍 비밥스가 동네와 잘 어울렸다.

2016년 당시 필자는 1단계 사업을 아라리오길 조성이라고 불렀다. 그때 아라리오가 만든 지도를 보면 사업의 규모를 알 수 있다. 2단계 사업의 가장 큰 변화는 단지 내 골목길의 조성이다. 아라리오길이 대로변에 뮤지엄과 상업시설에 배치했다면, 아라리오타운은 골목길을 만들고, 골목길로 이어진 타운을 조성했다. 아라리오뮤지엄이 제공한 조감도에서 볼 수 있듯이 골목길이 아라리오타운 프로젝트의 핵심이다.

앵커시설도 이제 투톱 시스템이다. 아라리오뮤지엄과 더불어 편집숍, 식당, 스테이를 운영하는 디앤디파트먼트가 투톱이다. 제주 지역발전 차원에서 주목해야 할 시설이 디앤디파트먼트 편집숍이다. 매장을 둘러보니 1/3이 제주 브랜드, 2/3이 일본 브랜드였다. 일본 브랜드도 디앤디파트먼트가 추구하는 '롱 라이프 디자인' 브랜드다. 오랫동안 유지된 브랜드만 찾다 보니 로컬 브랜드 발굴이 여간 어려운 일이 아니다. 그래서 제주 브랜드는 주로 공예, 식가공 제품 중심으로 편집했다고 한다.

아라리오타운 프로젝트의 기본 콘셉트는 '로컬 편집숍이 앵커하는 로컬 플랫폼'이다. 도시재생을 통해 낙후 건물을 재생하고 이를 통해 관광객을 유치하는 것에 그치지 않고 로컬 브랜드의 창업과 해외 진출을 지원하는 플랫폼을 건설할 가능성을 보여주는 중요한 사례다. 디앤디파트먼트 편집숍의 개장으로 제주 로컬 브랜드는 새로운 플랫폼을 얻었다. 앞으로 많은 제주 브랜드가 이 플랫폼을 통해 전국, 세계로 진출할 것으로 예상된다.

한국에서 편집숍 기반 로컬 브랜드 플랫폼이 활성화되려면 한국의 대기업과 지자체의 생각이 바뀌어야 한다. 유통과 호텔 분야의 한국 대기업이 선진국 수준으로 발전하려면 한국의 로컬 브랜드가 더 풍부해야 한다는 사실을 인정해야 한다. 로컬 브랜드가 충분하지 않으면 유통과 여행을 통해 외국 관광객에게 한국의 매력을 보여주기 어렵다.

대기업이 문화 정체성 구현을 위해 로컬 브랜드를 지원하고 이들과 협업하는 것, 이것이 진정한 상생이다. 대형마트의 영업 시간을 제한하거나 대기업이 '노브랜드'와 같은 플랫폼으로 소상공인 제품의 판로를 열어주는 등의 방식은 지속가능하지 않다.

필자는 지자체 강연에서 로컬 브랜드의 중요성을 계속 강조한다. 지역의 미래는 로컬 브랜드다. 중앙 산업을 지원하는 지역의 교육과 투자는 현재 수준이면 충분하다. 여유 자원은 지역다운 산업을 개척하는 로컬 크리에이터 인재 육성에 투입해야 한다. 그렇다면 지역다움이 무엇인가. 다른 지역이 못하는 비즈니스가 지역다운 비즈니스다. 다행히 대기업과 지차제의 사고와 별개로 로컬 경제가 확장하고 있다. 현재 추세가 이어진다면 머지않은 장래에 로컬 브랜드 육성에 적극적으로 나서는 대기업과 지자체를 쉽게 만날 수 있을 것이다.

07

로컬 푸드 운동을 선도하는
로컬 크리에이터들

로컬 브랜드를 타 지역이 복사할 수 없는 콘텐츠를 기반해 창업한 기업으로 정의한다면, 로컬 푸드만큼 로컬 브랜드 창업에 적합한 콘텐츠는 찾기 어렵다. 아무리 한국이 작은 나라라고 해도 기후와 지리의 차이로 전국의 모든 지역이 그 지역 고유의 식자재와 식문화를 보유하고 있기 때문이다.

로컬 운동의 차원에서도 로컬 푸드는 중요하다. 전 세계적으로 로컬 운동은 친환경과 로컬 푸드 양축으로 움직인다. 두 분야가 독립적인 분야는 아니다. 많은 환경단체가 로컬 푸드를 환경 운동으로 이해하고 이를 적극적으로 지원한다. 미국 북서부 환경단체 에코트러스트EcoTrust가 로컬 푸드 생산과 유통, 그리고 로컬 푸드를 전문으로 하는 식당을 지원하는 시설을 운영하는 것이 대표적인 사례다.

창업 생태계 차원에서도 환경단체의 지원은 중요하다. 지역

상권에서 독립 식당은 확장성의 제약으로 전통적인 벤처 캐피털 투자를 받기가 어렵다. 사회적 가치에 투자하는 임팩트 투자사가 참여할 수 있는데 임팩트 투자자 중 환경단체가 로컬 푸드에 적극적으로 투자할 유인이 있다. 로컬 푸드 로컬 크리에이터는 이처럼 환경단체와 로컬 푸드 산업의 협업에서 새로운 기회를 찾을 수 있다.

한국에서도 건강하고 안전한 먹거리를 식탁에 올리기 위해 지역 농산물, 이른바 로컬 푸드를 소비하는 이들이 늘고 있다. 가정에서뿐만 아니라, 많은 식당이 농산물 원산지와 재배자 이름을 표기하고 있으며, 농장에서 직접 재배한 채소를 대접하는 '팜투테이블Farm to Table' 식당도 인기다.

세종시, 완주군 등 도농지역에서는 로컬 푸드 산업을 지역 차원에서 전략적으로 육성하고, 국회도 이를 활성화하기 위해 2015년 '지역농산물 이용 촉진법'을 통과시켰다. 문재인 정부도 로컬 푸드 확산을 100대 국정 과제로 선정, 다양한 정책을 내놓고 있다. 그 덕분인지 전국 220여 개의 로컬 푸드 직매장을 보유한 로컬 푸드 산업이 농산물 유통의 8%를 담당한다.

한국 상황에서 정부의 적극적인 개입이 필요하지만, 정부 주도의 유통 시스템으로 충분한지는 더 논의해야 한다. 로컬 푸드 운동을 지속가능하게 만들려면, 민간이 중심적 역할을 해야 한다. 미국의 경우 ① 로컬 푸드 파인 다이닝, ② 유기농 슈퍼마켓, 그리고 ③ 로컬 푸드 상권이 로컬 푸드 확산을 주도했다.

로컬 푸드 파인 다이닝

미국의 '바른 음식 먹기'는 누가 시작한 것일까. 새로운 도시문화 트렌드를 선도하는 뉴요커나 친환경 소비를 옹호하는 시민단체가 가장 먼저 떠오를 것이다. 그러나 주인공은 샌프란시스코 근교 작은 도시 버클리의 자영업자다.

1971년, 버클리의 가정주부였던 앨리스 워터스Alice Waters가 개업한 프랑스 음식점 '셰파니스Chez Panisse'는 시작부터 평범하지 않았다. 워터스가 신선하고 좋은 품질의 식자재를 구매하기 위해 기존 농산물 유통 시장을 거부했기 때문이다. 그녀는 지역농장의 생산자와 직접 거래하며 양질의 유기농산물을 확보했다. 유기농 재료를 고집하는 그녀의 경영 방식은 소비자의 호응을 얻으며 로컬 푸드 운동으로 확산됐다.

앨리스 워터스가 운영하는 샌프란시스코 교외 버클리 시 소재 프랑스 음식점
셰파니스에 걸려있는 유기농 급식 홍보 포스터

이후 워터스는 '음식은 정치다'라고 주장하며 버클리 지역의 로컬 푸드 운동을 이끌어 나갔다. 그녀는 단순히 식당을 경영하는 데 그치지 않고, 1996년 셰파니스재단을 설립해 학교를 대상으로 건강한 음식문화 교육을 시작했다. 버클리 지역 공립학교는 재단의 지원을 받아 교과과정의 일부로 음식에 대해 가르치고 있다. 학생들은 교내 텃밭에서 직접 재배한 채소를 활용해 요리를 체험한다. 농산물 그림과 자료는 수학, 과학 등 다른 과목의 수업 교재로도 사용된다. 유기농산물로 만든 급식을 제공하는 재단 사업은 청소년 비만 문제를 해결하기 위해 오바마 전 미국 대통령의 부인 미셸 오바마가 시작한 '렛츠 무브Let's Move' 운동의 모델이 됐다.

한국에서도 변화가 시작됐다. 요리 과정을 방송하는 프로그램, 소위 쿡방이 인기를 끌면서 음식 문화에 대한 관심이 높아졌다. 스타 셰프 등 음식산업 종사자가 음식을 통해 사회적 영향력을 행사할 수 있는 환경이 조성된 것이다. 양평의 프란로칼, 시흥의 바오스앤밥스, 제주 안덕의 iiin테이블:사계부엌, 옥수동 로컬릿 등 지역의 로컬 푸드 운동을 선도하는 팜투테이블 식당이 주목을 받기 시작했다.

유기농 슈퍼마켓

미국 유통시장에서 로컬 푸드를 개척한 사업가는 파머스마켓과 생협Co-op이다. 파머스마켓이 로컬 푸드 중심으로 운영된다면, 생협의 중심 상품은 유기농과 로컬 푸드다. 생협 모델을 대기업화한 기업은 1980년 미국 오스틴에서 창업한 유기농 슈퍼마켓 홀푸드마켓이다.

홀푸드마켓의 성공으로 트레이더조스Trader Joe's와 같은 전국
단위 유기농 슈퍼마켓과 포틀랜드 뉴시즌스마켓과 같은 지역단
위 유기농 슈퍼마켓이 시장에 진입했고 월마트, 세이프웨이 등 기
존 슈퍼마켓도 유기농과 로컬 푸드 판매를 대폭 확대했다. 현재
미국의 로컬 푸드 슈퍼마켓 시장은 이렇게 전국 단위 유기농 슈퍼
마켓, 지역단위 유기농 슈퍼마켓, 일반 슈퍼마켓으로 삼분됐다.

한국에도 한살림, 초록마을, 올가 등 유기농 슈퍼마켓이 영
업한다. 미국과 달리 이들은 로컬 푸드 시장에 아직 진입하지 않
고 있다. 한국에서 로컬 푸드의 대중화는 유기농 슈퍼마켓이 로
컬 푸드 마켓으로 전환하고, 대형마트가 로컬 푸드 판매를 확대
해야 가능하다.

로컬 푸드 마켓과 상권

소규모 로컬 푸드 생산자와 소비자에게 추가적으로 필요한 것이
있다면 버클리와 같은 공동 무대일지 모른다. 직매장, 레스토랑
등 단일 매장으로는 로컬 푸드를 '붐업'하기 역부족일지 모른다.
유기농 음식점과 마켓이 모여 있는 버클리의 고메게토와 같은 거
리에 로컬 푸드 관련 상업시설을 집중할 필요가 있다.

현재 한국에서도 혜화동 마르쉐, 양평 리버마켓, 연희동 채
우장 등의 직거래 시장이 로컬 푸드 유통의 빈 공간을 메꾸고 있
다. 이들이 상설시장이 되면 이들 중심으로 로컬 푸드 상권이 형
성될 가능성도 있다. 과연 한국의 어느 도시가 로컬 푸드 상권을
조성해 음식으로 세상을 바꾸려는 청년 창업가의 새 터전이 될지
무척 궁금해진다.

하나의 대안을 보여주는 사례가 연희동 '유어보틀위크'다. 제로웨이스트 장터 채우장, 카페 보틀라운지, 포인트 적립앱 제로클럽을 운영하는 보틀팩토리가 2018년 시작한 동네 제로웨이스트 축제다. 축제 기간 동안 참여 가게에서는 물건을 살때 일회용품 없이 개인 용기를 사용한다. 2020년에는 연희동 일대 50여 개 가게가 참여했다. 제로웨이스트 판매로 시작한 친환경 캠페인은 쉽게 유기농 또는 로컬 푸드 운동으로 발전할 수 있다.

딥택트 로컬 푸드의 가능성

로컬 푸드의 미래를 전망하는 데 있어 온라인과 오프라인의 융합을 의미하는 딥택트의 역할에도 주목해야 한다. 온라인 식품 유통은 기본적으로 배달 서비스 기반이다. 로컬 푸드 기업이 온라인 유통을 시작한다면 어떤 배달 서비스를 채택할 것인가?

로컬 푸드 기업은 현재 진행되는 전국 단위 배달 서비스 시장의 혁신에서 교훈을 얻을 수 있다. 현재 전국 단위 배달 서비스는 환경과 공동체 측면에서의 숙제를 풀지 못하고 있다. 포장 쓰레기와 탄소 배출 때문에 환경 문제를, 동네 상권과 상생하지 못하기 때문에 공동체 문제도 극복하지 못한다. 현재 배달 서비스 중에 이 두 문제를 해결할 유리한 위치에 있는 기업은 GS다. GS는 투 트랙으로 가고 있다. GS프레쉬를 통해 새벽 배송을, GS25 매장을 통해 도보 배달 기반 우리동네 딜리버리를 운영한다.

GS가 이 두 서비스를 통합하면 환경과 공동체 측면의 문제를 상당 수준 해소하는 동네배달 서비스를 운영할 수 있다. 즉, GS프레쉬에서 주문한 상품이 동네 GS25 매장으로 배달되면, 소비자가 걸어 나가서 아니면 우리동네 딜리버리를 통해 픽업할 수 있는 서비스를 말한다. 동네배달 서비스 하에서는 GS25 매장이 GS 프레쉬의 픽업 스테이션 기능을 한다.

동네배달 서비스가 환경과 공동체 기준을 완벽하게 만족하지는 않지만 전국 단위 배달 서비스보다 환경과 공동체에 대한 피해가 적다. 앞으로 더 혁신적인 로컬 기술이 나오면 GS 동네배달보다 환경과 공동체 기준을 더 높은 수준에서 만족하는 서비스도 가능할 것이다.

로컬 푸드의 생활화와 산업화 문제는 거대한 주제다. 농산물 유통의 구조와 현황, 로컬 푸드에 대한 시민의 의식, 로컬 푸드와 유기농과 건강식품의 관계 등 로컬 푸드 운동의 특징, 로컬 푸드 시장의 현황, 로컬 푸드 직매장, 학교 급식 등 정부 주도 프로그램의 가능성과 한계, 한살림 등 민간 사업자의 사업 모델과 경쟁력, 팜투테이블 레스토랑의 운영과 애로사항 등 많은 주제가 논의돼야 한다.

특히 정부의 로컬 푸드와 농산물 유통 정책을 설명할 수 있는 농업 전문가, 세종시, 완주 등 로컬 푸드 직매장을 운영하는 지자체의 실무 담당자, 유기농, 로컬 푸드 운동을 주도하는 시민단체 대표, 한살림 등 로컬 푸드를 산업화하는 기업의 대표, 팜투테이블 레스토랑 운영자 등 현장의 목소리가 중요하다.

정책 논의의 핵심은 방향성이다. 로컬 푸드의 대중화가 중요하다면, 먼저 로컬 푸드를 대중 트렌드로 만들어야 한다. 한국에서는 환경 트렌드가 어렵기 때문에 프리미엄과 가성비를 자극해야 한다. 로컬 푸드를 프리미엄 푸드나 저가 푸드로 산업화하는 것이다.

한국에서 성공 가능성이 높은 전략은 프리미엄 푸드화이며, 이를 주도할 수 있는 주체는 기업이다. 로컬 푸드 파인 다이닝, 유기농 슈퍼마켓, 로컬 푸드 마켓과 상권을 통해 로컬 푸드의 대중화를 이끌 로컬 크리에이터의 활약을 기대해본다.

08

서핑으로 도시를
먹여 살린다?

한국은 삼면이 바다인 해양 국가다. 부산, 인천, 울산, 포항, 군산, 목포, 강릉 등 주요 도시들도 대부분 해안에 위치한 항구 도시다. 한국 해안 도시의 경쟁력은 항만에만 있는 것이 아니다. 대부분의 항만 도시가 다양한 해양 스포츠를 즐길 수 있는 매력적인 해변을 보유하고 있다.

그러나 한국의 해안 도시가 고유의 해양성을 충분히 활용하고 있느냐고 묻는다면 그 대답은 회의적이다. 항구 도시들이 제시하는 해양성은 피부에 잘 와 닿지 않는다. 혹자는 물류산업과 수산업 등 해양산업이 항구 도시의 해양성을 드러낸다고 말하겠지만, 이런 산업은 이제 성장하는 산업의 범주에 속하지 않는다.

한국의 항구 도시가 자생적인 산업 기반을 구축하며 세계적인 기업을 수용하고 양성하려면 먼저 해양성을 바탕으로 한 라이프스타일을 개발해야 한다. 미국의 뉴욕과 샌프란시스코, 호주의 시드니 등 세계적인 항구 도시의 경쟁력은 해양산업에 있지 않다. 이들 모두 항구 도시 라이프스타일을 활용해 국제적으로 경쟁력 있는 서비스 산업과 하이테크 산업을 유치했다.

쉽게 생각해 볼 수 있는 항구 도시의 라이프스타일로 해양 스포츠 문화를 들 수 있다. 한국의 많은 항구 도시 역시 마리나 항만을 조성하는 등 해양 스포츠와 레저를 새로운 지역산업 비전으로 제시한다. 흥미로운 점은 그들이 주민이 아닌 관광객을 수요자로 인식한다는 사실이다. 항구 도시의 지도자들은 해양 스포츠에 투자하기에 앞서 과연 그 지역주민이 즐기지 않는 활동에 외지인이 참여하기를 원할지 자문해야 한다.

우리나라에서 주민이 적극적으로 참여하는 해양 스포츠를 통해 지역발전의 가능성을 보이는 곳을 꼽자면 서프surf 문화의 중심지로 떠오르는 강원도 양양을 들 수 있다. 이곳에서는 해마다 늘어나는 서퍼surfer와 그들을 위한 숙박시설, 상업시설이 어우러져 하나의 커뮤니티를 이루면서 일 년 내내 서핑을 즐길 수 있다.

양양의 서핑산업은 작은 산업이 아니다. 양양군은 서핑으로 인한 지역경제 유발효과를 300억 원으로 추정한다. 관내 13개 서핑 해변이 국내 서핑 인구의 45%에 해당하는 연 50만 명의 서핑 방문자를 유치한다. 전국 서프숍의 60%에 달하는 70개의 서프숍이 양양에 위치해 있다. 양양군의 가장 큰 지역 사업은 2019~2021년 진행되는 〈서핑 해양레저 특화지구 조성사업〉이다. 총 22억 원의 예산을 투입해 양양을 한국을 대표하는 서핑도시로 만들겠다는 야심찬 계획이다.

양양에서 정확하게 언제부터 서핑이 시작됐는지는 확실치 않다. 대략 2008년 즈음에 부산을 떠난 서퍼들이 파도가 높고 방파제가 없는 죽도해변에 몰리기 시작한 것이 시초로 알려져 있다. 시작된 시기는 불확실하지만 2013년 시점에는 양양군이 홍보할 정도로 서핑 중심지로 부상했다.

조용한 어촌마을에 관광객을 위한 시설이 처음 들어온 시기는 디셈버펜션이 개장한 2006년이다. 2009년 처음으로 서프숍이 입점했다. 서프숍 1호점은 지금도 운영되고 있는 동산항 블루코스트다. 이후 연이어 서퍼911 등이 죽도해변에서 오픈했다.

죽도해변은 해마다 늘어나는 서퍼들과 그들을 위한 숙박시설, 상업시설이 어우러져 하나의 공동체를 이룬다. 사람이 모여 살면서 자연스럽게 서핑마을이 형성됐다. 예상대로 내가 방문한 죽도해변의 골목길은 이미 서퍼들을 위한 시설들이 즐비한 서퍼 거리로 변신해 있었다.

서핑 마을은 동서로 3블록, 남북으로 2블록 규모의 작은 마을이다. 중심 도로는 북쪽 동산항구 입구에서 시작해 남단 인구초등학교에서 끝나는 인구중앙로다. 필자가 2017년 처음 죽도해변을 방문했을 때 이 길과 주변 도로에 단일 해변으로는 국내에서 가장 많은 15개의 서프숍들이 모여 있었다. 당시 죽도해변 서프숍 중 원주민이 운영하는 곳은 한 곳이고, 나머지는 외지인이 창업한 가게였다. 대부분 서핑이 좋아 직장을 떠나 타지에 가게를 연 사람들이었다. 2020년 기준 동산항 4곳, 죽도해변 16곳, 인구해변 6곳을 합쳐 대략 26곳 정도의 서프숍이 성업 중이다.

양양의 지역문화로 자리 잡고 있는 서핑

서피비치

서핑 장비를 빌려주고 초보자를 강습하는 서프숍은 제법 장사가 된다. 임대료와 강습료를 포함해 1인당 8만 원을 지불해야 하는 고객이 성수기가 되면, 하루 100명을 훌쩍 넘는다. 서프숍 하나가 800만 원 이상의 하루 수입을 올릴 수 있다.

2017년 이후 죽도해변에 인접한 인구해변에 서프숍을 비롯한 상업시설이 모여들기 시작했다. 일부에선 인구해변에 새롭게 형성된 거리를 양양과 경리단길의 합성어인 양리단길이라고 부른다. 전국적으로 확산되는 경리단식 골목상권이 양양으로 진출한 것이다.

서핑의 산업화

서핑산업을 주도하는 서프숍은 영세한 기업만 있는 것이 아니다. 양양의 서프문화가 산업으로 발전할 수 있는 가능성을 보여준 기업이 양양의 서프숍 중에서 연봉을 주는 유일한 곳, 주식회사 서피비치다. 이 기업은 피크 시즌에 정직원 20명을 포함 총 90명을 고용하고, 100억 원에 가까운 매출을 올리는 강소기업이다.

서피비치 박준규 대표는 해변에서 좋은 경험이 만들어졌으면 하는 바람으로 양양의 보라카이를 기획하고 2015년도에 서피비치를 만들었다. 서피비치의 영문명 'SURFYY'에 두 번 들어가는 Y는 양양을 의미한다.

바다에 있는 여러 개의 해먹이 서피비치의 시그니처다. 서피비치는 군사 지역이었던 일반인 통제구역을 풀어 이국적 분위기의 서핑 전용 해변을 조성해 저렴한 금액으로 젊은이가 동해에서 즐기기를 원해서 시작한 사업이다. 이후 서핑이 보편화되면서 서프스쿨을 만들었다. 2019년부터는 스쿠버 체험, 다이빙 등 프로그램도 하나씩 늘리는 중이다. 서핑이 회사의 중심은 아니다. 서핑은 바다에서 즐길 수 있는 어트랙션 중 하나고, 바다에서 할 수 있는 여러 일들을 즐길 수 있도록 서피비치는 기획 중이다.

강원도가 고향인 박준규 대표는 청년 시절 평창 스키장에서 아르바이트로 근무하면서 능력 유무에 상관없이 비수기에는 직원을 정리했다가 성수기에는 다시 고용하는 레저 업계의 비효율적인 인력 관리를 경험했다. 그래서 회사를 시작할 때부터 직원이 안정되게 근무할 수 있는 레저회사를 만들고자 했다. 정직원은 9개월을 근무하고 비수기인 12월부터 2월까지 3개월 동안은 유급휴가를 준다.

박준규 대표는 바다를 관광지로 볼 때 모래와 물을 본다고 한다. 물을 볼 땐 수심도 함께 본다. 한국의 모래는 알이 굵어 매우 우수한 모래라고 한다. 그러나 양양을 제외한 동해안이 관광지가 되기엔 이안류가 너무 세다. 바다는 쌓이고 깎이는 프로세스를 반복하는데 고성은 쌓이고 속초는 깎이기만 한다. 양양은 쌓이고 깎이는 게 반복되어 조건이 좋았다고 한다. 박준규 대표는 양양 외에도 고성의 송지, 양양의 하조대, 강릉의 경포와 금진, 동해의 망상, 삼척의 명사십리가 양양의 서핑비치처럼 성공할 가능성이 높다고 본다.

강원도 고성부터 삼척까지 160킬로미터 해변의 철조망이 해제된다면 서피비치처럼 해수욕장법에 위반되지 않는 해수욕장이 굉장히 많을 것이다. 박준규 대표는 제2, 제3의 서피비치의 가능성이 보이는 새로운 사업 기회를 젊은 청년들이 서피비치처럼 경쟁력 있는 해변으로 만들 수 있게 나누고자 한다. 이를 위해 청년 일자리 사업을 양양군청과 강원도청 양쪽에 제안했다. "현재 31개 정도의 적합한 장소가 있는데 이 중 10개가 넘는 곳이 군휴양소입니다. 제일 아름다운 해변은 군휴양지죠. 전체 해변이 50여 개 정도 되는데 경쟁력 있는 해변으로 만들 수 있는 곳이 31개가 있고 양양에도 6개가 있습니다. 저는 제가 했던 경험과 노하우를 살려서 젊은이들이 이런 새로운 시도를 하는 데 도움을 주고 싶습니다. 아름답고 재미있는 해변이 많아지면 좋겠어요."

앞으로의 확장 계획에 대해 물었더니 지금의 서피비치가 전체 사업 계획 총 4단계 중 1단계를 마친 상황이라고 한다. "1단계는 작은 이름 없는 해변에 이름이 생기게 하는 것이었어요. 해변에 이름이 생기면 50만 명이 오거든요." 이 목표는 이미 달성했기에 2단계에서는 200만 명 이상의 방문객 유치를 목표로 준비 중이다. 그 중 하나로 현재 해변 바깥쪽에 있는 라운지를 안쪽으로 옮기는 작업을 하려고 한다.

2단계에서는 서피비치를 외국의 라운지 시설(백사장 라운지 시설, 수영장, 파티하고 뷰를 보는 것 등)과 비슷하게 만들고 외국에서 운영하던 페스티벌을 한국에서 개최하는 것을 목표로 하고 있다. 앞으로 페스티벌을 두 번 열고, 현재 활용하고 있는 400m의 바다를 800m로 확장하며 라운지를 바다 안쪽에 넣고 시범사업을 통한 사업 경쟁력을 확보한 후 청년 창업 공모를 통한 사업을 진행할 예정이다. 백사장에서 책을 읽기에 적합한 서점, 시설, 작가 초청 등을 위해서 네이버와 곧 미팅을 가질 예정이기도 하다. 서피비치는 현재 방문객들에게 어떤 기억과 경험을 제공할지를 고민하고 있다.

3단계는 카라반 캠핑 대신 호텔 숙박을 가능케 하는 것이다. 마지막으로 4단계는 하나의 타운을 짓는 것이다. 호텔, 직원 숙소, 약국, 병원 등 타운이 생긴다면 연간 500만 명이 방문할 수 있을 것이다. 오늘도 박준규 대표는 서피비치를 중심으로 거리, 상권, 어메니티가 형성되는 서피타운을 향해 차근차근 준비해 나간다.

서피비치의 교훈은 명확하다. 해양 스포츠가 자생적인 지역 산업으로 발전하기 위해서는 우선 지역 내에서 해당 스포츠가 생활화돼야 하며, 이를 위한 생활 인프라 구축이 선행되어야 한다는 사실이다. 여름 한철 관광객을 위한 단기 시설로는 산업화를 이룰 수 없다.

해양 스포츠를 창업한 로컬 크리에이터의 야망도 도시만큼 원대해야 한다. 서피비치는 다른 서프숍과 달리 서프숍에서 머무르지 않고 하나의 서프 도시를 건설하겠다는 계획을 갖고 사업을 확장했다. 지역과 상생하는 로컬 크리에이터가 진입해야 한국에서 해양 스포츠가 지역산업으로 성장할 수 있음을 보여주는 사례다.

09

브랜드가 된 동네에
모여드는 인재들

《골목길 자본론》에서 필자는 서울 골목상권의 역사를 바탕으로 3단계 지역발전 모델을 제안했다. 골목상권에서 출발한 지역은 3단계를 거쳐 도시산업 생태계로 진화하는데, 그 과정은 이렇다. 골목상권이 들어서면 동네가 브랜드가 되고, 동네가 브랜드 되면 창조인재와 창조산업이 들어온다.

골목상권 모델로 성공한 대표적인 지역이 홍대다. 홍대에 골목상권이 들어선 시점은 2000년대 초반이다. 홍대가 골목상권을 기반으로 브랜드 동네가 되자 YG, 스타일난다, 애경 등 대기업과 중견기업이 그곳으로 이전하고 로컬 디자이너들이 젠틀몬스터, 로우로우 등 세계적으로 주목받는 디자인 기업을 창업했다. 성수 동도 골목상권을 기반으로 소셜벤처 메카로 자리 잡고 있다.

골목상권은 서울 원도심에 한정된 현상이 아니다. 서울의 다른 지역이나 지방 대도시의 원도심에서도 밀레니얼이 여행 가듯 찾는 골목상권을 쉽게 찾을 수 있다. 실제로 제주 탑동 아라리오 프로젝트 등 지방에서도 창조산업을 유치할 수준으로 발전한 골목상권이 나타나기 시작했다.

골목상권 모델이 지방 소도시나 도농 지역에서 성공할 수 있을지는 아직 두고 봐야 한다. 상권, 교육, 주거 등 생활 인프라가 열악한 지역에서 골목상권만으로 도시산업 생태계를 구축하기가 어렵기 때문이다. 하지만 소도시가 골목상권 모델을 포기할 필요는 없다. 현재 전국 여러 소도시에서 로컬 크리에이터가 상권 기반으로 창조적 커뮤니티를 조성하고 있다. 예컨대 거제 장승포에서 시도하는 지역 라이프스타일을 활용한 커뮤니티 구축이 소도시의 지역발전 모델이 될 수 있다.

거제의 '공유를위한창조'가 운영하는 아웃도어 커뮤니티 라운지 밖

10년 전에는 상상하기 어려웠던 일이 지금 거제에서 벌어지고 있다. 한국 조선업과 함께 승승장구하던 거제가 소멸을 걱정하는 평범한 지방 도시가 될 위험에 직면한 것이다. 현실적으로 조선업이 과거 수준으로 부활하기 어렵기 때문에 거제는 조선업을 대체할 수 있는 산업을 찾아야 하는 상황이다.

거제의 대안으로 부상하는 산업이 아웃도어다. 해변과 산이 끊임없이 이어지는 거제에서는 캠핑, 서핑, 낚시 등 모든 유형의 아웃도어 활동을 즐길 수 있다. 거제가 아웃도어 산업의 중심지로 자리 잡기 위해 필요한 것이 있다면 아웃도어 마니아를 거제로 유인할 수 있는 인프라다.

호텔, 케이블카, 캠핑장, 해안도로 등 하드웨어 인프라를 이야기하는 것이 아니다. 거제로 청년을 유인하고, 이들에게 로컬과 동네문화를 그들 정서와 감성에 맞게 소개할 수 있는 사람, 그리고 공간, 커뮤니티. 즉, 소프트웨어 인프라가 더 절실하다.

거제 아웃도어 산업의 개척을 위한 새로운 인재와 방식의 유입이 아쉬운 상황에서 부산에서 활동하는 로컬 크리에이터 그룹 '공유를위한창조'가 2019년 거제 장승포에서 '거제 아웃도어 라이프 프로젝트'를 시작했다. 베이스캠프가 위치한 곳은 장승포의 원도심, 일제 강점기 일본인들이 건설한 식민이주어촌 자리인 신부동이다. 신부동 거리의 작은 집을 개조해 아웃도어 라운지 '밨'을 운영하고, 바로 옆 일본식 주택을 로컬 코워킹 스페이스와 로컬 편집숍을 운영하기 위해 리모델링한다.

거제에서 아웃도어 라이프를 경험하고 싶은 사람은 이제 커뮤니티 라운지 밖에서 체크인하고, 흥남해수욕장 서핑 스폿 등 밖이 확보한 사이트에서 거제의 아웃도어를 즐기면 된다. 아웃도어 활동에 참여하는 사이사이에 거제도의 다양한 여가 생활을 제안하는 스토어 '라이프편집숍 여가'와 지역 창작자들의 작업 공간 '코워킹 스페이스 안'에서 운영자가 편집한 크리에이터 작품과 책, 그리고 창작자와의 교류를 통해 로컬과 동네문화를 체험할 수 있다. 밖 자체도 거제 아웃도어 라이프의 프런트 데스크이자 커피를 마시며 편하게 교류할 수 있는 '거실'이다.

공유를위한창조는 2단계로 아웃도어 여행자를 위한 마을스테이를 준비한다. 새로 공간을 매입하는 것보다는 공실이 많은 기존 게스트하우스, 모텔과 협업할 예정이다. 동시에 밖이 위치한 거리에 캠퍼를 위한 음식점, 캠핑장비를 임대하고 판매하는 상점, 캠핑장비를 손수 만드는 DIY숍을 유치할 예정이다. 밖에서 시작된 캠핑문화가 거리와 동네문화로 진화하는 것이다.

2단계 사업이 완성되면 장승포에 아웃도어 덕후가 직주락, 즉 일, 주거, 놀이를 한 곳에서 해결할 수 있는 '마이크로 타운'이 들어선다. 2단계 사업은 또한 장승포를 2박 3일이 가능한 여행지로 만들 것이다. 로컬 크리에이터가 구축한 인프라 덕분에 거제에서 한 곳에서 머무르면서 로컬 문화를 즐기는 밀레니얼의 동네 여행이 가능해지는 것이다.

공유를위한창조가 시작한 지역발전 궤적은 2단계로 끝나지 않는다. 거제에서 캠핑문화가 확산되면 거제에서 활동하는 캠핑장비 판매점과 생산자와 협업해 거제에 적합한 새로운 캠핑장비 라인의 생산을 추진할 계획이다. 라운지 브랜드로 시작한 밖이 본격적인 아웃도어 브랜드로 도약하는 순간이다. 캠핑문화가 캠핑 산업으로 발전하는 단계에서 새로운 창조인재와 창조기업이 거제로 유입될 것이다. 이때 공유를위한창조가 운영하는 코워킹 스페이스가 인재와 창업가 유치의 거점이 될 것이다.

로컬 크리에이터 패러다임

부산 영도의 RTBP, 서울 연희동의 어반플레이 등 다른 지역의 크리에이터들도 밀레니얼이 원하는 상업과 주거시설을 건설하고 그들을 위한 일자리를 창출하는 마이크로 타운을 건설한다. 거제 장승포가 다른 점은 지역이 특화할 하나의 산업, 즉 캠핑산업에 특화한 커뮤니티를 구축하는 방식이다. 캠핑은 낚시와 서핑과 더불어 많은 관광객을 거제로 유치하는 관광자원이다. 많은 조선산업 종사자들이 가족 단위 캠핑을 즐기고 다른 지역과 달리 거제가 노지 캠핑이 가능한 공간이 많다는 점에서 캠핑산업의 잠재력을 엿볼 수 있다.

마이크로 타운 사업은 로컬 크리에이터가 창조적 커뮤니티에 필요한 기본 인프라를 직접 구축하는 사업이다. 골목상권만 조성하는 것이 아니고, 여행지와 일자리 창출에 필요한 커뮤니티를 구축한다. 마이크로 타운 모델의 성장 과정은 일반 골목상권과 비슷하다.

1단계 골목상권, 2단계 동네 브랜드, 3단계 산업 생태계의 성장 순서를 따른다.

공유를위한창조가 다른 지역의 팀과 다른 점은 라이프스타일 비즈니스와 커뮤니티 비즈니스의 융합이다. 다른 지역이 포괄적인 도시문화를 바탕으로 커뮤니티를 구축한다면, 거제는 하나의 라이프스타일을 중심으로 활동하는 커뮤니티를 창조한다. 특정 라이프스타일의 선정은 도시 인프라가 부족한 환경에서는 불가피한 선택일지 모른다.

거제의 마이크로 타운 프로젝트는 이제 막 시작됐다. 이 프로젝트가 성공할 것으로 믿는 이유는 사람이다. 운영자들은 부산 초량동에서 주민과 함께 마을 게스트하우스 이바구캠프를 운영하면서 지식과 경험을 축적한 커뮤니티 디자인의 베테랑이다. 더 중요한 것은 이들이 진정으로 캠핑과 아웃도어를 사랑하고 생활에서 실천한다는 사실이다. 캠핑에 대한 확고한 철학과 이 철학을 커뮤니티와 방문자와 공유하려는 열정에서 공유를위한창조의 진정성과 차별성을 찾을 수 있다.

장승포 프로젝트의 비전을 다시 정리해보자. 마이크로타운 디벨로퍼 공유를위한창조가 아웃도어 라운지 밧을 중심으로 골목상권을 조성하고, 이 골목상권으로 지역을 2박 3일 체류가 가능한 여행지로 만들며, 골목상권과 여행 인프라가 구축한 동네 브랜드를 통해 거제의 캠핑산업을 개척할 창조인재와 창조기업을 유치하겠다는 것이다.

로컬 크리에이터 패러다임(크리에이터 중심의 지역발전)이 로컬 크리에이터 그룹 '공유를위한창조'가 거제에서 실험하는 모델이자 거제에 제시하는 거제의 미래다.

10

전통문화를 로컬 비즈니스로
만드는 3가지 전략

로컬 크리에이터가 쉽게 접근할 수 있는 로컬 콘텐츠로는 무엇이 있을까? 전통적인 지역산업 관점에서 보면 전통문화를 가장 먼저 떠올릴 수 있다. 지역에 갔을 때 전통문화만큼 지자체가 적극적으로 홍보하는 문화자원을 찾기 어렵다. 이런 영향 때문인지 많은 사람들이 국내 여행과 역사문화 여행을 동일시하는 경향이 있다. 기성세대에게는 유홍준의 《나의 문화유산 답사기》가 실질적인 지역 여행 가이드북이다.

실제로 최근까지 전통문화는 관광산업을 포함한 지역산업의 중요한 소재로 활용됐다. 2000년대 초반 전주와 서울 북촌에서 시작된 한옥마을 열풍은 전국의 수많은 한옥마을 조성 사업으로 이어졌다. 한옥마을의 성공에 힘입어 정부는 2000년대 중반 한식, 한지, 한자, 한복, 한방을 포함한 전통문화 전체를 '한韓 스타일'로 브랜딩해 새로운 관광자원으로 활용하기 시작했다.

그렇다면 전통문화에서 새로운 기회를 찾고자 하는 로컬 크리에이터는 전통문화를 어떻게 활용해야 하는가? 이를 위해서는 전통문화의 가치에 대한 정확한 이해가 필요하다. 현재 시장에서 관찰할 수 있는 전통문화 비즈니스 모델은 크게 헤리티지 비즈니스, 레트로 스타일, 전통기술 복원 등 세 가지로 분류할 수 있다.

헤리티지 비즈니스

모든 지역과 도시가 개성과 다양성으로 경쟁하는 시대다. 체험 경제의 도래로 여행자는 가는 곳마다 다른 도시가 제공할 수 없는 경험과 서비스를 원한다. 한 도시의 관광 경쟁력은 그 도시가 얼마나 정체성과 진정성을 잘 개발해 이를 소비자에게 전달하느냐에 달려 있다고 해도 과언이 아니다.

정체성의 중요성을 가장 잘 이해하는 업계가 호텔이다. 현대 중공업은 2015년 6월 강릉에 6성급 '씨마크 호텔'을 개장했다. 이 호텔이 자랑하는 시설 중 하나는 한옥 스위트 객실인 '호원재'다. 호텔 측은 "품격 있는 휴식과 전통문화를 경험할 수 있는 최고급 한옥 객실을 선보이기 위해" 호원재를 운영한다고 설명했다. 비슷한 시기에 앰배서더더호텔 그룹은 인천 송도에 건물 전체가 한옥인 '경원재 앰배서더더호텔'을 오픈했다. 2만 8,000제곱미터의 넓은 부지에 총 30개 객실을 갖춘 객실동과 영빈관, 한식당 건물로 구성된 이 호텔은 한옥호텔로서는 전국 최대 규모를 자랑한다. 호텔신라도 장충동 부지에 대규모 한옥호텔의 건립을 추진하고 있다. 최고급 호텔이 한옥 건물을 신축하는 이유는 외국인 관광객이 한옥을 선호하기 때문이다. 현지 문화를 경험하고 싶어 하는 외국인 여행객들은 한옥에서 숙박을 하며 한국 문화를 체험하고 자 한다.

대기업뿐만이 아니다. 서울 북촌, 안동, 전주 등 전국 곳곳에 서 한옥 게스트하우스(한옥스테이)가 지역 여행산업을 주도한다. 한옥스테이를 처음 관광 상품으로 개발한 곳은 전통문화가 강하 고 한옥 자원이 풍부한 안동이다. 외국인이 한옥호텔을 선호하는 것처럼 지역을 방문하는 외국인이나 밀레니얼 세대는 지역 한옥 에서 전통문화와 그 지역의 생활문화를 체험하고 싶어 한다. 한 옥스테이 수요에 부응하기 위해 정부도 한옥 건축을 지원하는 등 적극적으로 지원 정책을 펼치고 있다.

한옥스테이를 기반으로 마을호텔 모델을 구축하는 사업자 도 늘고 있는데 대표적인 사례가 공주 '봉황재'다. 권오상 봉황재 대표는 정부 지원을 받아 공주 제민천 원도심 지역에서 한옥을 건축한 후, 한옥 스테이를 거점으로 로컬 크리에이터를 연결하고 새로운 사업자를 유치해 2박 3일 체류가 가능한 도시 여행 인프 라를 구축한다. 전근대, 근대, 탈근대를 포괄하는 풍부한 공주의 문화자원을 한옥스테이를 중심으로 새로운 정체성 비즈니스 모 델로 개척한 사례로 평가할 수 있다.

전통공예 테마로 공예마을을 조성하는 사업도 시작됐다. 부 여 규암리에서 공예 장인의 공방을 유치해 공예마을 자온길을 조 성하는 '세간'이다. 박경아 세간 대표는 금강변 옛 포구 규암리에 10여 개의 전통공예 기반 공간을 기획한다. 공예 작가들이 둥지 내몰림을 걱정하지 않고 오랫동안 동네와 성장할 수 있는 공간을 조성하는 게 목표다. 2021년 2월 기준 완성된 공간은 책방세간, 백

부여 규암리 공예마을 자온길의 로컬숍

년한옥 스테이 이안당, 로컬 레스토랑 매화에 물주거라, 섬유공예
공방 규방산책, 금강사진관, 공예상점 편지, 카페 수월옥 등 7개다.
전통문화를 하나의 의식주 패키지로 경험할 수 있는 전통문화산
업화의 정석이다.

레트로 스타일

전통문화를 상품화하는 방법의 하나가 밀레니얼에게 어필하
는 레트로와 뉴트로 트렌드 디자인이다. 2010년대 이후 한옥,
1970년대 단독주택, 사진관, 흑백사진 등 밀레니얼 사이에서 복
고풍 디자인과 패션이 유행이다. 'New'와 'Retro'를 합친 신조어
인 뉴트로는 레트로와 비슷한 개념이지만, 차이는 옛것을 그대로
복원하는 것이 아니라 이를 밀레니얼 감성에 맞게 새롭게 해석한

다는 의미를 담고 있다.

레트로는 전 세계적인 현상이다. 도쿄 도시문화를 대표하는 라이프스타일 편집숍 빔스도 레트로 테마로 매장을 구성한다. 2019년 여름 신주쿠 플래그십 스토어를 방문했었는데 매장 구성을 보면 빔스도 전통과 로컬에서 미래를 찾는다고 해도 과언이 아니다. 매장 건물이 7층인데 6층과 7층 두 개 층이 빔스의 전통적인 '아메리칸 트래디셔널American Traditional' 스타일 매장이다. 나머지 5개 층의 테마는 로컬, 전통, 공예, 대중문화 그리고 일본식 양복이다.

한국에서 전통문화 레트로 트렌드를 이끄는 분야는 한복이다. 전국의 한옥마을과 고궁에서 새롭게 해석한 한복을 입고 거리를 거니는 밀레니얼과 외국인 관광객을 흔히 볼 수 있다. 한복 대여 사업의 시작은 2014년 전주 한옥마을에서 시간제 한복 대여 사업을 시작해 한옥마을을 한복을 입은 젊은이들로 채운 '한복남' 박세상 대표다. 한 스타일의 중심지답게 전주는 또한 힙한 젊은이들을 위한 생활한복을 생산하는 리슬한복 브랜드를 배출했다.

전통 캘리그라피도 새로운 뉴트로 디자인으로 유망하다. 강릉 홍제동에서 캘리그라피 디자인숍을 운영하면서 다양한 캘리그라피 디자인 상품을 개발하고 지역 행사에서 캘리그래피 퍼포머로 활동하는 김소영 글씨당 대표가 캘리그라피 뉴트로를 선도한다.

전통기술 복원

전통문화를 복원하는 노력은 문화예술 분야에 한정되지 않는다.

환경 보호와 지역 관광자원 개발을 위해 농법, 공예, 음식 등 지역에 내재된 전통기술을 복원하려는 노력이 활발하다.

장기적으로 큰 산업으로 발전할 가능성이 높은 분야가 '회복농업Restoration Agriculture'이다. 기술 근본주의에 빠진 건지 한국은 푸드테크, 4차 산업혁명 농업 이야기만 무성하지만 선진국에서는 유기농업, 자연농법을 넘어 전통농법을 복원하는 회복농업에서 지속가능한 농업의 미래를 찾는다. 회복농업이 모든 문제에 대한 답은 아닐 수 있다. 하지만 외부 자원에 의존해 농산물을 생산하는 하와이 같은 지역에서 자급자족하던 전통적 농업 경제에서 지속가능한 농법을 찾는 것은 신선하다.

지역자원을 연결한 로컬 창업도 일차적으로 전통기술과 유산에서 기회를 찾아야 한다. 한국 무형문화 유산의 현재를 공부하기 좋은 장소가 전주 동서학동에 위치한 국립무형유산원이다. 2018년 여름, 필자가 전주 국립무형문화원 도서관에서 찾은 한국 민속종합조사보고서 향토음식 편은 함경도 닭비빔밥, 충청도 상어찜과 미꾸라지 회 등 각 지역의 전통음식을 자세히 설명한다. 로컬 푸드 셰프라면 꼭 참고해야 하는 전통음식 참고서다.

전통문화 비즈니스의 활성화를 위한 인프라

로컬 크리에이터의 열정과 창의력에 의존해 전통문화를 제대로 산업화할 수 있을지는 다시 논의해야 한다. 정부가 더 긍정적인 역할을 해야 하는데 그 모델을 찾을 수 있는 도시가 일본에서 전통 공예인과 기업을 많이 배출하기로 유명한 가나자와다.

공예공방 산업의 중심지가 된 이 도시의 성공 비결은 교육 기관이다. 공예인을 배출하는 교육과 연수 기관이 집적되어 있는 것이다. 일본의 장인정신을 부러워하는 우리가 공예공방에 관심을 가져야 하는 이유는 공예인이 바로 일본 장인(직인, 職人, 쇼쿠닌) 정신의 원형이기 때문이다. 직인과 공예인이 동의어로 사용되는 점은 가나자와 시민예술촌 안에 있는 가나자와 직인대학교의 영문 이름Kanazawa Institute of Traditional Crafts을 통해 알 수 있다.

가나자와 장인 훈련 기관의 제도적 차별성은 참여 자격과 교육기간이다. 석공, 기와, 조경, 금박, 표구 등 전통 건축과 공예 기법을 교육하는 직인대학교는 관련 분야에서 10년 이상 경력을 가진 전문가를 선발해 3년 동안 교육한다.

일본 최초의 전통공예인 연수 기관인 우타츠야마 공예공방은 도예, 칠기, 염색, 금공, 유리 등 5개 분야에서 정규 교육을 받고 실무 경력을 쌓은 공예인들이 2~3년 동안 연수를 받는 곳이다. 가나자와 사례는 우리가 일본의 장인정신을 단순히 전통 유산으로 치부할 수 없음을 말해준다.

전통공예 산업을 육성하는 가나자와시와 시민의 노력을 통해 장인정신을 어떻게 유지하고 키워야 하는지를 배워야 한다. 특히 학교 교육 이후의 현장 훈련을 얼마나 중요하게 여기는지 알 수 있는데, 장인의 현장 훈련을 체계적으로 제공하기 위해 설립한 기관이 바로 직인대학교와 공예공방이다.

한국도 전통공예 건축학교, 전통문화 대학 등을 통해 공예 장인을 훈련한다. 그럼에도 가나자와 공예가 세계적으로 유명한 이유는 무엇일까? '직인대학'과 '시민예술촌' 때문이다. 한국 공예학교의 경우 수강하는 학생들에 대해 별도의 자격 제한이 없다. 반면 직인대학 학생들은 수준 높은 기법을 전수받을 수 있도록 대부분의 연수생이 10년 이상의 전문가들로 선별된다. 이미 해당 분야의 전문 인력이라도 장인으로 거듭 성장시키기 위한 심화 커리큘럼이 중심이다.

가나자와의 폐방직 공장을 리모델링한 시민예술촌은 시민의 예술 활동을 촉진시켜 도시재생을 이끌었다. 전통공예를 누구나 즐길 수 있도록 공립 문화시설로 건립, 멀티미디어 공방, 뮤직 공방, 오픈 스페이스 공방 등 다양한 문화를 일반 시민들이 향유할 수 있도록 구성했다. 시민들이 직접 창작에 참여하고 자유롭게 공예를 즐길 수 있는 환경을 조성함으로써 공예의 대중화와 산업화를 통해 관광지로 성장했다.

정부는 부여 자온길과 같은 공예마을 프로젝트가 수행되고 있는 지역 중에서 공예 정체성을 향유하기에 적합한 지역에 공예박물관과 미술관 등의 문화 인프라와 공방들을 집적시켜야 한다. 일반 시민들이 한국 전통공예 문화를 즐기고 개성 있는 공방의 공예품들을 소비해야 공예산업이 발전할 수 있다. 최고 명장들로부터 지속적으로 교육받는 후계자 전문 양성 기관과 공예품을 생산하고 소비하는 전통공예 골목이 활성화된다면, 해외 관광객들이 유입되어 가나자와를 뛰어넘을 것이다.

인류학자 노르베리 호지는《로컬의 미래》에서 인류의 미래를 자급자족 중세 마을에서 찾는다. 자연 생태계 복원을 위해 중세 마을로 돌아가는 것이 불가피하다는 것이 그의 주장이다. 미래학자 제러미 리프킨이 지적한 대로 기술발전이 에너지와 식량을 자급자족하는 지역경제를 가능하게 만든 것은 맞다. 그러나 선진국과 달리 한국은 지역화를 처음부터 다시 시작해야 하는 상황이다. 산업과 고용 창출 등 가시적인 경제적 성과를 보여주지 않고서는 지역화에 힘을 실을 수가 없다.

한국 로컬에 필요한 로컬 모델은 중세 마을이 아닌 로컬 브랜드다. 중세 마을이 상징하는 식량과 에너지 자급자족 체계는 전통문화를 활용한 다양한 로컬 브랜드가 지역경제의 주축으로 자리 잡은 후 고려할 수 있는 대안이다.

11

강남도 로컬이다,
강남만이 갈 수 있는 길

강남은 서울의 경제 중심지다. 뉴욕과 비교하자면 강남은 서울의 맨해튼이다. 강남과 맨해튼의 비교를 문화 영역으로 확장해보자. 강남이 맨해튼과 같은 문화 중심지일까? 우리가 뉴욕 맨해튼을 선망하는 이유는 단순히 그곳에 모인 산업 때문일까?

뉴욕의 매력은 그 산업을 유인한 도시의 문화다. 패션, 미술, 공연, 건축, 디자인 등 거의 모든 문화 분야에서 맨해튼은 세계 트렌드를 주도한다. 강남도 맨해튼과 같이 도시산업과 문화의 결합으로 발전해야 한다. 개성과 정체성으로 경쟁하는 탈산업화 시대에 강남도 강남다운 도시문화로 승부해야 한다.

그렇다면 강남은 어떤 정체성을 가질 수 있을까. 강남의 정체성 발굴에서 중요한 콘셉트가 로컬이다. 로컬이 필요할 것 같지 않은 강남이지만 정작 로컬 마인드가 가장 절실한 곳이다. 로컬이 익숙하지 않은 개념이라면, 바로 봉준호 감독이 아카데미

작품상 수상을 앞두고 촉발한 로컬 논쟁의 그 로컬로 이해하면
된다. 봉 감독은 한 인터뷰에서 할리우드 영화산업을 상징하는
아카데미상을 로컬 영화상이라고 평했다. 흥미롭게도 할리우드
는 자칫 폄하로 받아들일 수 있는 이 발언에 분노하지 않았다. 스
스로를 영화 산업의 유일한 중심지가 아닌 여러 중심지 중의 하
나로 생각해야 한다는 봉 감독의 조언에 공감한 것이다.

할리우드의 과제는 봉 감독이 지적한 문화 다양성의 수용에
그치지 않는다. 중심지 자부심 때문에 소홀할 수 있는 정체성의
강화도 포함된다. 로컬 관점에서 보면 할리우드가 생산하는 영화
는 필연적으로 할리우드 방식의, 할리우드 스타일의 영화다. 과거
에도 그랬지만 미래에도 할리우드 경쟁력의 본질은 로컬, 즉 그
지역에 집적된 크리에이터와 기업이 만드는 문화다.

강남 로컬의 진화

현재 강남의 위치는 할리우드와 비슷하다. 1990년대 오렌지족과
함께 등장한 '강남스타일'은 오랫동안 한국의 패션, 뷰티, 외식, 디
자인 스타일을 선도했지만 지금은 아니다. 정체성 강화로 새로운
도전에 대응해야 하는 상황이다. 강남의 위상을 엿볼 수 있는 사
건이 YG, JYP, 빅히트 등 강남에 집적했던 K팝 기획사들의 '탈강
남'이다. 패션과 뷰티 중심지로서의 위상이 과거와 달라졌단 것
이 탈강남의 요인으로 지적된다. 강남이 과연 로컬 기반의 독자
적인 문화 없이 문화 중심지로서의 위상을 유지할 수 있을까?

강남은 1970년대 이후 로컬 문화를 다른 지역으로 수출한
문화 중심지로 기능했다. 강남의 일차적인 기여는 도시 모델이다.

262

한국의 신도시 모델을 교육기관과 공공기관 이전을 매개로 한 대규모 아파트 단지 건설로 정의한다면, 원조는 강남이다. 1960년대 개발된 여의도도 신도시 모델을 따랐지만, 이 모델이 만개한 곳은 1970년대 개발이 시작된 강남이다. 강남의 영향력을 대변하듯 전국의 많은 도시가 '소강남'이라 회자되는 부유층 신도시, 로데오거리와 가로수길로 불리는 거리를 자랑한다.

강남의 도시문화 또한 로컬에서 시작했다. 1980년대까지만 해도 서울의 도시문화는 명동, 광화문, 종로가 대표하는 중심부, 그리고 신촌, 동숭동 등의 대학가에 집중됐다. 현재 서울 시민에게 익숙한 골목상권은 2000년대 이후 나타난 현상이다. 가로형 상업 공간이 시작된 곳은 1990년대 초 강남역과 압구정동이다.

이 가로 문화가 1990년대 중반 홍대로 확산되면서 현재 우리가 알고 있는 골목상권 문화의 기반이 됐다. 20~30대가 즐겨 찾는 골목상권의 부상은 강남의 독주를 약화시켰다. 가로수길, 홍대, 이태원, 삼청동 등 1세대 골목상권 중 가로수길만이 강남에 있고 나머지는 강북이었다. 그 후에도 도시문화를 선도하는 골목상권은 강북 원도심 중심으로 확산돼, 필자의 집계에 따르면 현재 총 61곳의 서울 골목상권 중 53곳이 강북에, 8곳이 강남에 위치한다. 골목상권의 수만 문제가 아니다. 현재 가로수길-도산공원-압구정동-청담동으로 이어진 강남권 골목상권의 구성은 2010년대 초반 그대로다. 새로운 골목상권이 진입하지 않은 것이다. 압구정동, 청담동 등 기존 상권도 활력을 잃은 지 오래다.

2010년 이후 골목문화를 질과 양적으로 선도하는 지역은 강북이다. 홍대에서 시작된 '힙 타운' 문화는 이태원의 경리단길을 거쳐 지금은 성수동, 을지로로 확산됐다. 사람이 골목길에 모이자 언론에서도 '밀레니얼 세대는 왜 강북의 골목길에서 놀까'라고 질문하기 시작했다.

강북의 골목문화는 이제 지역도시에도 영향을 미친다. 많은 지역도시들이 새롭게 활성화된 상업 지역을 그 지역의 경리단길을 의미하는 '~리단길'로 부른다. 지역의 강북 '모방'은 지역도시들이 중심부를 명동이라고 부르던 1970년대 이후 처음 있는 일이다. 1980~2000년대 강남의 로데오거리와 가로수길을 선망한 지역도시들이 이제 강북의 경리단길에서 영감을 얻는 것이다.

강남 로컬의 길

로컬을 강화하는 강남의 대응은 이미 시작됐다. 문화산업과 뷰티산업의 결합으로 만들어진 강남의 문화경제에 새로운 동력이 필요해진 것이다. 강남 골목에서 자란 청년들이 선릉, 도산공원, 양재천 등에서 강북의 골목문화를 재현하기 위해 노력한다. 그 과정에서 강남에서 시작했고 강남 경험을 통해 강북으로 진출한다는 공유 오피스 기업 패스트파이브, 아우어베이커리, 도산분식 등 강남 브랜드를 연속 출시하는 씨앤피컴퍼니CNP Company, 청담동에서 다운타우너, 노티드도넛 등 뉴욕 풍의 외식 브랜드를 연이어 출시하는 GTTF, 잠실 기반 F&B 기업 일도씨 패밀리, 선릉역 낡은 주택을 리모델링한 복합문화공간 알트탭스페이스 등 강남 지역성을 표방하는 로컬 브랜드가 탄생했다.

외부 문화를 강남 방식으로 재해석해 사업화하는 기업도 늘고 있다. 최인아책방, 소전서림, 믿음문고 등 강남에 독립서점을 창업한 기업은 개인 공간, 클래식 연주회, 힐링 등 강남스타일로 개조된 모델로 강남에 진입한다. 포틀랜드의 지속가능성 브랜드 나우Nau를 인수한 블랙야크는 도산공원에서 강남 골목길과 포틀랜드의 도시문화를 접목한 플래그십 매장을 운영한다.

명품 문화를 기반으로 새로운 서비스와 상품을 개발하는 기업들 또한 로컬 기반 강남 기업이다. 비엔나의 클래식 음악을 현지와 자체 스튜디오에서 체험하는 프로그램을 운영하는 풍월당, 명품 클래식 안경을 연구해 자체 안경 브랜드를 출시한 프레임몬타나, 해외 명품 가방의 위탁 생산을 거쳐 자체 브랜드를 생산하고 도산공원에서 플래그십 스토어를 운영하는 시몬느 등이 대표적인 사례다.

강남의 지속가능한 로컬 문화는 강남 주민의 일상에서 찾아야 한다. 청담동, 압구정동이 이미 동네문화를 '산업화'했다면, 추가적으로 산업화할 수 있는 동네문화에서 시작할 수 있다. 개인마다 의견이 다를 수 있지만, 다수의 전문가와 주민이 주목하는 동네는 대치동 은마종합상가, 양재천길, 대치동 학원가다. 오랜 기간 주민과 상인의 생활문화가 축적된 은마종합상가는 지속가능한 아파트 단지 상가 문화를, 강남에서 보기 어려운 자연 환경을 보유한 양재천길은 자연 친화적 도시문화를, 강남을 대표하는 서비스 산업을 보유한 대치동 학원가는 교육 콘텐츠를 활용한 공간 비즈니스를 제안할 수 있다.

강남에서 골목상권을 활성화하기 어려운 이유는 가격이다. 강남에선 싼 지역이라고 해도 청년 창업가 입장에선 여전히 임대료가 비싼 지역이다. 하나의 희망은 임대료 문제에 대한 강남 기업의 혁신이다. 부동산 스타트업들은 공유 주택, 공유 오피스 등 공유경제에서 돌파구를 찾고, 네오밸류와 같은 부동산 개발회사는 신사동에서 도시형 골목상가인 '가로골목'을 개발해 스몰 브랜드를 유치한다.

강남 전 지역에서 진행되는 재건축도 도시문화 창조에 걸림돌이다. 개방적인 작은 마을 모델로 개발된 초기 강남 신도시 모델과 달리 최근 개발되는 대규모 주택지는 거의 예외 없이 외부와 차단된 폐쇄형 아파트 단지다. 외부인의 출입을 규제하는 단지는 그 자체로 도시 공동체 문화를 저해한다. 주민에게 반드시 이로운 것만도 아니다. 가장 큰 단점이 상가다. 외부인 없이 주민 대상으로 운영하는 단지의 상가는 거리형 상가의 활력을 유지하기 어렵다.

자동차 중심 단지의 확산은 강남 전체의 가로 문화를 약화시킨다. 자동차 이동이 보편화된 강남의 거리에는 보행자를 보기 어렵다. 상황이 이렇다 보니 작은 가게도 발레 파킹 서비스를 제공해야 한다. 소규모 자본의 개성 있는 가게가 강남에 진입하기 어려운 또 하나의 이유다.

장기적으로 강남의 위기는 강남에 새로운 기회를 제공할 것이다. 강남이 이 기회를 살릴지 여부는 새로운 로컬의 개발에 달렸다. 다양한 도시문화를 중시하는 탈산업화 사회에서 해외에서 수입한 명품 문화로는 부족하다. 외부 문화에 개방하고, 기존 문화를 새롭게 창조하는 것이 강남 로컬의 길이다.

12

문화를 창조하는
어반 노마드에 주목하라

골목상권이 전국적으로 확산되고 도시 여행을 선호하는 사람이 늘면서, 도심과 골목상권에서 크루와 함께 활동하며 공동으로 창업하거나 협업하는 어반 노마드가 부상하고 있다. 일의 방식으로서 크루Crew 문화를 수용하고 사업장을 한 장소로 고정하지 않고 여러 장소를 가변적으로 활용한다는 측면에서 다른 로컬 크리에이터와 구분된다.

어반 노마드 문화의 원형은 미국의 스트리트 컬처다. 스케이트보드, 힙합, 바스켓볼, 그래피티 등 스트리트 컬처를 만드는 사람들은 한 곳에 머무르지 않고 이 거리 저 거리를 옮겨 다니는 노마드다. 이들은 또한 자신을 표현하는 것과 동시에 자신이 속한 그룹과 연대하고 창작하는 것을 중시하는 크루 문화를 추종한다.

크루 문화는 음악산업의 아티스트 사이에서도 흔히 볼 수 있는 창작 문화다. 노마드의 크루 문화는 패션계에서도 영향을 미친다. 스케이트 보드를 같이 타던 친구들을 위해 창업한 반스Vans, 뉴욕 빈민가 청년들의 거리문화를 모티브로 창업한 슈프림Supreme이 크루 문화에서 파생된 브랜드다.

포틀랜드와 브루클린의 힙스터 문화도 크루 문화에 기반해 있다고 말할 수 있다. 이들 도시의 힙스터 산업은 정부가 체계적인 계획에 따라 육성한 산업이 아니다. '끼'가 있는 사람들이 모여 재능을 나누고 즐기며 만들어낸 크루 문화의 결과다. 크루 문화는 집단주의 문화가 아니다. 사람이 모여 만든 문화지만, 근본적으로 노마드 성향의 사람들이 만든 문화로, 위계와 통제로 유지할 수 없는 느슨한 형태의 새로운 연대다.

어반 노마드는 현재 골목상권 개발 분야에서 가장 활발하고 스트리트 컬처 브랜드와 DIY 도시재생 분야에서도 영향력을 행

부산 영도 로컬 크리에이터 RTBP의 마이크로 타운 비전

사하기 시작했다. 현재 추세가 이어지면 스트리트 컬처, 그리고 이를 창조하는 어반 노마드가 로컬 크리에이터 산업의 미래로 부상할 것이다.

손수 도시를 건설하는 어반 노마드

필자가 여러 온라인 포스팅에서 강조했듯이 전국 곳곳에서 '직주락' 삼위일체를 추구하는, 즉 밀레니얼에 필요한 일자리를 창출하고 주거와 상업시설을 건설하는 '마이크로 타운 디벨로퍼'들이 활동하고 있다. 대표적인 기업이 부산 영도에서 도시재생사업을 통해 메이커 스페이스, 코워킹·코리빙 센터, 커뮤니티 리조트, 로컬과 라이프스타일 브랜드 플랫폼을 구축하는 RTBP다. 골목길 노마드의 사업 영역이 전통적인 상권개발에서 도시개발로 확대되고 있는 것이다.

어반 노마드들은 공통적으로 유연한 조직 문화를 통해 구성원의 자기표현과 창작을 존중하는 방식으로 동네 경제 인프라를 개발한다. 하고 싶은 일을 하면서 같은 취향을 가진 사람들과 새로운 동네문화를 만드는 것이 모든 골목길 노마드의 목표다.

스트리트 컬처와 스트리트 컬처 브랜드

한국의 골목상권 문화가 미국의 스트릿 컬처를 따라간다면 스케이터, 힙합퍼, 태거(그라피티 아티스트)가 한국의 골목상권에 나타나 새로운 스트리트 컬처와 브랜드를 창출할 것이다.

한국에서도 디스이스네버댓, 널디Nerdy, 커버낫Covernat 등이 스트리트 브랜드를 표방한다. 하지만 스트리트 컬처에 기반한, 다시 말해 스트리트 컬처를 즐기는 사람들이 모여 만든 브랜드는 아직 생소하다. 스케이터들이 모여 창업한 브랜드는 아니지만 스케이트 보드를 중심으로 조직 문화를 만들고 이를 브랜드로 구현하는 기업이 제주 성산 플레이스캠프다.

플레이스캠프는 자체 브랜드인 커피전문점 도렐의 굿즈를 출시하면서 이를 스케이트 보드 문화를 상징하는 루티드 시리즈Rooted Series로 브랜딩 했다. 실제 도렐 매장을 방문하면 루티드 시리즈 굿즈와 더불어 크루들이 사용하는 스케이트 보드가 전시된 것을 볼 수 있다. 성산 도렐 매장 앞 광장은 지역 스케이터들이 저녁에 모이는 장소가 됐다.

루티드 시리즈 브랜드 철학을 가장 잘 설명하는 것이 브랜드 포스터에 들어간 소개문이다. 원문을 그대로 인용한다.

스트리트 컬처 테마의 커피전문점 도렐 제주 성산본점

"거리, 영감이 샘솟는 곳. 이곳은 이타적 사고를 기반으로 직설적이고 미사여구가 없는 솔직한 표현들이 오고 가는 곳이고, 그 자체로 갤러리요 무대이며 경기장이거든. 거리는 철학을 가지고 정도를 걷되 샛길의 가치와 그 파급력이 뭔지 알고 있어. 언제까지 모니터만 보고, 종이만 넘기면서 앉아만 있을 거야? 나가서 부딪히면서 습득하자고. 이런 사고가 우리를 만들어 오고, 만들어 가려고 하는 원동력이자 백종원이야. 식과 답을 순서대로 나열하기 힘들지만, 아니 사실은 귀찮아서…근데, 뭔지 안다면 굳이 설명할 필요가 없는 것들. 이해는 각자의 몫, 해석하는 의미가 본인의 취향과 맞다면 그걸로 된 거야. 또 아니면 어때? 루티드 시리즈. 이제 우리의 화법으로 원하는 대로 던지기 시작하는 우리의 속마음. 우리가 가지고 싶고, 보고 싶은 것들."

_도렐커피 김도근 마스터(인스타그램@dorrell_coffee)

어반 노마드가 주도하는 DIY 도시재생

한국에서 어반 노마드가 활동하는 또 하나의 분야가 DIY 도시재생이다. DIY 도시재생의 주체는 메이커Maker다. 메이커 산업 미디어 '메이커 올'은 메이커를 "디지털 기기와 다양한 도구를 사용한 창의적인 만들기 활동을 통해 자신의 아이디어를 실현하는 사람으로서 함께 만드는 활동에 적극적으로 참여하고, 만든 결과물과 지식, 경험을 공유하는 사람"으로 정의한다.

공예와 하이테크 산업에서 시작된 메이커 운동이 이제 도시재생 분야로 확산되고 있다. DIY 또는 DIT Do It Together 도시재생으로 불리는 이 운동은 주민과 운영자가 건축물의 수리, 리모델링, 리노베이션 작업을 수행함으로써 도시재생에 직접 참여하는 방식이다. DIT 방식에 의한 도시재생에서 저예산으로 거점 공간을 조성하고, 주민 참여로 도시재생의 창의성과 지속가능성을 동시에 높이는 등 기존 기업 중심의 도시재생이 창출할 수 없는 혜택을 기대할 수 있다. 리노베이션 스쿨 제주, 건축공간도시연구소의 'DIT 페스타: 작업반장' 등 한국에서도 어반 노마드 중심으로 한 DIT 도시재생사업이 시작됐다.

공공 중심으로 시작된 DIY 도시재생은 장기적으로 DIY 어버니즘으로 '발전'할 수 있다. 1970년대 이후 뉴욕 등 대도시에선 아마추어 예술가들이 버려진 골목이나 건축물을 그래피티 Graffiti, 게릴라 미술로 장식했다. 이들은 자신이 갖고 있는 도구를 갖고 새로운 공간과 공동 예술 작품을 만든다는 점에서 DIY를 문화를 실천한다. DIY 어버니즘은 그 후 게릴라와 커뮤니티 가드닝, 주택과 리테일 협동조합, 플래시 모빙 Flash Mobbing, 사회적 경제와 대가 교환 Bartering 장치, 무단점유 등 다양한 어반 행동으로 진화했다.

어반 노마드의 미래가 마냥 순탄해 보이지는 않는다. 스트리트 컬처가 먼저 시작된 서구에서도 스트리트 컬처 기업과 브랜드는 소수에 불구하다. 스트리트 컬처의 크루 문화가 기업 환경에서 유지될지도 관건이다. 크루가 창업한 기업이라도 일정 규모로 커지면 관료화가 불가피하기 때문이다. 다행히 기업을 창업사관학교로 운명하면서 개인의 창의성과 느슨한 연대를 결합한 크루 문화를 유지하려고 노력하는 기업이 늘고 있다.

스트리트 컬처의 등장은 문화의 대중화, 문화의 민주화를 의미한다. 문화는 더 이상 엘리트 문화기관이 독점하는 영역이 아니다. 거리문화는 경제적으로 더 중요하다. 기계가 인간을 대체해 모든 사람이 예술가로 활동해야 하는 미래 경제에서 일상에서 문화와 문화상품을 창출하는 스트리트 컬처와 어반 노마드가 공공과 사회 서비스와 더불어 대규모 고용을 창출할 수 있는 유일한 희망일지 모른다.

13

기술은 로컬 경제를
어디로 이끄는가

현대 사회에서 기술은 일상이다. 기술과 분리된 삶은 상상하기 어렵다. 그러나 모든 기술이 삶의 질을 높이는 것은 아니다. 어떤 기술이 어떻게 삶의 질을 높이는지는 우리가 추구하는 삶이 질이 무엇인지에 달렸다.

로컬에서 추구하는 라이프스타일은 로컬 라이프스타일이다. 로컬 라이프스타일의 의미는 사람마다 다를 수 있지만, 한국적 맥락에서는 기성세대의 문화와 다른 대안적 라이프스타일이다. 기성세대는 로컬을 시골, 지방, 변두리 등 폐쇄적이고 제한적인 공간으로 인식하지만, 로컬 크리에이터에게 로컬은 자신이 하고 싶은 일을 할 수 있는 자유롭고 독립적인 공간이다.

로컬이 창조와 라이프스타일 공간이라면, 로컬 기술은 로컬 경제를 더욱 지속가능하게 만들고 로컬 라이프스타일을 더욱 풍요롭게 만드는 인프라 기술로 정의하는 것이 맞다. 로컬 기술이 앞으로 어떻게 전개될지 예측하기 어렵지만, 현재 기준으로 의미 있는 로컬 기술은 세 가지다. 대량생산, 대량소비 문화의 대안으로 크리에이터가 직접 제품을 만들 때 사용하는 메이커 기술, 일반 주민이 일상에서 필요한 의식주 제품을 제작하기 위해 활용하는 DIY 기술, 그리고 로컬 SNS, 이커머스, 페이, 모빌리티, 플랫폼 등 로컬 공동체를 강화하는 '공동체' 기술이다.

기술적으로 보면 메이커 기술, DIY 기술, 공동체 기술 모두 모든 지역이 활용할 수 있는 보편적인 기술이다. 하지만 로컬 환경에 따라 다르게 적용되고 그 적용 방식이 주민과 커뮤니티 문화로 공유되기 때문에 지역사회에 내재된 기술로도 해석될 수 있다. 지역사회에서 오랜기간 축적된 기술은 또한 지역환경에 맞는 적정기술Appropriate Technology로도 중요하다.

첨단산업으로 발전하는 메이커 산업

세 가지 로컬 기술 중 산업화 가능성이 가장 높은 기술은 메이커 기술이다. 메이커 산업 미디어 '메이커 올'은 '메이커Maker'를 "디지털 기기와 다양한 도구를 사용한 창의적인 만들기 활동을 통해 자신의 아이디어를 실현하는 사람으로서 함께 만드는 활동에 적극적으로 참여하고, 만든 결과물과 지식, 경험을 공유하는 사람"으로 정의하는데 메이커와 메이커 운동이라는 용어는 2005년 창간된 메이커 매거진에서 처음 소개됐고 그 후 세계적으로 통용됐다.

메이커의 특징은 대중화된 도구의 사용과 공유와 협업이다. 메이커는 일반적으로 창의적 만들기를 실천하는 데서 그치지 않고 자신의 경험과 지식을 나누고 공유하려는 성향을 보인다. 메이커 아이디어를 실현하는 대중적 도구와 장비로는 3D 프린터, 3D 스캐너, CNC 정밀 조각기, 레이저 커터 등이다.

선진국이 메이커 운동에 주목하는 이유는 기업가 정신의 대중화다. 버락 오바마 전 미국 대통령은 2014년 메이커 페어에서 메이커가 기업 생태계의 뿌리임을 강조한다. "미국 제조업의 르네상스는 기술혁신을 통해 새로운 사업을 시작하는 기업, 창업가, STEM 기술을 배우는 학생들이 주인공입니다. 메이커의 창의성을 촉발하고 발명 및 창업을 장려하기 위해 모든 미국인을 초청합니다." 중국의 리커창 총리도 2015년 "메이커는 사람들 속에서 기업가 정신과 혁신의 생명력을 보여주고, 그러한 창의성이 중국 경제의 지속적 성장 엔진"임을 주장했다.

메이커 문화는 새로운 문화가 아니다. 인류는 오랫동안 생활에 필요한 것을 직접 만들어 썼다. 포틀랜드 등 일부 지역에서는 아직도 메이커를 전통적인 아르티장과 동의어로 사용한다. 현대의 메이커 문화가 다른 점은 사용하는 장비와 도구다. 과거에는 간단한 공구를 사용했다면 지금은 디지털 제작기술, 메이커 스페이스 등 발전된 기술과 공간을 활용한다.

주민이 주도하는 DIY 운동

현대 메이커 문화의 뿌리는 DIY 문화에서 찾을 수 있다. DIYDo It Yourself는 전문가나 장인의 도움 없이 새로운 것을 만들고, 고치고 수리하는 작업을 칭한다. 미국에서는 1910년대부터 주택 개조Home Improvement와 수리 분야의 전문 용어로 사용됐고, 1950년대에 일반 시민이 레저와 경비 절감 활동으로 추구하는 다양한 수리, 리모델링, 공예품 제작, 건축 활동을 의미하는 보편적인 용어가 됐다.

DIY 문화는 미국, 영국, 유럽과 같이 다수의 시민이 단독주택에서 거주하는 사회에서 활성화됐다. 단독주택 국가에서는 어느 마을에 가도 DIY 활동을 지원하는 잡화점과 철물점을 찾을 수 있다. 한국에서도 단독주택과 DIY의 관계를 감지할 수 있다. 서울에서도 연희동, 연남동 등 단독주택이 모여 있는 지역에서 DIY 활동이 활발하다.

DIY 문화의 또 하나의 뿌리는 저항 문화다. 19세기 보헤미안을 중심으로 당시 사회를 지배하는 대량생산, 대량소비를 추구하는 부르주아에 저항하는 문화가 시작됐는데, 그 중심에 상품을 도구로 직접 생산하는 아르티장이 있었다. 영국의 미술공예운동, 프랑스의 아르누보 등이 생산방식을 대량생산 체제에서 장인의 가치가 담겨 있는 아르티장 방식으로 전환하려는 대표적인 저항운동이었다.

서구의 DIY 문화는 1960년대를 거치면서 다시 부활한다. 1960년대의 청년문화를 주도한 히피 운동의 중심이 정치투쟁에서 생활혁신으로 이동하는 과정에서 DIY가 히피 생활방식의 상징으로 떠오른다. 1968년 처음 발행된 〈전지구목록The Whole Earth Catalog〉이 DIY 생활문화의 가이드가 된다. 1968~1972년 사이에 정기적으로 발행됐던 잡지로 대안적 라이프스타일의 핵심 개념인 자급자족, 생태, 대안교육, DIY, 홀리즘Holism을 실현할 수 있는 생활기술, 도구, 상품을 소개했다. 2000년대 이후 한국에 도입된 많은 라이프스타일 아이디어와 상품의 기원을 이 잡지에서 찾을 수 있다.

〈전지구목록〉은 스티브 잡스가 2005년 스탠퍼드대 졸업식 연설에서 '1960년대 구글'로 소개하면서 다시 유명해진다. 잡스가 스탠퍼드대 연설에서 인용한 명언 "늘 배고프고, 늘 어리석어라Stay Hungry, Stay Foolish"도 〈전지구목록〉의 커버에 쓰였던 카피다. 이 잡지를 발행한 스튜어트 브랜드Stewart Brand가 자신의 생활혁명 철학을 이렇게 설명한다. "1960년대 뉴레프트는 우리에게 풀뿌리 정치권력의 행사를 요구했지만, 우리는 그 대신 풀뿌리 직접 권력Direct Power의 행사를 지지했다. 즉, (생활의) 도구와 스킬이다."

〈전지구목록〉의 키워드는 도구Tool다. 도구는 목공, 석공, 가드닝 등에 필요한 공구만을 의미하지 않는다. 서적, 잡지, 강좌 등에서 얻을 수 있는 지식과 정보도 도구에 포함됐다. 〈전지구목록〉의 DIY 정신은 1970년대 다양한 분야의 실험주의와 혁신으로 이어진다. DIY 주택 개조 관련 서적도 이때 다수 발행됐다.

DIY 문화가 하이테크 도구와 결합돼 메이커 문화로 진화하는 과정에서 해커들이 가교 역할을 했다. 미국과 독일의 메이커 문화는 해커 스페이스 중심으로 성장했다. 해커 스페이스는 해커 문화를 공유하는 사람들이 아이디어, 도구, 그리고 기술을 공유하는 것을 허용하는 공간이다. 상업적 해커 스페이스 외에도, MIT, 카네기멜론대 등 컴퓨터 과학이 발달한 대학의 연구소가 해커 문화의 배양지다.

DIY 문화의 확산을 촉진하는 또 다른 트렌드가 환경주의다. DIY 환경주의는 시민이 DIY를 통해 환경 문제를 직접 해결해야 한다고 주장한다. 많은 DIY 환경주의자들이 1960년대 히피들이 그랬듯이 도시를 떠나 자연에서 기술을 활용한 자연주의 공동체를 손수 건설한다.

DIY의 산업적 가치는 메이커 산업에 못지않다. DIY 재생 문화의 확산으로 건축 리모델링 관련 비즈니스가 주목을 받는다. 옥탑방, 반지하 등으로 노후지역에 생기를 불어넣는 ㈜오롯 컴퍼니, 지역 내 비어 있는 집의 활용방안을 구상해서 소유주에게 제안하는 플랫폼 리노베링 코리아 등 DIY 도시재생을 전문으로 하는 기업이 나타났다.

DIY 활동이 더 활발해지면, 지역성을 드러내는 공예품과 디자인 상품을 생산하는 소상공인이 늘어나고, 철물점, 잡화점, 가드닝 용품점, 중고품 거래상점 등 주택 개조와 재건축을 지원하는 점포가 동네 상권의 중심으로 들어선다. 말 그대로 그런 동네는 주민이 로컬 크리에이터가 되고, 주민과 로컬 크리에이터가 컬래버해 지역과 건축을 재생하는, 즉 주민과 로컬 크리에이터가 상생하는 로컬 크리에이터 도시가 된다.

로컬 라이프스타일과 로컬 기술

로컬 경제를 견인할 수 있는 세 번째 기술이 로컬 공동체 기술이다. 로컬 공동체 기술이란 로컬 라이프스타일의 활성화를 촉진하는 기술이다. 아직 한국에서는 기술이 라이프스타일을 지원한다는 인식이 보편화되지 않았다. 그러나 생각해보면 기술이 라이프스타일을 주도하는 것이 아니라 그 반대, 라이프스타일이 기술을 주도한다고 가정하는 것이 맞다.

요즘 회자되는 4차 산업혁명 기술의 예를 들어보자. 아마

4차 산업혁명을 가장 걱정하는 나라는 한국일 것이다. 그런데 4차 산업혁명이 왜 만들어지는지에 대해서는 질문하지 않는다. 4차 산업혁명은 미국, 특히 캘리포니아가 자신이 원하는 세상을 만들기 위해 개발하는 기술이다. 우리는 그 세상이 우리가 원하는 세상인지를 질문하지 않고 미국 기술을 따라가기에 바쁘다.

미국이 원하는 세상은 미국인의 가치 변화에서 찾아야 한다. 미국은 1970년대 이후 가장 먼저 탈물질주의를 수용하고 이에 따라 산업과 경제 체질을 개편했다. 개인이 자유로운 세상을 만드는 작업, 조직이나 집단에 의존하지 않고 개인이 행복하고 성공할 수 있는 세상을 만드는 기술이 4차 산업혁명 기술이다.

실제 기술의 진화를 보면 SNS, 사물 인터넷, 스마트폰, 블록체인 등 1980년대 상용화된 PC 이후 하이테크 산업을 주도하는 기술은 개인을 정부와 대기업으로 독립시켜주는, 즉 개인이 조직의 힘이 없이도 필요한 네트워크와 지식을 확보할 수 있도록 도와주는 기술이다.

탈물질주의에 우호적인 필자는 미국의 변화를 긍정적으로 평가한다. 하지만 미국이 원하는 세상이 모두 우리가 원하는 세상인지는 논의해야 한다. 예를 들면 우리가 개인이 아닌, 가족 중심의 세상을 원한다면 기술도 이에 맞게 선택해야 하는 것이 아닐까? 우리에게 개인보다 가족이 중요하다면, 가족 중심 사회를 건설한 새로운 기술에 투자하는 것이 맞는 방향이다.

만약 공동체를 중요시하는 사회를 원한다면 공동체를 위협하는 기술은 경계해야 한다. 많은 사람들이 공유차량 서비스인 우버를 혁신 기업이라 생각하는데, 도시 공동체 관점에서는 혁신적이라고 평가하기 어렵다. 우리가 원하는 도시가 걷고 싶은 도시라면 보행길과 대중교통 인프라 구축이 우버 서비스보다 더 중요하다. 걷기 편하고 대중교통이 잘 구축된 도시에서 과연 우버 같은 서비스가 필요할까? 오히려 우버는 편리성과 규모를 강조하는 자동차 도시에 적합한 교통수단이다.

로컬 라이프스타일과 기술의 관계도 마찬가지다. 로컬이 요구해야 하는 기술은 친환경 기술, 보행자 기술, 지역혁신 기술, 소상공인 기술 등 로컬 공동체를 강화하는 기술이 돼야 한다. 배달, 온라인 쇼핑, 교통 자동화, 모빌리티 등 이미 지나치게 편리한 유통과 이동 기술보다는 환경, 공동체 참여, 소상공인 지원 등 우리가 평소 불편해서 참여하지 않는 활동을 편리하게 만드는 기술이 공동체 친화적인 기술이다. 이미 편리한 것을 더 편리하게 만드는 기술이 아닌, 불편한 것을 편리하게 만드는 기술이다.

지역공동체에서 활동하는 로컬 크리에이터들은 이미 디지털 소셜 플랫폼(SNS, 온라인 쇼핑몰, 크라우드펀딩)을 적극적으로 활용하고 있다. 네이버의 위치기반 서비스와 우리동네 페이지, 당근마켓의 지역 중고거래 서비스, 군산의 지역 배달 서비스 등이 로컬 공동체의 활성화에 필요한 지역기반 기술과 서비스다.

이 중 로컬 역사에서 한 획을 긋고 있는 기업이 지역 중고품 거래 앱 당근마켓이다. 당근마켓은 '당신 근처의 마켓'을 의미한다. 김재현 대표는 당근마켓을 이렇게 소개한다. "동네 이웃을 연결해 효율과 따뜻함을 만드는 지역기반 플랫폼. 이게 저희 비전이에요." 로컬 콘셉트로 이커머스 비즈니스 모델을 개발한 것이다. 로컬 문화가 빈약한 한국에서는 상상하기 어려운 역발상이다.

2015년 7월 서비스를 시작한 당근마켓은 2020년 5월 기준 월간 순이용자수MAU만 800만 명에 달하는 국내 제1의 중고거래 서비스로 성장했다. 동네 커뮤니티로도 중요하다. 네이버 맘카페에서나 얻을 수 있는 동네 정보를 주민들이 당근마켓 댓글, 동네생활 탭, 지역광고 등을 통해 교환한다.

장기적인 관점에서 현재 형성되는 기술 기반 사회는 1960년대 반문화 운동가들이 꿈꾸던 창조 공동체다. 1960년대 실패한 공동체 실험이 SNS, AI, 블록체인 등 기술발전으로 가능해진 것이다. 개인 해방 기술은 개인에게 세계 시장을 대상으로 한 과거에는 상상할 수 없는 창작과 사업화 기회를 제공하는 동시에 개인과 개인을 느슨하게 연결하고 개인이 선별적으로 참여할 수 있는 커뮤니티를 만들어 낸다.

이렇게 태어난 커뮤니티가 당근마켓, 네이버 우리동네, 로컬 SNS 등 다양한 온라인 커뮤니티다. 이 과정에서 글로벌 플랫폼과 마찬가지로 로컬 플랫폼도 온라인 커뮤니티를 장악할 수 있다. 우리가 로컬 플랫폼을 제대로 관리하지 못하면, 로컬의 획일화, 플랫폼 노동자 양산, 프라이버시 침해 등 글로벌 플랫폼의 부작용이 로컬에서도 발생할 수 있다.

하지만 로컬 플랫폼이 구조적으로 글로벌 플랫폼보다 경쟁적이고 개방적으로 발전할 가능성이 높다. 내셔널과 글로벌 플랫폼이 참여하고 로컬과 로컬이 경쟁하며 개인 이주의 자유가 보장되는 생태계에서 하나의 로컬 플랫폼이 로컬 시장을 장악하는 것은 쉬운 일이 아니다. 로컬 플랫폼 또한 플랫폼에 참여하는 로컬 사업자나 노동자에게 건강한 생태계를 제공하기 위해 노력해야 한다. 커뮤니티 친화적인 플랫폼은 커뮤니티뿐 아니라 플랫폼 자체를 지속가능하게 한다. 창업과 러닝 기회, 커뮤니티 조직과 참여를 제공하는 플랫폼이 사회적 저항 없이 순조롭게 성장할 수 있기 때문이다.

더 많은 로컬 크리에이터가 로컬 기술과 로컬 플랫폼에서 새로운 기회를 찾고, 더 나아가 커뮤니티 친화적인 플랫폼 비즈니스를 창업하는 선순환 구조의 로컬을 기대해 본다.

14

지역자산 기반의
골목상권 개발회사

현재로서는 소상공인이 창업할 때 기댈 수 있는 곳이 골목상권이다. 전반적으로 경기가 안 좋은 상황에서 골목상권은 지속적으로 성장하고 있다. 골목상권은 한마디로 '여행 가는 상권'이다. 주민들에게만 서비스하는 것이 아니고 20~30대 여행자, 특히 여성들이 선호하는 가게들이 모인 곳이다. 세대 관점에서 보면 골목상권의 반대말은 먹자골목이다. 기성세대가 선호하는 음식점이 모인 곳을 먹자골목이라고 부르기 때문이다.

서울의 골목상권은 2000년 중반 홍대, 이태원, 삼청동, 가로수길 중심으로 형성됐다. 이들 상권은 계속 확장해 이제 서울의 중심 상권으로 성장했다. 홍대 상권은 마포구 전체를 삼킬 정도로 계속 확장했다. 삼청동에서 시작한 종로권은 북촌, 서촌, 익선동, 창신동까지 퍼졌다. 이태원동에서 시작한 이태원권도 남산권을 거대 상권으로 만들었다. 오히려 강남 지역이 정체되고 있다.

강남 지역은 보행로를 줄이는 방식으로 재개발이 진행되기 때문에 2010년 이후 새롭게 골목상권으로 진입한 곳은 잠실의 송리단길이 유일하다.

골목상권은 주로 '보행'으로 확장했다. 가게들이 보행로를 따라 옆 동네로 이전한 것이다. 최근에는 지하철이 새로운 확장 통로가 되고 있다. 대표적인 노선이 6호선이다. 연신내에서 태릉을 연결하는 6호선 주변에 새로운 골목상권이 계속 진입한다. 골목문화를 좋아하는 청년들이 골목상권의 양대 산맥인 홍대와 이태원을 지나는 6호선 주변 지역을 거주지로 선호하기 때문이다.

과연 골목상권을 임의로 조성할 수 있을까? 골목상권은 대부분 자생적으로 형성됐기 때문에 정부나 자본이 임의적으로 상권을 조성할 수 있는지는 확실치 않다. 만약 시도한다면 많은 조건을 만족해야 한다. 《골목길 자본론》은 성공한 골목상권의 조건을 C-READI로 설명했다. C-READI 모델은 서울 골목상권 역사에서 도출됐다. 성공적으로 성장한 골목상권은 공통적으로 뛰어난 창업자Entrepreneurship가 접근성Access이 좋고 골목 자원Design과 문화자원Culture이 풍부하지만 임대료Rent가 싼 지역에서 성공적으로 창업하고, 이를 본 다른 창업자가 주변에서 새로 가게를 열어 지역만의 정체성Identity이 뚜렷한 하나의 상권으로 발전시키는 과정을 거쳤다. 역으로 C-READI 기준을 만족하는 골목길은 성공적인 골목상권으로 성장할 가능성이 높다.

C-READI를 CRE과 ADI로 구분하면, 각각 골목상권의 1단계, 2단계 성공 조건에 해당한다. 1단계 골목상권의 출발은 문화자원C이 풍부하고 임대료R가 저렴한 지역에 진입한 기업가E의

역량에 달렸다. 2단계에서는 접근성A과 골목 자원D을 개선하면서 공동체 정체성I을 유지함으로써 안정적으로 성장한다.

골목상권에 사람과 돈이 모이자 대기업을 포함한 다양한 부동산 개발회사가 골목상권 개발에 진입했다. 부동산 가격의 상승을 노리는 건물 투자자만이 골목길에 진입하는 것이 아니다. 야망 있는 셰프가 자신의 가계를 열고 싶을 때 자금 지원을 위해 찾아가는 '쩐주', 연희동 쿠움파트너스 등 골목길 건물에 투자한 다음 개성 있는 독립 가게를 입점시켜 건물 가치를 높이는 골목길 디벨로퍼, 경리단길 주식회사 장진우 등 한 골목에 다수의 가게를 열어 골목길 기반 브랜드를 개발하는 골목길 브랜드 기획자, 익선동 익선다다 등 비즈니스 콘셉트, 인테리어 아이디어 등을 골목가게 창업자에 제공해 수익을 올리는 컨설팅 기업, 골목길에 다수의 가게를 열어 단시간에 권리권을 높인 후 가게를 파는 권리금 사업자, 인사동 이지스자산운영, 한남동 제이오에이치JOH, 가로수길 네오밸류, 성수동 OTD 등 골목 지역에 소규모 상가를 건설하는 부동산 개발회사 등이 골목상권 붐을 타고 골목상권에 투자한다.

현실 사례는 아니지만 골목상권 개발 모델은 〈신동엽의 신장개업〉, 〈백종원의 골목식당〉 등 방송에서 오랫동안 주목받아 왔다. 많은 부동산 투자자가 하나의 가게를 리모델링한 신동엽의 신장개업, 한 지역의 여러 식당을 리모델링하는 백종원의 골목식당 방식으로 골목상권에 투자하는 것으로 알려졌다. 매장 리모델링으로 골목길을 재생할 수 있는지는 의문이다.《골목길 자본론》은 골목상권의 조건으로 C-READI 등 6가지 조건, 16가지 소조건을 제시한다. 일반 투자자가 생각하는 것보다 많은 조건을 만족하는 사업이 성공 확률이 높다.

골목상권 개발업의 등장

우리가 알고 있는 골목상권을 처음 '기획'했다고 말할 수 있는 기업은 주식회사 장진우다. 2011년 경리단길에서 장진우식당을 오픈한 이후 5년 만에 12개의 식당을 운영, 경리단길을 핫플레이스로 만드는데 주도적인 역할을 했다. 경리단길의 성공으로 전국적인 평판을 얻은 장진우는 그 후 전국 곳곳에서 골목상권 사업을 진행하기 시작했다. 경리단길의 주식회사 장진우에 이어 골목상권 개발에 진출한 기업으로는 2014년 익선동에서 부동산 개발업을 시작한 익선다다와 같은 해 '열정도'로 알려진 용산 남영역 부근에서 6개 F&B 매장을 동시에 오픈한 청년장사꾼을 들 수 있다.

1세대 골목길 개발회사가 단순히 식당만 오픈한 것이 아니다. C-READI가 강조하는 지역문화 개발과 정체성 확립을 위해 노력했다. 청년장사꾼 김윤규 대표가 처음으로 창업한 지역은 이태원 우사단길이다. 2012년 우사단길에서 카페를 창업한 후 동네 잡지 〈월간우사단〉과 동네 프리마켓 '계단장' 등과 같은 지역문화 행사를 기획했다. 열정도에서도 지역상생 전통을 계승해 다양한 커뮤니티 행사를 기획하고 브랜드 보육 프로그램을 운영한다. 지역문화 정체성을 골목상권의 지속가능성과 경쟁력을 결정하는 요인으로 이해한 것이다.

2018년 이후 젠트리피케이션 논쟁이 확산되면서, 골목상권 개발회사의 환경이 악화됐다. 언론의 관심을 피해 조용하게 사업

을 추진하거나, 골목상권 사업을 적극적으로 추진하기 어렵게 됐
다. 주식회사 장진우도 경리단길 매장의 대부분을 폐업했다. 현
재 1세대 기획사의 현장을 목격할 수 있는 장소로는 대전 소제
동을 들 수 있다. 익선동에서 활동하던 익선다다가 2017년 부동
산 개발회사 글로우서울과 협업해 철도 관사촌으로 알려진 소제
동 지역에 부동산을 매입하기 시작했다. 2020년 기준 익선다다는
6개, 글로우서울은 5개 매장을 운영하고 있으며, 지역 에너지 회
사인 CNCITY 에너지가 사회공헌 사업으로 2개 공간을 매입해
지원하고 있다. 대규모 투자를 받은 소제동 개발 사업은 1세대 골
목상권 개발 사업의 미래를 결정할 중요한 사업이다.

부동산 개발회사의 진입

2세대 모델은 자산운용사와 부동산 개발회사가 개발하는 골
목형 쇼핑센터다. 인사동 쌈지길, 가로수길 가로골목을 기획한 이
지스자산운용이 대표적인 기업이다. 부동산 개발회사 JOH는 한
남동 사운즈한남을, 성수동에서 성수연방을 개발한 JOH와 OTD
도 골목형 쇼핑센터를 개발하는 기업이다. 골목형 쇼핑센터로 소
개한 쌈지길, 가로골목, 사운즈한남, 성수연방은 점포를 외부로
노출된 길로 연결한 스트리트형 쇼핑몰이다. 쇼핑센터는 아니지
만 단지를 따로 만들어 그 안에 골목상권을 조성한 제주 탑동의
아라리오뮤지엄, 제주 성산의 플레이스캠프제주, 디타워, 디뮤지
엄 등 한 건물 안에서 계단과 엘리베이터로 골목상권 분위기를
재현한 대림산업도 골목상권 개발회사로 분류할 수 있다.

연희동 일대에서 70여 개의 단독주택을 작은 상가건물로 개

발하는 AT쿠움파트너스는 골목상권 개발회사를 넘어 동네 전체
를 개발하는 '동네 디벨로퍼'로 기능한다. 지하, 1층, 2층 보통 3개
의 매장을 넣을 수 있는 단독주택에 별도 건물을 건설해, 외부 계
단과 연결 다리로 매장을 연결하는 방식으로 최대 8개 상점이 입
점할 수 있는 하나의 작은 마을을 조성한다. 한 기업이 비슷한 방
식으로 건물을 리모델링하기 때문에 연희동에서는 다른 지역에
서 보기 어려운 건축환경의 통일성을 느낄 수 있다. 개발회사의
역할은 설계와 건축으로 끝나지 않는다. 건물 콘셉트에 어울리는
브랜드를 유치하고 필요하면 자체 브랜드를 개발해 건물과 브랜
드의 일체감을 추구한다. 이렇게 많은 건물에서 임대사업을 하는
AT쿠움파트너스는 동네 전체의 임대료에도 상당한 영향력을 행

컬래버하는 지역 노포의 기록과 사진을 전시하는 인천 개항로 개항로프로젝트

사하는 것으로 알려졌다. 동네 디벨로퍼로 사업을 하면서 미국이나 일본에서 상권의 구성과 임대료를 관리하는 '지역관리회사' 기능까지 담당하는 것이다.

골목상권의 중심 업종인 커피전문점, 독립서점, 편집숍, 베이커리 등을 한 건물에 입점시켜 거리 분위기는 없지만 골목 브랜드 분위기는 살리는 방식도 일종의 골목상권 개발 방식이다. 골목상권 업종 중심으로 매장을 구성한 대표적인 '꼬마빌딩' 사례로는 한남동의 싸이빌딩과 성수동의 우란문화재단빌딩을 들 수 있다.

3세대 지역밀착적 개발회사

부동산 투자 수익을 목표로 하는 부동산 개발회사들이 골목상권 기획으로 젠트리피케이션을 유발한다는 비난에 휩싸이자, 보다 지역 밀착적으로 상권을 개발하는 사업자가 나타나기 시작했다. 연남동과 연희동에서 셰어빌리지를 건설하는 어반플레이, 시흥 월곶에서 시민 자산화를 통해 지역에 필요한 상업시설을 공급하는 빌드, 부여 규암리에서 지역자원을 활용해 공방마을을 건설하는 세간이 대표적인 지역자산 기반 개발회사다.

지역 내 노포와의 컬래버도 로컬 크리에이터가 지역자원을 연결하는 새로운 방식이다. 인천 개항로에서 13개의 공간을 운영하는 개항로프로젝트는 지역 국수공장에 국수 생산을 위탁하고 지역 예술가를 발굴해 콘텐츠를 개발하는 등 지역의 노포와 협력 체계를 구축했다. 노포와의 협력에 대한 의지를 볼 수 있는 장소가 이 회사가 운영하는 50여 개에 이르는 노포의 사진과 기록을 아카이빙한 전시관이다.

　이들 3세대 개발회사가 골목상권의 미래가 될 수 있을까? 골목상권 전체의 경쟁력이 중요해지기 때문에 어떤 형태로든지 골목 전체를 관리하고 기획하는 기업은 필요하다. 하나의 가능성은 상권을 공식적으로 관리하는 미국의 업무개선지구Business Improvement District와 일본의 지역관리회사Area Management Company가 한국에 도입되는 것이다. 또 다른 가능성은 3세대 지역밀착적 개발회사가 이런 기업으로 진화는 것이다. 후자가 현실이 되려면, 3세대 개발회사가 비즈니스로 성공하는 사례가 나와야 한다. 아직 초기 단계여서 장담할 수는 없지만 3세대 골목상권 개발업은 머지않은 장래에 부동산 분야의 새로운 비즈니스 모델로 자리 잡을 것으로 전망한다.

레트로 붐이 재발견한
전통시장의 미학

자영업 위기의 중심에는 전통시장이 놓여 있다. 2018년 기준 전국적으로 1,450개 시장의 36만 명 상인이 종사하는 전통시장 산업은 정부로부터 지속적인 지원을 받아야 생존할 수 있는 대표적인 사양산업이다.

　현재 정부가 추진하는 전통시장 지원 방식으로 전통시장이 경쟁력을 회복할 것이라 믿는 사람은 많지 않다. 대부분의 전통시장은 경쟁력 있는 상인 유치보다는 주차장, 간판과 도로 경관 개선, 문화행사 등 기존 상인을 위해 유동인구를 늘리는 사업을 요구하고 지원받는다. 일부 전통시장에서 청년 창업몰을 조성하는 등 청년 창업자를 유도하기 위해 노력했으나, 창업자의 준비 부족, 기존 상인의 비협조적 태도, 전통시장의 폐쇄적 공간 등의 이유로 성과가 미미하다.

위기에 빠진 전통시장이 가야 할 길

하지만 레트로 붐이 전혀 예상하지 못한 분야로 확산되듯이 전통 시장도 새로운 레트로 붐의 주인공이 될 수 있다. 서울 광장시장, 서울 망원시장, 부산 부전시장 등 일부 시장은 이미 회복의 가능성을 보이고 있다. 다른 전통시장도 불황 극복을 위한 자구책을 찾아 나서야 한다. 자구책의 하나로 고려해야 할 대안이 골목상권과의 상생이다.

20~30대가 여행을 가듯이 방문하는 골목상권은 자영업 시장의 전반적인 부진에도 불과하고 2000년대 중반부터 지속적인 성장세를 유지하는 중이다. 2000년대 중반 홍대, 삼청동, 가로수길, 이태원 등 4개 상권으로 시작된 골목상권은 이제 전국으로 확산, 현재 155여 개로 늘어났다.

골목상권의 경쟁력은 공간의 차별성과 업종이다. 한옥마을, 1970년대 단독주택, 서민주택, 근대건물, 공장과 창고 등 평소에 익숙하지 않은 건축을 배경으로 형성된 골목상권은 기존 상권과 다른 감성과 분위기를 자아낸다. 업종 구성도 다르다. 골목상권의 주력은 커피전문점, 베이커리, 편집숍, 독립서점, 외국 음식 전문점 등 20~30대가 좋아하는 업종이다.

전통시장이 골목상권과 상생하는 방법은 크게 두 가지다. 첫째가 주변 골목상권과 연결성을 높여 골목상권과 하나의 상권을 이루는 방법이고, 둘째가 전통적인 상권에 골목상권을 조성하는 방법이다. 전통시장과 골목상권을 연결하는 사업의 성공은 지리적 구조에 달렸다. 서울의 망원시장 같이 전통시장 주변에 골목상권이 들어선 경우에는 두 시장을 쉽게 연결할 수 있다. 가로 정비를 통해 물리적으로 상권 간 접근을 개선할 수 있으며, 공동 행사와 축제를 통해 상권의 통합적 정체성을 제고할 수 있다. 전통시장이 떠난 자리에 골목상권이 자리 잡은 사례도 있다. 춘천 육림고개는 청년창업가들이 전통시장이 상가 건물로 이전한 후 비어진 공간을 채우면서 형성된 골목상권이다.

물리적인 배려의 좋은 사례가 일본 도쿄의 기치조지 상권이다. 기치조지 역에서 나와 북쪽에 위치한 대형 쇼핑몰 지역으로 가려면 반드시 전통 상점가를 지나야 한다. 전통시장을 배려해 동선을 설계한 것이다. 백화점과 대형 쇼핑몰도 상생의 차원에서 주차장, 담 등 자신의 건물과 골목상권을 연결하는 장벽을 철거했다.

골목상권으로 탈바꿈한 전통시장

전통시장이 실질적으로 골목상권으로 전환된 사례도 나오고 있다. 2009년 문체부 '문전성시 사업'으로 '김광석길'로 조성된 대구의 방천시장이 대표적인 사례다. 빈 공간에 젊은이들이 좋아하는 카페, 식당이 들어가면서 연 80만 명에 달하는 관광객이 방문하는 대구를 대표하는 관광지로 자리 잡았다. 2014년 시작된 현대카드의 전통시장 활성화 프로젝트도 전통시장 재생의 새로운 모델을 제시했다. 가장 성공적이었다고 평가받는 사업은 광주 송정역시장 재생이다. 광주창조경제혁신센터, 광주 컬처네트워크와 협력해 송정역시장을 '1913 송정역시장'으로 리브랜딩 했다.

핵심 디자인 콘셉트는 시간과 청년이다. 송정역시장의 오랜 '시간'을 표현하기 위해 역의 설립연도 '1913'을 추가했으며, 시장에서 영업하는 가게의 역사도 가게 스토리텔링으로 부각했다. 송정역 탑승자를 배려해 기차 시간표를 알려주는 전광판이 들어간 '제2의 대합실'을 건축한 것도 시간 콘셉트의 일환이었다.

송정역시장이 골목상권으로 전환하는데 가장 기여한 사업은 청년 창업 지원이다. 공모를 통해 선발된 청년 창업자들이 수제 맥주, 베이커리, 로컬 브랜드 편집숍, 디자인숍 등 골목상권에서 인기 있는 업종을 연달아 창업했다. 다른 청년몰과 달리 송정역시장의 청년 창업자들이 성공한 이유로는 청년 창업자와 기존 상인을 대상으로 한 지속적인 멘토링과 디자인 지원, 상호 보완하는 업종이 입점한 상권 구성, 그리고 송정역에서 걸어서 3분 거리에 위치한 입지를 들 수 있다.

군산 전통시장 영화타운 내 사케바 수복

부산 자갈치 건어물 시장의 대형 창고를 건어물과 부산 지역문화 테마의 복합문화공간으로 개발한 'B4291 프로젝트'도 전통시장을 골목상권으로 전환한 사례로 볼 수 있다. 건어물을 디자인 상품으로 브랜딩하고 골목상권의 보편적인 업종인 편집숍, 갤러리와 카페를 운영한다.

기획자 모델에서
운영자 모델로

2019년 오픈한 군산의 영화타운도 골목상권으로 변신한 전통시장이다. 영화타운 사업의 차별성은 추진 방식이다. 청년몰 사업이 기획자를 먼저 선정한 후 기획자가 기초 공사를 하고 개별 운영자를 모집하는 기획자 모델이라면, 영화타운은 운영자를 먼저 선정한 후 그가 전체 사업을 총괄하고 장기 운영하는 운영자 모델이다. 건축도시공간연구소가 운영자 모델을 군산시에 제안하고 지원했으며, 군산의 민간 사업자인 ㈜지방이 사업의 시행을 맡았다.

2019년 6월 영화타운은 1단계로 스페인 음식점, 군산 사케 바, 로컬 펍, 디저트 카페 등 5개 사업장을 오픈했다. 오픈하자마자 군산의 핫플레이스로 떠올라 많은 관광객을 유치했다. 영화타운에서 주목을 받는 매장이 사케바 수복이다. 백화수복, 청하, 국향, 설화 등 국산 사케 브랜드를 생산하는 군산의 정체성을 구현하는 브랜드로 개발됐다.

군산 사케 산업의 기원은 일제강점기다. 1945년 전에는 군산에 10개 가까운 사케 양조장이 성업했다고 한다. 해방 후 일본인이 운영하던 사케 양조장을 인수한 백화수복이 사케를 계속 생산했고, 군산을 한국의 사케 중심지로 만들었다. 군산의 사케 문화를 발전시키기 위해서는 근대문화 지역에 새로운 사케 양조장 단지를 조성해서 그곳에 새로운 사케 기업의 창업을 유인해야 한다. 사케가 군산의 지역산업으로 발전하기 위해서는 다양한 사케를 생산하는 다수의 양조장이 필요하다. 초기 단계에는 양조장 내에서만 술을 판매해도 관광객을 중심으로 충분한 수요를 창출할 수 있을 것이다. 원도심에서 사케 양조장 단지를 조성할 수 있는 최적의 공간이 전통시장이다. 이미 비어 있는 공간이 많은 전통시장에 소규모 양조장을 유치해, 전통시장을 군산 전통주 산업의 플랫폼으로 활용해야 한다.

이처럼 전통시장의 미래는 골목상권과 지역산업과의 상생에 있다. 상권과 상권이 경쟁하는 시대에 전통시장이 골목상권과 상생하지 않고 생존하는 방도가 마땅치 않다. 전통시장과 골목상권의 상생을 위해서는 정부의 역할이 중요하다. 상권 정책의 대상을 전통시장에서 골목상권을 포함한 전체 지역상권으로 확대해 상권 간 상생과 시너지를 극대화해야 한다. 제조업을 산업 단지로 관리한다면, 상권 경쟁력과 구성이 중요한 자영업 산업은 지역상권으로 관리해야 한다.

생활권과 상권이 새롭게
결합된 마이크로 타운

2000년대 중반 개성 있는 음식점과 리테일 상점으로 시작한 골목 상권은 2010년대 중반 복합문화공간, 라운지, 코워킹, 코리빙, 커뮤니티 호텔 등 지역에서 생태계를 구축해 경쟁하는 커뮤니티 비즈니스 중심으로 전환했다. 홍대, 성수동 등 일부는 창조인재와 창조기업을 유치해 새로운 리테일, 문화, 창조 산업 브랜드를 지속적으로 배출하는 도시산업 생태계로 발전했다. 골목상권이 지속가능해지기 위해선 상업시설과 기업 생태계만으로는 부족하다. 상권 배후인구를 구성하는 주민의 유입이 필요하고, 이를 위해서는 적절한 수준의 주택과 교육시설을 유치해야 한다. 골목상권으로 시작한 지역이 일, 주거, 놀이를 근거리에서 해결할 수 있는 생활권으로 자연스럽게 진화하는 것이다. 골목상권 지역이 상권에서 도시로 진화함에 따라 로컬 크리에이터의 비즈니스 모델도 공간 기획에서 도시 기획으로 변하고 있다.

마이크로 타운 기획자들

대표적인 지역이 부산 영도다. 영도 젊은이들이 일하는 메이커스페이스와 복합문화공간, 거주하는 코리빙 플레이스, 그들에게 필요한 상업시설 등 총 5개 단지로 구성된 작은 도시가 들어선다. 도시재생 스타트업 '돌아와요 부산항 연합RTBP'이 쇠락한 조선소 지역에서 빈 공간을 활용해 일·주거·놀이를 통합한 삼위일체 도시 모델을 완성한 것이다. 도시 콘텐츠 그룹 어반플레이도 서울 연희동과 연남동 일대에서 복합문화공간, 로컬브랜드 편집숍, 코워킹 스페이스, 코리빙 플레이스, 공유키친, DIY숍, 스토리텔러와 아티스트 콘텐츠 공간 등 밀레니얼이 한 지역에서 일하고 살며 즐기는데 필요한 공간과 시설을 건설한다.

RTBP와 어반플레이뿐이 아니다. 시흥의 빌드, 제주 재주상회, 군산 ㈜지방, 인천 개항로프로젝트, 속초 소호259, 순천 브루웍스, 목포 괜찮아마을, 부여 자온길, 공주 퍼즐랩, 강릉 더웨이브컴퍼니, 거제 공유를위한창조, 남해 팜프라촌 등 전국 곳곳에서 공간 기획력과 콘텐츠 개발력으로 무장한 로컬 크리에이터들이 쇠락한 지역의 유휴공간이나 상권이 아니었던 주거지역을 젊은이들이 살고 싶어 하는 도시로 탈바꿈한다.

창의성과 커뮤니티를 기반으로 지역을 살리는 이들 민간 사업자의 일차적인 목표는 역설적으로 도시재생이 아니다. 로컬에서 자신이 좋아하는 일을 하고, 그것에 필요한 커뮤니티를 건설하는 것이다. 로컬에 대한 밀레니얼의 인식은 기성세대와 다르다. 로컬을 변두리, 시골, 지방이 아닌 독립적이고 자유로운 삶을 살 수 있는 장소로 인식한다. 기성세대가 더 좋은 기회를, 더 좋은 직

SHARE VILLAGE

쉐어빌리지 (연남/연희)

쉐어빌리지는 크리에이터의 콘텐츠와 지역의 유휴공간을 연결하여 혁신적인 로컬 비즈니스 생태계를 구축하려는 취지에서 시도하는 프로젝트입니다. 서울특별시 연희동·연남동을 시작으로 지역과 크리에이터가 함께 성장할 기회를 마련하고, 커뮤니티 중심의 동네 라이프스타일 서비스를 제공합니다.

어반플레이가 운영하고 있는 쉐어빌리지 (출처: 어반플레이)

장을, 더 좋은 도시를 찾아 지역을 떠났다면, 밀레니얼은 지역에서 새로운 기회를 창출하고, 필요하면 RTBP, 어반플레이와 같이 자신이 살고 싶은 도시를 직접 만든다.

주거시설, 상업시설, 산업시설을 융합한 작은 도시를 건설하는 것 자체는 새로운 모델은 아니다. 기존 부동산 개발회사도 도시 안에서도 주상복합을 통해 다양한 용도의 단지를 건설한다. 앞에서 설명한 바와 같이 온라인 쇼핑, 골목상권과의 경쟁에서 낙오된 대형 쇼핑센터가 경험, 커뮤니티 시설과 더불어 주거공간까지 추가한 주상복합Retaildential을 대안으로 추구한다. 코워킹 스페이스로 시작한 공유경제의 대표적인 기업 위워크WeWork의 미래 비전도 작은 도시다. 코워킹 스페이스로 사람을 모은 다음, 그들을 위한 주거, 상업, 학교, 병원 등 제반 생활 인프라를 건설하는 도시 운영 계획을 갖고 있다.

마이크로 도시를 건설하는 한국의 로컬 크리에이터가 특별한 이유는 다른데 있다. 일반 부동산 개발회사와 달리 로컬 크리에이터는 로컬 콘텐츠, 지역 커뮤니티, 라이프스타일 비즈니스 등 지역사회에 밀착된 비즈니스 모델을 추구한다. RTBP의 기본 콘텐츠는 영도의 조선 산업이다. 폐쇄된 조선소의 건물을 활용해 창업 공간과 상업시설을 조성했고, 주거시설도 조선소 노동자들이 살던 동네의 한 건물을 활용한다. 기존 커뮤니티를 이주시키는 개발 방식이 아닌 건물 단위 재생을 통해 지역 커뮤니티와 상생하는 모델이다. 구성원 사이의 협업, 공동행사를 통해 내부 커뮤니티도 활성화한다. RTBP 사업의 본질은 부산과 영도의 라이프스타일을 시대의 변화에 맞게 재생하는 일이다. 영도의 매력과 자원을 발굴하고 이를 사업화해 지역 청년이 원하는 일자리와 기업을 창출한다.

어반플레이의 기본 콘텐츠는 1970년대 단독주택 지역인 연희동과 연남동의 골목문화다. 7개에 달하는 재생 공간들이 한 곳에 모여 있지 않고 서로 상당거리 떨어져 있다. 폐쇄적인 단지를 건설하지 않고 지역과 상생하며 구성원 커뮤니티를 구축한다. 어반플레이의 공유마을은 또한 창조적이고 자유로운 일을 하면서 이웃과 소통하고 일상을 즐기는 라이프스타일을 추구한다. 공간적 여유가 있는 단독주택에서는 반려동물을 키우고 정원을 가꾸는 생활이 가능하다. 집을 직접 장식하고 수리하는 DIY 문화도 단독주택 지역에서 활성화될 수 있다. 어반플레이는 단독주택 지역의 DIY 수요를 만족하기 위해 DIY숍인 정음철물을 운영하고 그곳에서 DIY 교육도 실시한다.

RTBP와 어반플레이 모델이 성공하면 그 파급 효과는 해당 기업의 성장에 그치지 않는다. 두 기업이 운영하는 코워킹 스페이스와 사업장을 통해 새로운 창조인재와 창조기업이 지역으로 유입된다. 어반플레이가 운영하는 코워킹 스페이스 연희회관에는 푸드테크 기업을 위해 식음료 제조와 모임이 가능한 쿠킹 라운지와 프로덕트 제조까지 확장된 크리에이터를 위한 스토리지와 공유 업무 공간을 조성했다. RTBP가 지금까지 보육한 메이커 기반 창업팀은 40여 개에 이른다. 로컬 크리에이터가 보육한 기업들은 지역자원과 가치를 공유하고 활용하기 때문에 지역에 남아 지역의 자생적인 산업 생태계에 참여할 가능성이 높다. 로컬 크리에이터가 건설한 마이크로 도시가 새로운 지역산업의 모태가 될 수 있는 것이다.

어반플레이와 RTBP와 같은 지역기반 도시재생 기업은 새로운 창조산업이다. 다른 도시도 도시재생 기업을 통해 경제적, 문화적 이유에서 재개발이 어려운 지역을 재생해야 한다. 재개발이 가능한 지역에서도 이미 과잉 공급된 신도시보다는 지역문화와 정체성을 살린 재생도시가 지속가능한 지역발전 모델이 될 수 있다.

도시재생의 미래

민간 기업의 도시재생사업이 생활권으로 확대되면서 정부의 도시재생 정책도 생활권 중심으로 바뀌어야 한다. 코로나 위기 발생 이후 원거리 이동과 통근이 어려워지면서 생활권이 우리가 사는 동네에 좁혀졌고, 자연히 내가 사는 동네에 대한 관심이 높아졌다. 이 추세가 계속되면 대도시는 다수의 생활권 도시로 분산하고, 중소도시는 원도심을 생활권 도시로 활성화하는 것이 불가피하다. 생활권 도시를 구축하는 과정에서 도시재생사업이 중심적 역할을 할 것으로 예상된다. 대부분 원도심 지역에 위치한 도시재생 지역이 생활권 도시의 중심으로 부상할 가능성이 높기 때문이다.

생활권 도시로 전환하면서 가장 많이 고민해야 할 문제가 일자리와 고용이다. 일, 주거, 놀이를 한 곳에서 해결할 수 있는 진정한 의미의 생활권 도시를 건설하기 위해서서는 도시재생을 통해 일자리를 창출하고 기업을 유치해야 한다. 도시재생을 이렇게 생활권 경제 구축을 위한 동력으로 활용하기 위해서는 도시재생에 대한 기본 철학과 모델을 점검해야 한다.

도시재생의 범위와 중점 분야도 재론해야 한다. 도시재생을 생활권 사업으로 확대한다면 상권 활성화가 더욱 중요해진다. 상권이 도시재생에 중요한 이유는 자명하다. 아무리 작은 지역이라도 최소한의 상업시설이 있어야 생활권으로 기능할 수 있다. 생활권 조성은 주민들이 일상적으로 찾는 거점인 상업시설의 활력을 회복해야 달성할 수 있다.

상권 활성화의 파급효과도 중요하다. 도시재생에 대한 많은 연구가 상권 활성화가 주거 활성화를 촉진하지만 그 반대 효과는 크지 않음을 강조한다. 상권과 주거지역 활성화 중 하나를 선택해야 한다면 전자를 선택해야 함을 시사한다. 젊은이들이 '스세권'을 주거지로 선호한다는 사실이 상업시설의 중요성을 단적으로 보여준다.

로컬 크리에이터의 마이크로 타운 모델은 도시재생 지역이 주는 새로운 기회를 활용하는 방법을 다시 생각하게 한다. 현재 정부는 공공사업 중심으로 도시재생을 추진하지만 지속가능한 지역경제를 위해서는 민간 주도 도시재생을 확대할 필요가 있다. 정부와 공공기관이 미래 세대가 요구하는 공간과 콘텐츠를 공급하는데 한계가 있기 때문이다. 도시재생사업의 설계에서 개방적이고 창의적이며, 무엇보다 커뮤니티 의식이 강한 로컬 크리에이터에게 더 큰 역할을 부여해야 한다.

로컬 크리에이터에게도 새로운 혁신이 요구된다. 마이크로 타운 영역을 코워킹과 코리빙 등 공유경제로 확대하고 있지만, 진정한 직주락 도시의 건설을 위해서는 일정 규모의 주택을 공급하는 사업이 불가피하다. 즉, 사업 범위를 상업 부동산 개발에서 주택 개발 사업으로 확대해야 한다. 그렇다고 일반 부동산 개발 회사와 같은 대규모 아파트 단지를 개발해야 한다는 말은 아니다. 유휴공간이나 저평가 토지를 확보해 마이크로 타운 개념에 맞는, 그 사업을 보완하는 방식으로 주거 공간을 공급하는 것이 바람직하다. 정부도 동네 단위 부동산 개발회사를 육성해 동네 단위로 주택을 공급하는 사업 모델을 적극적으로 고려해야 한다.

로컬 크리에이터의 마이크로 타운 사업과 정부의 도시재생 사업을 융합하는 민관 협력사업이 새로운 가능성을 보여준다. 제주 도시재생센터와 창조경제혁신센터가 공동으로 추진하는 '리노베이션 스쿨 인 제주' 사업이 대표적인 사례다. 도시재생센터에서 유효 공간을 확보하면, 창조경제혁신센터가 이 공간에 입주할 기업들을 모집하고 훈련한다. 이들 기업에 투자할 벤처 캐피털 회사와 선정된 사업자를 6개월 동안 훈련할 교육기관도 참여한다. 제주 모델은 창업자의 비즈니스 모델을 완성시킨 다음 현장에 투입하는 모델이다. 한국 골목산업이 불안한 이유가 준비가 부족한 상태로 창업하는 사람이 많기 때문인데, 제주 모델이 이 문제를 해결할 수 있는 혁신적인 모델을 제시한다.

이처럼 골목상권의 미래는 상권이 아닌 창조도시, 골목상권이 중심이 되는 생활권 규모의 도시다. 로컬 크리에이터의 일이 주택 공급으로 확장되면 자연스럽게 정부 도시재생 정책의 일부가 된다. 로컬 크리에이터가 참여하는 혁신적인 민관 협력사업이 도시재생의 미래를 결정하는 이유다.

17

라이프스타일 센터에서
발견한 동네의 미래

2000년대 중반 골목상권이 사람이 모이는 새로운 상권으로 부상하자 골목상권에 투자자가 몰리기 시작했다. 아직 더 많은 연구가 필요하지만 새로운 투자자의 진입은 부동산 가격의 상승으로 이어졌고 많은 사람이 투자자를 골목상권에서 발생한 급격한 임대료 상승의 원인으로 주목한다.

골목상권을 재현한 앨리웨이 광교의 조감도

골목길 투자자는 도시의 미래에 어떠한 영향을 미칠 것인가? 골목상권 젠트리피케이션이 그들의 유일한 유산일까? 골목상권 발전에 기여할 여지는 없는가? 최근 시장 동향을 보면 골목길 개발자의 영향은 골목상권에 한정되지 않는다. 골목상권과 관계없어 보이는 신도시에서도 골목문화에 대한 투자로 도시에 긍정적인 변화를 일으킨다.

신도시 상권 공실,
어떻게 대처해야 하나

원도심 골목상권과 정반대의 상황에 처한 상권이 신도시 상권이다. 전자가 2010년대 이후 급속히 성장하고 전국적으로 확산된다면, 후자는 거의 예외 없이 불황에 허덕인다. 특히 세종시, 위례신도시, 혁신도시 등 새로 조성된 신도시의 공실 문제는 해결될 기미를 보이지 않는다.

국토부는 신도시 상가 공실 문제를 해결하는 방안으로 상가 공급의 축소를 제안하지만, 이 제안으로 이미 과잉 공급된 신도시 상가들의 문제나 미래 신도시의 문제를 해결할 수 있을지 확신하기 어렵다. 골목상권 관점에서 보면 신도시 상권의 가장 큰 한계는 콘텐츠다. 공간과 운영 모델의 제약으로 신도시 상권은 구조적으로 골목상권의 개성, 다양성, 감성, 경험을 제공하지 못한다.

이런 상황에서 신도시에서 골목문화를 재현하는 상권을 개발하는 기업이 등장했다. 2014년 이후 라이프스타일과 도시문화 콘텐츠로 신도시 상권에 새 바람을 일으키는 부동산 개발회사 네오밸류다. 이 기업의 대표 브랜드는 지역밀착형 라이프스타일 센터 앨리웨이다.

2019년 개장한 앨리웨이 광교는 기술 중심의 미래가 뭔가 불편한 우리에게 사람 중심의 미래가 어떤 것인지 보여주는 공간이다. 앨리웨이가 제시하는 사람 중심의 미래는 오래된 미래, 골목문화다. 네오밸류가 앨리웨이에서 제안하는 라이프스타일은 일상을 여유롭게 즐기고 이웃과 소통하는 삶이다.

신도시 상가에 골목문화를 재현하기 위해 투입된 브랜드는 80개에 달한다. 독립서점, 슈퍼마켓, 베이커리, 카페, 수제 맥주, 편집숍, 갤러리, 꽃집 등 익숙한 골목 업종뿐 아니라 DIY 워크숍, 커뮤니티 키친, 공예공방 등 창조 커뮤니티 건설에 필요한 창조 공간을 망라한다. 앨리웨이에서는 일반 상가에서 흔히 볼 수 있는 대기업 프랜차이즈 브랜드를 찾기 어렵다.

골목상권 경험을 재현하기 위해 골목에서 주목받는 독립 브랜드 중심으로 상가를 구성했다. 시장 기능을 하는 마슬마켓은 전통시장을 재현하기 위해 쌀가게, 방앗간, 정육점 콘셉트의 가게를 유치했다.

네오밸류의 앨리웨이는 개발회사가 상가를 분양하고 철수하는 전통적인 상가 개발 방식으로는 운영하기 어렵다. 개발회사가 상가를 직접 운영하고 외부 브랜드로 채우지 못하는 콘셉트의 공간은 자체 브랜드로 채운다. 앨리웨이 광교에 투입되는 자체 브랜드는 11개에 이른다. 콘텐츠만이 골목상권 세트가 아니다. 공간디자인 자체도 골목상권을 벤치 마킹했다. 상가가 여러 골목길로 연결되고 있고 보행로 곳곳에 골목길을 연상시키는 그라피티, 벤치, 천막, 노점을 배치했다. 상가 중앙에 거대한 광장을 만들어 주민이 휴식하고 교류할 수 있는 공간을 조성했다. 본관과 별도로 별관을 건설해, 공간 구조의 다양성을 구현한 것도 골목길 분위기를 더한다. 무엇보다 상가를 호수와 가까운 아파트 단지의 정면에 배치했다. 상가 중심의 생활권의 중요성을 강조한 것이다.

개장한 지 1년도 채 안 돼서 콘텐츠의 힘을 피부로 느낄 수 있었다. 가장 큰 변화는 상가의 활력이다. 일주일 내내 사람이 몰리는 앨리웨이와는 달리 주변의 다른 아파트 상가는 부동산 업소로 채워진 비워진 공간이다. 아파트 가격에서도 차이가 있다. 앨리웨이가 입점한 아이파크의 아파트 가격이 전통적인 아파트 상가가 들어간 이웃 아파트보다 10~15% 비싸다고 한다. 광교 지역에서 아파트를 구매하는 소비자가 앨리웨이가 제공하는 라이프스타일을 즐기기 위해 높은 가격을 지불하는 것이다.

독립 브랜드로 대형 상가를 개발하는 앨리웨이는 해외에서 전례를 찾기 어려운 혁신적인 사업이다. 네오밸류는 앨리웨이 모델이 정착되기까지는 아직 시간이 더 걸릴 것으로 예상한다. 동네 상권의 중심인 슈퍼마켓, 어린이 관련 시설에서 더 많은 혁신이 필요한 것으로 보인다. 상가 건축에서 시작해 콘텐츠 개발로 사업 분야를 확대하는 네오밸류는 새로운 부동산 개발 비즈니스 모델을 제시한다. 콘텐츠 개발회사에서 부동산 개발회사로 이동하는 일본 츠타야와 무인양품의 궤적과 반대 방향으로 이동한다. 누구의 전략이 맞는지는 중요하지 않을 수 있다. 리테일의 미래에 중요한 것은 라이프스타일, 로컬, 골목길 콘셉트로 오프라인 리테일을 혁신하는 기업이 늘어나고 있다는 사실이다.

아무쪼록 네오밸류 같은 기업이 신도시 상권을 살리는 부동산 개발회사로 발전하길 기대한다. 태영건설과 같은 중견 건설사가 라이프스타일 센터 개발에 합류하는 것은 환영할 만한 일이다. 태영건설은 경기도 광명시에 뉴욕 소호를 모티프로 하는 라이프스타일 센터를 건설할 계획이다. 골목형 신도시 상가는 기업은 물론, 신도시 미래에도 바람직한 비즈니스 모델이다. 스타벅스가 지역상권을 활성화하는 효과를 스타벅스 임팩트로 표현한다. 네오밸류 실험이 성공하면, 많은 사람이 네오밸류의 신도시 상권 활성화 효과를 앨리웨이 임팩트라고 부를 것이다.

독립 브랜드의 대응

독립기업은 독립 브랜드, 소규모 상권개발 등 골목상권 고유의 영역에 진출하는 대형 부동산 개발회사에 어떻게 대응해야 할까? 한 가지 방법은 협업이다. 신도시에서 골목상권을 조성하는 앨리웨이 사업은 많은 독립 브랜드의 참여가 필요하다. 자신의 브랜드 파워를 키우면, 자연스럽게 앨리웨이가 제공하는 기회를 활용할 수 있다.

네오밸류가 골목상권을 조성하는 지역은 신도시만이 아니다. 가로수길, 익선동, 성수동에서도 지역문화에 기반한 골목형 상권을 개발한다. 가로수길에서 운영하는 도시형 골목상가 '가로골목'이 제공하는 팝업 스토어는 강남 시장 진출을 위한 독립 브랜드의 플랫폼이 될 수 있다.

네오밸류 모델은 또한 독립기업의 확장 모델이 될 수 있다. 특히, 한 지역에서 지역 청년과 주민을 위해 여러 상업시설을 개발하고 운영하는 로컬 크리에이터는 네오밸류 모델에서 새로운 가능성을 찾을 수 있다. 로컬 크리에이터가 어떤 길을 선택해도 원천 경쟁력은 콘텐츠에 있음은 변하지 않는다. 부동산 개발업에 진출해도 다른 로컬 브랜드를 유치하거나, 새로운 브랜드를 직접 개발할 수 있는 능력을 보유해야 한다.

국민의 60% 이상이 아파트에 거주하는 한국에서 아파트 단지 상가는 지속적인 혁신이 필요한 분야다. 현재와 같은 공동화 상황을 마냥 방치할 수 없다. 원도심 지역의 골목상권이 고유의 역사문화, 건축 자원으로 도시문화를 창조해 창조인재와 창조기업을 유치하는 것이 숙제라면, 신도시의 상권은 높은 삶의 질을 제공해 주민 생활의 허브로 탈바꿈하는 것이 숙제다. 신도시 상권 재생의 방법은 의외로 명품상점이 즐비한 럭셔리 상권, 자동차 이동과 접근이 편리한 자동차 상권, 온라인 기반의 디지털 상권이 아닐 수 있다. 네오밸류의 앨리웨이 프로젝트가 보여주듯이 원도심에서 부활하는 도시문화, 골목문화가 신도시 상권의 미래가 될 수 있다.

5

지속가능한
로컬 비즈니스를 위하여

01

로컬도 대기업이
될 수 있을까?

중소벤처기업부가 로컬 크리에이터 산업의 산업화를 모색하고
있다. 로컬 씬에서는 과거에 만나지 못한 투자자와 투자기업이
모인다. 먼저 생태계를 구축한 사회적 경제에서도 로컬을 새로운
기회로 인식한다. 과연 '로컬 전성시대'가 온 것일까?

　로컬 크리에이터는 콘텐츠 기반의 혁신적인 소상공인 기업이
다. 기술로 스타트업과 일반 중소기업을 구분하듯이, 로컬 크리에
이터는 로컬 컨텐츠가 있다는 점에서 일반 소상공인과 구분된다.
로컬 크리에이터가 공간, 장소, 커뮤니티, 지역자원으로 생산하는
콘텐츠는 브랜드, 디자인, 스토리, 플레이, 전시와 행사 등이다.

　로컬 크리에이터 비즈니스를 산업화하기 위해서는 우선 로
컬 크리에이터를 일정 규모로 성장시켜야 한다. 국내외 사례는
로컬 크리에이터가 일반적으로 3단계를 거쳐 전국 기업으로 확
장함을 보여준다. 1단계가 로컬 정체성의 확립이다. 창업 또는 사

업 초기 단계에 로컬 정체성, 즉 로컬 자원을 기반으로 다른 지역이 모방할 수 없는 비즈니스 모델을 확립해야 한다. 2단계가 로컬의 대표성, 즉 '앵커'의 확보다. 전국이나 세계 시장으로 진출하기 전에 먼저 로컬에서 앵커스토어로 자리 잡는 것이 중요하다. 로컬에서 안정적인 시장 점유율과 수익성을 보장하는 대표 브랜드가 돼야 한다. 3단계가 전국 시장 진출이다. 국내외 사례에서 찾을 수 있는 로컬 비즈니스의 확장 모델은 전국 매장, 로컬 제조업, 부동산 개발 모델이다.

전국 매장

전국으로 매장을 확대하는 모델은 매장을 기반으로 하는 로컬 비즈니스의 고전적인 확장 모델이다. 외국에서는 맥도날드, 스타벅스, 한국에서는 파리바게트, 교촌치킨이 매장 확장으로 대기업으로 성장한 로컬 비즈니스 사례다. 콘텐츠 기반의 로컬 크리에이터도 매장 진출을 통해 전국 브랜드로 성장한다. 커뮤니티 호텔을 지향하는 포틀랜드 에이스호텔, 일본 로컬 브랜드 편집숍 디앤디파트먼트, 포틀랜드 로컬 아이스크림 기업 솔트앤스트로Salt&Straw 등이 전국 매장으로 확장한 로컬 비즈니스다.

　일반 기업과 달리 로컬 크리에이터 기업은 전국으로 매장을 확장할 때 본점을 '복사'하는 방식을 선택하지 않는다. 홈 지역에서 로컬 비즈니스로 성장했듯이, 다른 지역에서도 그 지역의 로컬 비즈니스로 성장하길 원한다. 에이스호텔은 어느 곳에 진출하든 그 지역 커뮤니티의 중심지가 된다. 현지에서 역사적으로 중요한 건물을 매입하고, 준비 단계에서부터 로컬 예술가, 건축가,

디자이너, 브랜드와 협업하는 등 지역성을 극대화하는 방식으로 전국 매장 모델을 설계하고 추진한다.

솔트앤스트로도 마찬가지다. 본점이 지역의 농부와 축산인과 협업하듯이 새로 진출한 지역에서도 그 지역의 로컬 재료를 공급할 수 있는 파트너를 발굴해 아이스크림을 만든다. 모든 지역에서 로컬 브랜드를 지향하기 때문에 로컬 크리에이터 기업의 타 지역 진출은 시간이 오래 걸린다. 에이스호텔의 경우 준비기간이 평균 5년이다. 이런 제약 때문에 에이스호텔은 2020년 기준 세계에서 11곳의 지점만 운영하는 것이다. 운영자의 철학과 가치가 중요한 로컬 크리에이터 비즈니스는 대부분 직영점 형태로 다른 지역에 진출한다. F&B에서 흔히 볼 수 있는 프랜차이즈 모델은 로컬 크리에이터 확장에 좋은 모델이 아니다.

로컬 제조업

로컬 브랜드 편집숍, 커뮤니티 호텔과 같은 커뮤니티 비즈니스를 통해 2단계 앵커스토어로 성장한 기업이 3단계로 확장할 수 있는 통로가 제조업이다. 자체 상품 개발에서 시작한 로컬 크리에이터는 지역생태계에 대한 전문성을 바탕으로 커뮤니티 비즈니스를 구축한다. 커뮤니티 비즈니스를 운영하다 보면 로컬 비즈니스 생태계에 대한 폭넓은 시야를 얻을 수 있고, 이를 바탕으로 로컬 생태계의 빈 공간, 즉 로컬 생태계와 브랜드 구성에 무엇이 부족한지 발견하는 것이다. 이 빈 공간을 채우는 방법이 로컬 제조업이다.

로컬 편집숍을 운영하는 제주의 재주상회와 연남동의 연남방앗간의 경우 일부 품목을 OEM/ODM 방식으로 직접 생산하는 과정을 밟고 있다. 로컬 브랜드에서 커뮤니티 비즈니스, 커뮤니티 비즈니스에서 로컬 제조업으로 확장하는 것이 로컬 크리에이터의 가장 바람직한 확장 모델이다.

편집숍만이 로컬 제조업으로 갈 수 있는 길이 아니다. 로컬 크리에이터 기업을 운영하면 자신이 종사하면서 얻는 전후방 산업에 대한 정보와 지식을 활용하는 방법이 있다. 음식점의 경우, 전방에는 배달앱, 오픈마켓, 광고, 미디어 등 생산자와 소비자를 연결해 주는 기업이 활동하며, 후방에는 식자재를 재배하는 농업, 가공하는 식가공업, 유통하는 도소매업, 식가공 제품의 생산에 필요한 기계를 생산하는 기업이 포진돼 있다.

로컬 서비스업을 운영하면서 전후방 산업의 문제점을 발견하고 이를 보완할 수 있는 새로운 비즈니스를 창업할 수 있다. 음식문화로 기계산업을 배출한 일본 가나자와가 좋은 사례다. 가나자와에는 회전초밥집에서 사용되는 컨베이어 벨트, 음료회사가 사용하는 보틀링 기계를 생산하는 기업(시부야공업)이 있다. 이 기업들의 역사를 보면 시작은 소상공인이었다. 한국의 골목상인은 이렇게 전후방에서 기회를 찾아 새로운 기업을 창업하기보다는 기존 비즈니스 모델을 프랜차이즈로 만드는 것에 집중한다. 한국 음식의 중심지인 전주가 식가공 기계는 물론이고 식자재 관련 대기업이나 중견기업을 배출하지 못하는 것이 지금의 현실이다.

부동산 개발업

부동산 개발업도 로컬 크리에이터가 전국구로 진출할 수 있는 산업이다. 대형 상가를 개발하는 건설사와 마찬가지로 골목상권을 개척하는 로컬 크리에이터도 부동산 매매 차익, 임대료, 권리금을 통해 큰 규모의 수익을 창출할 수 있다. 주식회사 장진우, 용산 열정도, 익선동 익선다다 등이 동네 전체를 기획, 즉 다수의 가게를 한 지역에서 창업하는 기획사다. 이들은 전국 곳곳에서 많은 골목상권을 기획하고 있다.

자산운용사와 부동산 개발회사도 골목상권 개발에 적극적이다. 인사동 쌈지길, 가로수길 스와치 빌딩을 인수해 골목형 쇼핑센터를 조성한 이지스자산운용, 디타워, 디뮤지엄을 개발한 대림산업, 신도시 상가에서 '골목상권'을 조성한 네오밸류가 대표적인 기업이다. 연남동과 연희동 일대에서 콘텐츠와 지역 공간을 연결하는 새로운 유형의 로컬 비즈니스 생태계를 조성하는 어반플레이와 부산 영도에서 지역 인재가 한 곳에서 주거, 일, 놀이 문제를 해결할 수 있는 마이크로 타운을 건설하는 RTBP 같이 보다 공동체 지향적인 기업도 있다.

로컬 크리에이터가 부동산 개발로 수익을 창출할 수 있는 방법은 다양하다. 사업장을 매입할 경우, 성공적인 사업장 운영으로 부동산 가치를 높일 수 있다. 사업장 주변에 상가나 주택을 미리 구입해 놓고 상권 부동산 상승에 따른 추가 수익을 기대할 수 있다. 부동산을 매입하지 않고 임대하는 사업자는 다수의 매장을 임대한 후 매출을 늘린 다음 다른 사업자에게 양도해 권리금 수익을 올릴 수 있다. 대형건물을 통째로 임대해 리모델링한 후 제삼자에게 재임대해 임대료 수익을 창출하는 방법도 있다. 상업 부동산에서 시작해 택지 개발로 진출할 수도 있다. 매력적인 아파트 상가를 매개로 아파트 분양가를 올릴 수 있고, 상가를 직영해 추가 임대 수익을 얻을 수도 있다.

어떤 비즈니스 모델을 선택하더라도 콘텐츠 기반 부동산 개발회사의 경쟁력은 콘텐츠다. 사람과 돈을 모을 수 있는 로컬 브랜드를 유치하거나, 이 같은 브랜드를 직접 개발할 수 있는 능력이 있어야 한다. 신도시에서 골목상권을 조성하는 네오밸류가 성수동 베이커리 브랜드 밀도를 인수하는 등 자체 브랜드를 개발하고, 합정동 독립서점 책발전소, 강남 브랜드 아우어베이커리와 협업하는 이유가 여기에 있다.

로컬 크리에이터 산업화, 목표의 문제다

정부가 로컬 크리에이터 산업의 산업화를 위해 대규모 예산을 투입하려면 사업 목적부터 분명히 해야 한다. 고용을 창출하는 대기업을 배출하는 로컬 생태계를 구축하길 원한다면, 로컬 제조업이 확장 모델로 가도록 지원해야 한다. 도시재생과 지역상권 활성화가 목표라면, 전국 기업보다는 지역에서 활동하는 로컬 앵커스토어의 육성에 우선순위를 둬야 한다. 한국을 대표하는 라이프스타일 브랜드를 원한다면, 전국 매장이 바람직한 확장 모델이다. 많은 사람이 희망하는 한국의 스타벅스, 한국의 나이키가 전국 매장 모델을 통해 탄생할 수 있다.

부동산 개발도 지역경제에 중요한 산업이다. 정부가 벤처펀드의 부동산 투자를 허용해 많은 자금이 로컬 크리에이터 산업을 포함한 상업 부동산 개발 산업으로 유입되고 있다. 정부가 로컬 크리에이터의 부동산 투자를 어떻게 지원해야 할지는 더 논의할 필요가 있다. 현재 정부는 HUG와 도시재생사업을 통해 로컬 크리에이터의 사업장 구매와 임대를 지원하고 있다. 기본 사업장 확보의 범위를 넘는 부동산 투자를 지원하는 것이 가능할지 의문이다. 젠트리피케이션, 투기자본 등 부동산 투자가 유발할 수 있는 사회적인 문제도 고려해야 하기 때문이다.

로컬 크리에이터의 산업화 과정에서 제일 중요한 단계는 1단계와 2단계다. 아직 로컬 크리에이터 생태계는 1단계와 2단계 확장이 활성화되지 않은 상태다. 1단계, 2단계로 진입한 기업이 많아야 3단계 사업을 원활하게 추진할 수 있다. 더 큰 과제는 1단계 이전 0단계에 있다. 현장에서 가장 어려운 문제는 로컬 크리에이터의 공급이다. 전국 모든 지역에서 로컬 크리에이터 비즈니스를 창업할 사업자가 절대적으로 부족하다. 《골목길 자본론》이 제안한 지역단위 장인대학이 공급의 병목을 해소하는 방안이다. 현재로선 로컬 크리에이터의 '확장'보다는 '육성'이 우선순위다.

02
로컬 비즈니스가 제조업으로
진입하는 3가지 통로

로컬 제조업의 원론적인 정의는 지역에 위치한 제조업 기업이다. 지역 밀착성을 강조하려면 지역에 본사를 둔 또는 중앙이나 타 지역 기업과 독립된 기업으로 정의할 수 있다. 로컬 크리에이터의 제조업은 다를 수 있다. 그들은 제조업에서도 콘텐츠, 공간, 커뮤니티 등 지역자원을 기반으로 다른 지역의 기업이 복사할 수 없는 생태계를 구축하고 이를 경쟁력으로 활용한다.

로컬 크리에이터가 제조업으로 진입하는 통로는 크게 편집숍, F&B, 제조업 재생 등 세 갈래다. 일반적으로 공간과 장소 기반으로 시작하는 로컬 제조업 기업은 전통적인 제조업과 연결되지 않은, 즉 대기업에 납품하지 않는 기업일 가능성이 높다. 위치적으로도 전통적인 산업 단지가 아닌 도시에서 활동하는 기업이다. 제조업이 도시문화로 부활하는 것이다.

편집숍 통로

로컬 제조업 분야에서 새로 부상하는 진입 패턴은 콘텐츠에서 시작해 편집숍을 운영하다 제조업으로 진입하는 경로다. 앞서 3부에서 '로컬 매거진 발행'에 대해 설명했듯 로컬 매거진을 운영하다 보면 로컬 브랜드를 한 군데 모아 소개하고 판매하고 싶은 욕구가 생기고, 편집숍을 운영하다 보면 부족하거나 개선해야 할 제품을 직접 생산하게 된다. 콘텐츠 개발자가 로컬 제조업자가 되는 것이다.

콘텐츠 기업 어반플레이, 재주상회, 플레이스캠프는 각각 연남방앗간, 사계생활, 페이보릿이라는 로컬 편집숍을 운영하며, 편집숍 운영 과정에서 참기름, 소금, 그래놀라 등 식가공 제품, '아일랜드 오브'와 같은 패션 브랜드를 OEM 방식으로 생산한다.

F&B 통로

가장 보편적인 로컬 크리에이터의 제조업 진입 방식은 F&B다. 카페 매장에서 판매하는 곰부차를 캔 음료로 만들어 유통하는 인천 케이크 브랜드 도레도레, 자체 카페 브랜드 도렐의 브랜드 정체성으로 설정한 스트리트 컬처를 표현한 굿즈 브랜드 '업루티드 시리즈'를 생산하는 제주 성산 플레이스캠프 등이 좋은 사례다.

음료 분야에서는 매장과는 독립적으로 음료를 생산하는 로컬 크리에이터가 많다. 지역의 대표 산업으로 성장해 전국적으로 확산하는 수제맥주 브랜드들이 대표적이다. 언론 보도에 따르면 전국에 영업 중인 수제맥주 브랜드는 100여 개에 달하며 제주맥주, 강서맥주, 무등산브루어리 등 대부분의 브랜드들이 상호에 지역명을 넣는다.

수제맥주에 이어 로컬 음료 브랜드로 도약하는 산업이 양조다. 주세법 개정으로 전국적으로 이미 막걸리와 전통주 브랜드가 크게 늘어났다. 한국의 지역 양조 산업은 이제 시작에 불과하다. 수제맥주 시장이 보여주듯이, 앞으로 한국 양조 산업은 맥주, 와인, 양주 등 전통주가 아닌 외국 술이 주도할 것이다.

사실 주조로 유명한 대부분의 외국 도시도 외국 술로 지역 양조 산업을 키우고 관광객을 유치한다. 예를 들어 보드카의 원산지는 동유럽이지만, 세계적으로 인기 있는 보드카 브랜드를 소유한 나라는 동유럽이 아니다. 보드카 중 가장 고급으로 평가받는 그레이 구스는 프랑스에서, 우리나라 사람도 즐겨 마시는 스미노프와 앱솔루트는 각각 영국과 스웨덴에서 생산된다. 위스키도 마찬가지다. 원산지인 스코틀랜드 외에 미국, 아일랜드, 캐나다, 일본 등 다양한 나라에서 세계적으로 인정받는 위스키가 만들어지고 있다. 권위 있는 위스키 가이드북 《위스키 바이블 2015》가 선정한 'Top 5'를 보면, 일본 산토리사의 싱글몰트 위스키 '야마자키 셰리 캐스크 2013'이 최고등급의 영광을 차지했고, 스코틀랜드 산은 리스트에 아예 없다.

한국 도시도 세계적인 보드카, 진, 위스키를 만들지 못할 이유가 전혀 없는데 전통적으로 만들어 온 술만 고집할 필요가 있을지 의문이다. 이미 1970년대에 군산 백화수복은 자체 양조한 위스키 브랜드 베리나인골드를 출시했다. 지금은 로컬 크리에이터가 전국의 여러 지역에서 지역 농산물을 재료로 맥주, 와인, 위스키, 진을 생산하기 시작했다.

만약 한국이 전통주 범주를 넘어서 외국 술을 지역 술로 육성하기 위해 나선다면 가장 유리한 도시는 군산이다. 국내산 사케의 중심지가 군산이기 때문이다. 롯데주류 군산 공장은 백화수복, 청하, 국향, 설화 등 대표적인 국산 사케 제품을 생산한다. 군산의 사케 생산 역사는 1945년 적산기업을 인수한 조선양조로 거슬러 올라간다. 조선양조는 이후 백화양조로 개명하고, 1970년대에 백화수복, 베리나인 양주를 히트시키며 굴지의 주류회사로 성장했다. 1970년대 후반 내부 사고와 시장 환경 변화로 경영에 어려움을 겪은 이 회사는 1985년에 두산주류로 매각됐다. 그리고 2009년에 롯데 주류가 두산주류를 인수하면서 군산의 사케 생산은 오늘에 이르게 된 것이다.

군산이 이미 사케 생산에 관한 오랜 전통과 기반을 갖추고 있음에도 불구하고 사케를 지역 브랜드로 내세우지 않는다. 다수의 사케 양조장이 사케 마을을 이루는 일본의 사케 도시와 달리, 군산은 롯데주류 한 곳에서만 사케를 생산한다. 1945년에는 10개의 양조장이 군산에서 영업을 했을 정도로 사케 생산이 활발했다.

이렇게 성장 가능성이 큰 산업을 두고서 정부와 기업이 수입 대체 방안에 무관심한 것이 오히려 이상할 정도다. 사케 산업을 지역산업으로 육성하기 위해서는 군산시와 롯데주류의 협력이 중요하다. 우선적으로 추진해야 할 협력 사업은 국가산업 단지 내에 있는 사케 생산설비 일부를 도심의 근대문화 지역으로 이전하는 것이다. 이 제안은 회사 이익과도 부합한다. 백화수복과 청하 같은 저가 사케는 차치하더라도, 국향, 설화 등 프리미엄 브랜드를 공업 단지에서 생산하는 것은 브랜드 이미지에 어울리지 않는다.

　군산이 벤치 마크할 수 있는 도시가 미국의 포틀랜드다. 도시 곳곳에 와인, 맥주, 양주를 생산하고 판매하는 소규모 양조장이 들어서면서, 양조 산업이 도시 경제와 문화를 이끄는 주요한 트렌드로 자리 잡은 것이다. 여러 양조장을 방문해 술을 시음하고 구입하는 관광코스가 새롭게 떠오르고 있다. 포틀랜드의 독립 양조장들이 관광자원으로 활용되는 동시에 지역문화의 기반을 형성하고 있는 것이다. 그런데 한 가지 흥미로운 사실은, 이 도시가 자랑하는 술이 지역 전통주가 아니라는 점이다. 와인, 맥주, 양주 등은 모두 다른 나라에서 유래한 술이다.

제조업 재생 통로

모든 제조업 산업이 산업 단지에 위치한 것은 아니다. 기간산업인 중공업 단지는 산업 단지 중심으로 형성됐지만, 안경, 봉제, 귀금속 등 소공인 단지는 아직도 도시에 남아 있다. 1970년대 종합 전기전자 유통상가로 시작해 한국의 전자산업과 컴퓨터산업을 견인했던 세운상가는 1980년대 상가 이전 계획으로 쇠락하기 시작했다.

　메이커 운동이 시작되는 2010년대 세운상가는 메이커 산업의 중심지로 다시 주목받는다. 서울시도 도시재생사업을 통해 세운상가의 제조업 기능을 복원하기 위해 노력한다. 현재 세운상가는 기술장인, 메이커, 예술가, 스타트업이 세운상가의 기술과 제조업 인프라를 활용, 진공관 블루투스 스피커, MP3 플레이어, 인테리어 조명, 생활 소품 등을 생산한다. 세운메이커스큐브에 입주한 어보브 스튜디오, 아몬드 스튜디오, 프래그 스튜디오 등 디자인 스타트업들이 세운메이드 부흥을 주도한다.

지역에서도 산업 유산을 활용한 메이커 운동이 시작됐다. 부산 영도에서 메이커 스페이스 플랫폼135와 끄티를 운영하는 RTBP는 조선과 물류 산업 인프라를 활용해 전동 서프보드, 폐자재 재활용 패션 브랜드 등을 생산한다. 양조, 발효식품, 수산물 가공식품 등 인더스트리얼 디자인으로 포장된 다양한 생활상품의 제조도 계획한다.

산업도시 전통과 기술을 활용해, 새로운 상품을 개발한 대표적인 글로벌 기업이 미국 디트로이트의 시놀라Shinola다. 2011년 디트로이트에서 창업한 시놀라는 디트로이트 제조업 인프라를 기반으로 미국에서 더 이상 생산되지 않은 시계, 자전거 등을 명품 브랜드로 판매한다. 미국산Made in America을 강조하는 시놀라 제품은 높은 가격에도 불구하고 산업도시 지역을 중심으로 충성 고객층을 확보하는 데 성공했다. 미국 정치인들도 시놀라의 명성에 기여한다. 시놀라를 미국 제조업의 부활을 신호하는 기업으로 치켜세운 빌 클린턴 미국 대통령은 이 회사 시계를 무려 14개나 구입한 것으로 유명하다.

한국의 로컬 제조업은 도시 제조업의 부활과 해외로 진출한 제조업 기업의 귀환Reshoring에서 새로운 기회를 찾을 것이다. 로컬 제조업이 기대만큼 중요한 지역산업으로 성장하기 위해서는 산업 단지 조성, R&D 지원 등 전통적인 제조업 육성 방식으로는 한계가 있다. 도시에서 시작한 도시 제조업은 도시로 돌아와야 하며, 도시문화를 창조하는 방식으로 성장해야 한다.

로컬 편집숍, F&B, 제조업 재생을 통해 제조업으로 진입한 로컬 크리에이터 기업이 보여주듯이, 로컬 제조업 성공의 열쇠는 디자인에 있다. 홍대와 성수동에서는 디자인과 제조업을 연결한 창업이 활발하게 일어나고 있다. 세계적으로 주목받는 안경 브랜드 젠틀몬스터도 개성과 다양성을 요구하는 밀레니얼 취향과 감성에 맞는 브랜드를 기획하고 이를 제조업 인프라와 연결해 성공한 대표적인 홍대 브랜드다. 세운상가의 새로운 브랜드도 대부분 제조업과 디자인, 그리고 제조 장인과 청년 창업가의 결합으로 탄생한다.

디자인 산업으로 거듭난 로컬 제조업의 파급효과는 제조업 단지에 한정되지 않는다. 세운상가에서 재생한 로컬 제조업은 동대문으로까지 확장되는 추세다. 청년 창업가-제조업, 디자인-제조업 컬래버가 도시산업으로 성장하는 로컬 제조업의 미래다.

03

컬래버레이션으로 지역을 넘어
확장하는 로컬 브랜드

로컬 경제와 로컬 브랜드를 강조한다고 해서 로컬에서 안주하자는 이야기는 아니다. 로컬에서 자리를 잡은 후 재창업이나 기존 비즈니스 모델의 확장으로 전국으로, 세계로 나가야 한다. 이런 확장성을 통해 글로벌 기업을 배출하지 못하면 로컬은 의미 있는 생태계로 인정받지 못할 것이다.

개성과 다양성을 강조하는 포스트모던 경제에서 로컬이 중요한 이유는 복제 불가능한 콘텐츠다. 로컬 자원을 활용하고 로컬에 생태계를 구축한 비즈니스는 다른 지역과 다른 국가의 기업이 쉽게 넘볼 수 없다.

로컬의 확장성을 확대하는 방법들 중 하나가 로컬 기업 간의 협업이다. 이미 많은 로컬 비즈니스 사례에서 설명했듯이 로컬 크리에이터의 특징 중 하나가 협업에 대한 개방성이다. 마을 축제, 행사와 전시 기획, 마을 지도 제작, 동네 콘텐츠 제작, 로컬 매거진 발행 등 지역에서 커뮤니티를 구성해 다양한 방식으로 협업하는 것이 보편적인 비즈니스 모델로 자리 잡았다.

앞으로 확대해야 할 협업 모델은 공동 브랜드 개발이다. 공동 브랜드 개발은 같은 지역에서 활동하는 로컬 브랜드가 참여하는 모델과 여러 지역의 로컬 브랜드가 공동 생산하는 모델이 있다. 하나의 로컬이 아닌 여러 로컬을 연결한 '멀티 로컬' 모델은 독립 진출의 대안이 될 수 있는 새로운 전국 진출 모델이다.

구보타 × 스노우피크 = 구보타 셋포

같은 지역의 로컬 브랜드가 협업해 탄생시킨 대표적인 브랜드가 일본 니가타 지역의 아웃도어 사케 브랜드 구보타 셋포다. 프리미엄 사케 브랜드 구보타를 생산하는 아사히주조와 일본을 대표하는 아웃도어 브랜드 스노우피크Snow Peak가 파트너로 참여했다.

인구 240만 명의 니가타현도 세계적으로 알려진 브랜드를 쉽게 찾을 수 있는 지방이다. 쌀, 눈, 그리고 사케로 유명한 고장답게 니가타는 구보타, 핫카이산, 코시노칸바이 등 국내 애주가들이 가장 높이 평가하는 프리미엄 사케 브랜드를 다수 배출했다. 니가타의 풍부한 수자원은 또한 금속가공업을 발전시켰다. 츠바메산조 부근에 집적된 금속가공업체들은 카지돈야KAJI donya 등 세계적인 주방용품 브랜드를 생산한다. 니가타를 대표하는 글로벌 브랜드 스노우피크도 츠바메산조에 위치해 있다. 1958년 산악인 야마이 유키오가 창업한 이 회사는 1990년대 글램핑 붐을 일으켜 세계적인 캠핑 브랜드로 도약했다.

스노우피크라는 브랜드명은 일본이 자랑하는 명산인 타니

구보타와 스노우피크가 컬래버해 만든 등산용 사케 셋포

카와다케에서 유래한다. 매우 위험한 산으로 조난자가 많이 발생했지만 아름다움으로 인해서 많은 사람들을 현혹하는 타니카와 봉우리를 창업자인 야마이 유키오는 산악인으로서 목숨을 걸고 계속 도전했다. 그리고 그 경험을 토대로 1958년부터 니가타 츠바메산조 지역의 뛰어난 금속가공 기술을 활용하여 오리지널 등산용품을 만들기 시작했다.

니가타의 산악 스포츠 전통을 이어가는 스노우피크는 생활 속에서 자연을 사랑하고 즐기는 문화를 기업 이념으로 삼고 있다. CEO 야마이 토루는 일 년에 최소한 100일은 캠핑 생활을 하겠다고 약속하는 등 캠핑의 생활화에 솔선수범한다. 전 직원이 '우리 스스로가 유저다'라는 철학을 실천하는 것이다.

캠핑문화에 대한 이 기업의 의지는 본사 운영 방식에서도 엿볼 수 있다. 도심 지역에 본사를 두지 않고 산 중턱에 조성한 5만 평의 캠핑장을 본사로 사용한다. 캠핑장은 일반인도 사용할 수 있는 캠핑시설 외에 직영 매장, 사무와 공장 공간으로 나누어져 있다.

전 직원이 캠퍼로 생활하는 문화는 아웃도어 라이프스타일을 선도하는 기업으로서 어쩌면 당연한 전략일지 모른다. 아웃도어 생활을 하기 이상적인 지역에서 아웃도어 라이프스타일을 실천하는 것이 끊임없이 아웃도어 제품을 혁신하는 원동력이 될 수 있기 때문이다.

스노우피크가 지역발전의 중요한 사례인 이유는 또 하나 있다. 로컬 브랜드로 경쟁력을 유지할 뿐만 아니라 다른 로컬 브랜드와 협력해 새로운 로컬 브랜드를 창출한다는 사실이다. 사케 브랜드 구보타와 2017년 공동 개발한 캠핑 사케 '구보타 셋포'가 대표적인 사례다. '아웃도어에서 일본주를 즐기는 씬'을 만들기 위해 개발했다는 이 브랜드는 야외에서 쉽게 휴대할 수 있도록 가볍고 견고하게 만들어졌다. 사케 산업과 아웃도어 산업은 각기 독립적으로 성장했지만 니가타 자연과 환경을 활용한다는 공통점을 지녔다. 이런 지역성이 브랜드 간의 새로운 연결을 가능하게 만든 것으로 볼 수 있다.

스태킹과 멀티 로컬

한국에서도 다양한 형태로 로컬 브랜드의 컬래버가 이루어지고 있다. 제주에서는 3개 지역의 컬래버를 통해 새로운 패션 브랜드가 탄생했다. 제주 성산의 커뮤니티 호텔 플레이스캠프가 기획한 아웃도어 브랜드 아일랜드 오브다.

　필자는 두 가지 이유에서 아일랜드 오브를 혁신적인 브랜드로 평가한다. 첫 번째가 브랜드 스태킹Stacking 모델이다. 아일랜드 오브가 출시한 첫 두 라인은 아일랜드 오브 탠저린Island of Tangerin과 아일랜드 오브 비자림Island of Bijarim인데 앞으로 제주의 다른 테마로 계속 새로운 라인을 출시할 계획이다. 스태킹은 브랜드 전체 이름을 정하고 그 이름에 서브 브랜드를 추가하는 방식인데 이는 로컬 브랜드 모델로 적합하다. 하나의 통합된 브랜드 위에 많은 서브 브랜드를 쌓을Stacking만큼 제주의 로컬 자원이 풍부하기 때문에 가능한 비즈니스 모델이다.

　두 번째가 '멀티 로컬' 모델이다. 기획과 판매는 플레이스캠프 편집숍 페이보릿, 스니커즈는 연희동 브랜드 마더그라운드, 의류는 제주 브랜드 라이클리후드가 분업한다. 의류는 서울에서, 신발은 부산에서 생산된다. 전부 계산하면, 제주 성산(기획과 판매), 제주시(의류 디자인), 서울 연희동(스니커즈 디자인), 부산 사상구(신발 제조), 서울 동대문(의류 제조) 등 총 5개 로컬이 참여하는 브랜드다.

　'홍대×대구'는 두 로컬을 연합한 흥미로운 비즈니스 모델이다. 패프릭 원단 기업 키티버니포니가 대표적인 사례다. 홍대에서 디자인한 원단을 대구에서 생산하는 방식이다. 한국을 대표하는 안경 기업 젠틀몬스터, 카린도 마찬가지다. 홍대에서 디자인하고 대구에서 생산한다. 대구 제조와 홍대 디자인의 멋진 컬래버다.

　이렇게 다수의 로컬이 협업하는 멀티 로컬 모델은 로컬 브랜드가 확장성과 지역성을 강화할 수 있는 새로운 대안이다. '로컬 브랜드×로컬 브랜드=로컬 브랜드!' 지방소멸 시대에 새로운 돌파구를 찾아야 하는 지역이 적극적으로 추구해야 할 지역발전 공식이다.

제주 성산 브랜드 아일랜드 오브

04

독립적인 로컬 생태계를 위해
필요한 조건들

로컬 크리에이터 산업이 하나의 '산업'으로 성장하려면 다른 산업과 마찬가지로 독자적으로 작동하는 생태계가 필요하다. 창업 생태계란 창업자, 소비자, 창업 훈련기관, 창업 지원기관, 투자자 등이 유기적으로 상호작용하면서 지속적으로 창업을 활성화하는 환경으로 정의할 수 있다. 로컬 경제에 직접 참여하지 않지만 생산자와 소비자를 지원하는 지방정부, 주민단체, 금융기관, 소상공인 단체 등도 생태계의 구성원이다.

로컬 자원을 활용해 로컬 시장에서 창업하는 로컬 크리에이터의 특성상 그들의 생태계는 일반 생태계와 다른 모습으로 형성된다. 교육과 훈련, 창업자 육성, 그리고 투자 유치 분야에서 로컬 크리에이터 생태계에 특화된 새로운 비즈니스 모델이 필요한 것이다.

로컬 크리에이터의 핵심 경쟁력은 공간 기획, 콘텐츠 개발,

커뮤니티 디자인 능력이다. 건축가와 디자이너 출신 로컬 크리에이터들의 부상이 보여주듯이, 사람과 돈이 모이는 공간을 창조하지 못하는 사업자는 골목상권에서 생존하기 어렵다.

공간 기획 능력이란 공간을 직접 설계하고 시공하는 능력을 말하는 것은 아니다. 적어도 공간으로 지역과 동네의 문화적 랜드마크를 만들겠다는 의지, 자신의 철학과 비즈니스 모델을 공간으로 표현하고자 하는 관심과 호기심, 자신의 취향을 보여주는 소품과 예술품을 수집하는 정성, 공간에 과감하게 투자할 수 있는 과감성 등이 로컬 창업가가 기본적으로 갖춰야 할 공간적 소양이다.

문화 경쟁력은 물리적 공간의 문제만은 아니다. 로컬 비즈니스의 경쟁력은 다른 지역이 제공할 수 없는 경험과 상품의 생산이다. 이를 위해 문화역사, 자연환경, 지리장소, 커뮤니티 등 로컬 자원을 비즈니스 모델의 핵심 요소로 활용해야 한다. 공간에 담긴 역사, 그리고 이와 연결된 자연, 제품, 스토리, 예술가 등이 중요한 로컬 콘텐츠 소재다.

정규 교육과정에서 지역교육에 소홀하고 로컬 미디어의 전반적인 부진을 고려할 때 창업 준비 단계에서 창업자가 스스로 로컬 콘텐츠 소재를 체계적으로 수집해야 할 수 있다. 자신이 활동하는 지역의 로컬 자원, 특히 지역산업, 크리에이터, 문화창조 기반 등 지역의 상업자원에 대한 정보는 소비자와 파트너가 참여하는 생태계 구축의 기본 자료가 될 수 있다. 어반플레이, 재주상회, RTBP 등 로컬 크리에이터 산업의 선두 주자들이 로컬 매거진 발행이나 지역자원 아카이빙으로 시작한 것에서 로컬 콘텐츠 개발 능력의 중요성을 다시 확인할 수 있다.

가게가 창업한 지역을 변화시키는 힘, 지역의 다른 가게와 협업하는 능력, 지역 장인 제품을 발굴해 편집하는 기술 등 커뮤니티 자원에 기반한 생태계 구축을 의미하는 커뮤니티 디자인 능력도 로컬 크리에이터의 성공 조건이자 필수 경쟁력이다.

로컬 비즈니스는 구조적으로 지역에서 생태계를 구축해야 하는 커뮤니티 비즈니스다. 커뮤니티 비즈니스라고 해서 협동조합, 마을기업, 사회적 기업 등 주민이 직접 경영에 참여하거나 커뮤니티 문제 해결에 사업의 목적을 두는 기업으로 한정할 필요는 없다. 소비자, 파트너, 이해당사자를 하나의 커뮤니티로 묶어 마니아, 팬덤, 프로슈머, 컬래버레이션, 팝업, 지역 축제와 행사 등을 밀레니얼 시대에 중요한 기업 자원으로 활용하는 기업도 실질적으로 커뮤니티 비즈니스로 분류할 수 있다.

로컬 크리에이터를 양성하는 장인대학을 구축하라

기존 창업 생태계에는 로컬 크리에이터의 핵심 경쟁력을 훈련할 수 있는 기관을 찾을 수 없다. 도제훈련과 창업교육으로 현 시스템을 보완할 수 있는 새로운 형태의 교육기관의 진입이 필요하다. 필자는 《골목길 자본론》에서 이와 같은 학교를 '장인대학'으로 부르고, 장인대학이 로컬 크리에이터 생태계의 구심점이 될 것으로 전망한다. 장인대학은 현재 일본과 미국에서 지역재생을 위해 보편적으로 활용되는 지역기반 창업 자원 프로그램과 맥을 같이 한다.

현재 민간에서 시도되는 장인대학 모델은 크게 장소 기반 창업 지원 프로그램, 장인×크리에이터, 커뮤니티 모델로 분류할 수 있다. 장소 기반 창업 지원 프로그램이란 공간, 디자인, 커뮤니티, 스토리 등 장소 기반 창업에 필요한 콘텐츠를 개발할 능력을 훈련하는 프로그램을 말한다.

장소 기반 창업 지원 프로그램으로는 제주창조경제혁신센터가 운영하는 '리노베이션 스쿨 인 제주'를 들 수 있다. 센터가 제주 원도심에 유휴공간을 확보해 이곳에 창업할 사업자를 공모해 지원하는 사업이다. 창업할 지역은 사전에 공지하지만, 스폿, 즉 공간은 현장에 와야만 알 수 있다. 그 공간, 그 공간이 위치한 지역에 어떤 비즈니스가 필요한 건지에 대해 논의한 다음, 구체적인 비즈니스 모델 제안은 해커톤 방식으로 진행한다. 여기서 중요한 것은 창업가가 창업할 장소를 먼저 알고 무얼 할지를 고민한다는 사실이다.

로컬 콘텐츠는 기본적으로 자기가 창업할 장소를 알아야 개발할 수 있다. 리테일 시장의 변화를 볼 때 앞으로도 공간 기반, 장소 기반 창업은 더욱 중요해질 것이다. 정부가 청년창업지원 정책을 사업 모델 기반에서 장소 기반 창업 지원으로 돌려야 하는 이유다.

장인대학 유형과 현황

장소＋창업	장인＋콘텐츠(＋장소)	로컬 크리에이터 커뮤니티
• 리노베이션 스쿨(제주, 순천, 목포, 부산, 공주 등) • 군산 로컬라이즈 • 제주 로컬캠프@칠성로 • 대전 로컬비즈스쿨	• 서울 콘텐츠진흥원 • 제주 로컬브랜딩스쿨 • 광주 충장장인학교	• 평창 감자꽃 스튜디오 • 강릉 파도살롱 • 어반플레이 로컬게더링 • 경북경제진흥원 • 창조경제혁신센터 (제주, 강원, 충북 등)

군산의 로컬라이즈 프로그램도 장소 기반 모델이다. 군산 원도심에 창업하는 조건으로 청년 창업가를 훈련하고 지원한다. 창업 지역을 지정해서 거기에 맞는 비즈니스 모델을 찾도록 교육하는 장인대학 정신에 충실한다. 참가자들은 관광 앱, 로컬 브랜드 등 군산 원도심 자원과 연결된 사업을 준비한다.

두 번째 장인대학 모델이 장인과 크리에이터의 협업 모델이다. 한국콘텐츠진흥원이 2019년 추진한 '골목상권×콘텐츠산업' 사업이 흥미로운 장인대학 모델이다. 예술가와 디자이너를 골목상권에 투입해 매장의 공간과 콘텐츠 경쟁력을 높이는 사업이다. 공간 기획, 콘텐츠 개발은 기존 상인이 배우기 어려운 기술이기 때문에 콘텐츠 개발자를 매치해주는 아이디어가 참신하다.

제주창조경제혁신센터의 '로컬 브랜딩 스쿨', 광주 동구청의 '충장장인학교'도 '장인×크리에이터' 모델이다. 로컬 브랜딩 스쿨은 제주에서 활동하는 공예 장인을 기획, 디자인, 콘텐츠 분야의 크리에이터와 연결, 이 두 그룹이 공예 장인의 공예품을 리브랜딩해 새로운 로컬 브랜드로 개발한다. 2019년 원년 프로그램에는 4명의 제주 장인과 전국에서 선발한 12명의 크리에이터가 참여했다. 충장장인학교는 500명의 소상공인 장인이 활동하는 광주 중심상권의 자원을 로컬 크리에이터와 연결하는 사업이다. 2020년 첫 사업에 참여한 장인은 충장로의 한복, 양복, 구두, 은공예 장인이다.

장인대학이 굳이 정규 학교일 필요는 없다. 이미 전국 전역에서 로컬 크리에이터를 지원하는 앵커시설, 코워킹 스페이스, 중간지원조직이 장인대학 기능을 한다. 이 중 일회성 행사로 그치지 않고 탄탄한 네트워크로 로컬 크리에이터 커뮤니티를 지원하는 평창의 감자꽃스튜디오, 강릉의 파도살롱이 지역에 좋은 모델이다

역사적으로 보면 장인대학이 새로운 개념은 아니다. 농촌운동이 시작된 20세기 초부터 한국의 지역 활동가들은 학교를 중심으로 농업 인재를 육성하고 농업을 진흥했다. 학교 중심의 산업 생태계를 운영하는 대표적인 지역이 홍성의 홍동마을이다. 홍동마을 공동체의 이상은 학교이면서 동시에 자급자족하는 마을이다. 공부와 노동의 완전한 일치를 지향한다.

농업학교 중심으로 시작된 홍동마을은 이제 한국을 대표하는 유기농과 협동조합 생태계로 성장했다. 풀무학교 졸업생들이 마을에 남아 창의적인 농법을 개발하고 협동조합 기업을 설립한다. 전국적인 평판을 가진 요구르트 브랜드 평촌요구르트, 베이커리 자연의 선물, 출판사 그물코가 홍동마을이 배출한 로컬 브랜드다. 풀무원, 한살림 같은 전국 규모의 유기농 기업의 기원도 풀무학교에서 찾을 수 있다. 현재 전국적으로 늘어나는 장인대학이 풀무학교 수준으로 발전하면, 지역의 장인대학에서 훈련 받은 창업자가 그 지역에서 창업하고 생태계를 구축하는 지역발전 모델이 보편화될 것이다.

로컬 브랜드 창업자를 육성하는 장인대학 프로그램은 앞으로 계속 늘어날 것으로 예상된다. 로컬 문화와 이를 창조하고 사업화하는 로컬 브랜드에 대한 수요가 그만큼 큰 것이다. 전국 228개 기초 단체가 지역 특색에 적합한 골목산업을 선정하고 이 분야에서 창업할 인재를 육성할 장인대학을 설립하고 운영한다면, 장인

대학 졸업생을 중심으로 새로운 소상공인 창업 생태계를 구축할
수 있을 것이다.

골목산업에도 기획사가 필요하다

문화산업의 가장 큰 특징은 기획사의 중심적 역할이다. 대중음악,
영화, 드라마 등 대중문화산업에서는 연예기획사, 미술 분야에서
는 갤러리, 저술 시장에서는 출판사가 예술가를 시장으로 데뷔시
키고 스타로 만드는 데 결정적인 역할을 한다. 기획되지 않은 스
타는 없다고 할 정도로 스타 양성 과정에서 기획사의 역할은 절
대적이다.

　　골목산업도 문화산업적 성격이 강한 분야다. 창의력과 독창
적 예술성이 골목 장인으로서의 성공을 좌우한다. 예술가, 셰프,
디자이너, 혁신적인 창업가 등 골목문화를 주도하는 이들은 모두
문화산업 종사자이기도 하다. 도시사회학과 대중문화학에서도
골목 장인이 창출하는 거리문화를 씬으로 부르며 문화산업의 일
종으로 분류해 연구한다.

　　골목산업이 문화산업이라면 로컬 크리에이터를 발탁하고
스타로 키우는 기획사 역할은 누가 하고 있을까? 만약 기획사 비
즈니스가 활발하지 않다면 그 이유는 무엇일까? 정부가 골목산
업을 육성하려면 여타 문화산업 업종에 존재하는 기획사 모델을
장려해야 할까? 골목상권에 대한 연구가 아직 초기 단계이고 축
적된 자료가 부족하기 때문에 이 의문에 대한 명쾌한 답을 찾기
어렵다. 하지만 문화경제학은 단순히 정부 지원에 의한 체계적인
문화산업 육성은 어렵다는 교훈을 던진다. 지속가능한 골목 장인

육성 시스템을 구축하기 위해서는 로컬 크리에이터를 양성해 수익과 부가가치를 창출하는 기업, 로컬 크리에이터 기획사의 역할이 필요하다.

연희동의 어반플레이, 강릉의 더웨이브컴퍼니, 방배동의 비로컬 등 기존 로컬 크리에이터 기업들이 자신의 코워킹 스페이스를 활용해 창업가를 훈련하거나 초기 창업 기업을 보육하고 투자사와 연결하는 등 다양한 방식의 로컬 크리에이터 매니지먼트 비즈니스를 실험하고 있다. 가장 구체화된 프로그램을 운영하는 강릉의 더웨이브컴퍼니는 액셀러레이팅 프로그램과 더불어 초기 창업 기업에 리브랜딩, 공간 리뉴얼, 신규 비즈니스 모델 등의 서비스를 제공하는 매니지먼트 프로그램을 운영한다. 2021년에는 소셜벤처 육성을 위한 로컬 임팩트 트랙을 추가할 예정이다.

F&B 시장에서는 로컬 크리에이터를 기획하는 비즈니스가 형성돼 있다. F&B 기업의 비즈니스 모델은 크게 학교·지분투자 모델이다. 경리단길을 개척해 유명해진 기업가 장진우는 미래 창업자를 위한 학교를 운영한다. 장진우 가게에서 일하는 경험 많은 요리사들이 학생들을 직접 교육한다. 장진우 학교는 졸업생 중 우수한 학생들을 선발해 그들의 창업을 지원한다. 교육-훈련-창업으로 이어지는 전형적 도제 양성 시스템을 구축했다. 용산 열정도를 운영하는 청년장사꾼도 직원이 새로 창업할 때 지분을 인수하거나 매출을 공유하는 방식으로 그 기업에 투자한다. 창업가를 회사 내에서 훈련시켜 창업시킨다는 점에서 창업가를 체계적으로 기획한다고 볼 수 있다.

임팩트 투자로 새로운 대안을 찾다

로컬 크리에이터 생태계에 특화된 비즈니스 모델이 필요한 또 하나의 분야가 투자다. 로컬 크리에이터는 한정된 로컬 자원을 활용하고 지역 시장에서 시작해 전국 시장으로 진출하기 때문에 확장성 측면에서 전통 벤처 투자자의 관심을 끌지 못한다.

그러나 의미 있는 변화가 일어나고 있다. 실리콘밸리에서 식당 창업에 투자하는 벤처캐피털이 생기고 있다. 워싱턴DC의 한 사업가는 벤처캐피털VC 펀드를 조성, 다양한 식당을 동시에 기획하고 이들 식당에 투자한다. VC 펀드의 운영으로 이 기업은 다수의 식당에 투자해 위험을 분산시키고, 식당 경영에 대한 전문 지식을 축적한다. 한국의 부동산 운용 기업인 이지스자산운용도 청년 셰프가 창업하는 식당에 투자하는 펀드를 운용한다.

하지만 VC의 외식업 투자는 예외적인 사례. 대부분의 VC는 개인 식당이 아닌 프랜차이즈 기업에 투자한다. 독립 식당으로는 벤처 투자가 요구하는 수익률을 맞춰주기 어렵기 때문이다. 근래 푸드테크Food Tech 분야에서 상당 규모의 VC 투자를 유치한 기업은 원거리 맛집 배달 서비스, 온디맨드 배달 서비스 스타트업들이다. 로컬 크리에이터에게 새로운 대안으로 부상하는 투자자는 크라우드펀딩 투자자다. 한국에서도 와디즈, 비플러스 등이 크라우드펀딩을 통해 로컬 크리에이터의 투자 자금을 모금한다.

골목산업에서 VC 투자의 진입 가능성이 낮다면, 대안은 소셜벤처를 지원하는 임팩트 투자사가 대안이 될 수 있다. 한국에서도 이미 골목상권 소셜벤처 사업이 시작됐다. 카우앤독, 루트임팩트 등의 성수동 임팩트 투자 기업과 한국콘텐츠진흥원, 한국

사회적기업진흥원 등 소셜벤처 지원기관의 뒷받침으로 성수동의 오래된 공장 지역에 소셜벤처들이 들어섰다. 이들 중 상당수가 음식점, 소품, 디자인 등 골목 업종에 종사한다. 청정 재료를 사용한 한식당 소녀 방앗간, 스토리텔링 디자인이 담긴 소품 판매와 카페를 운영하는 마리몬드 라운지 등 개성과 가치를 담은 독립가게들의 창업을 지원했다.

MYSC, 소풍벤처스, IFK임팩트, 크립톤, 퓨처플레이, 쥬빌리 파트너스 등의 임팩트 투자사들도 사회적 기업을 표방하지 않은 로컬 기업에 투자하기 시작했다. 임팩트 투자 업계가 로컬 비즈니스의 사회적 가치를 인정한 것이다. 한 발 더 나아가, 임팩트 투자사가 지역경제 활성화와 독립 소상공인 지원을 위해 로컬 크리에이터를 지원하면, 이상적인 장인 기획사 모델에 가까운 기능을 하게 된다. 현재 임팩트 투자사가 소셜벤처를 보유하듯이, 로컬 크리에이터를 보유할 수 있다.

지속가능한 지역경제 발전과 생태계 구축을 위해서는 기획사, 투자사, 로컬 크리에이터가 한 지역에 집적하는 것이 바람직하다. 근거리에서 협업하고 연대하고, 지역자원을 공유하면서 새로운 지역기반 비즈니스 모델을 실험해 그 지역의 로컬 크리에이터를 지속적으로 배출하는 것이 생태계의 과제다. 장인대학, 로컬 크리에이터 기획사, 임팩트 투자자는 아직 생소한 개념이지만, 로컬 크리에이터 산업을 활성화하기 위해서는 반드시 필요한 비즈니스 모델이다. 전국의 기획자와 창업자가 혁신적인 장인대학, 기획사, 투자 모델을 개발, 지역과 골목 경제의 발전을 견인하길 기대한다.

05

젠트리피케이션을 뛰어 넘는
지속가능한 골목 생태계

로컬 크리에이터 생태계가 지속가능해지기 위해 해결해야 할 문제가 젠트리피케이션이다. 상권의 임대료가 새로운 로컬 크리에이터의 진입이 가능한 수준으로 안정적으로 유지되어야 한다. 현재 강남과 같이 임대료가 높은 지역은 청년 창업가가 진입하기 어렵다. 강남의 주요 상권이 기업형 점포, 즉 대리주차 서비스를 제공할 수 있는 규모의 가게로 채워지는 이유다.

젠트리피케이션은 도시재생 분야에서도 장애물이다. 실효성 있는 젠트리피케이션 방지 방안이 마땅치 않기 때문에 정부가 적극적으로 골목상권에 투자하지 못하고 있는 것이 현실이다. 그러나 젠트리피케이션 우려의 상당 부분은 골목상권 용어에 대한 오해에 기인한다. 골목상권은 현재 영세 상인이 활동하는 근린상권, 프랜차이즈와 독립 상점이 경쟁하는 먹자골목, 그리고 젊은 층이 선호하는 '여행 가는' 골목상권 등 다양한 의미로 사용된다.

젠트리피케이션에 적절하게 대응하기 위해서는 골목상권을 지역 발전 수준에 따라 근린상권, 문화지구, 여행 상권, 창조산업 단지로 재분류할 필요가 있다.

근린상권은 주민에게 재화와 서비스를 제공하는 동네 상권이다. 문화지구에는 상업시설과 더불어 문화예술 시설이 집중돼 있고 젊은 예술가들이 모여 활동한다. 여행 상권은 주민뿐만 아니라 외부 관광객을 유치하는 상업 지역을 말한다. 2000년대 중반 뜬 골목상권이 여행 상권 범주에 속한다. 홍대, 성수동, 이태원 등 골목상권 중 골목상권을 기반으로 창조산업을 유치한 상권이 창조산업 단지다.

젠트리피케이션은 도시가 성장하고 소비자 선호가 변함에 따라 근린상권과 문화지구가 여행 상권과 창조산업 단지로 '발전'할 때 발생한다. 젠트리피케이션 방지를 위한 노력은 생활 인프라가 중요한 근린상권과 상업화가 문화 정체성을 훼손할 수 있는 문화지구를 중심으로 세심하게 다루는 것이 바람직하다.

젠트리피케이션 발생 가능성에 따른 차별적인 정책도 가능하다. 예컨대 위험도가 높은 지역에서는 장인대학 설립, 민관 협력체계 구축, 지역관리회사 운영, 시민자산화 등 상권 공동체 구축에, 낮은 지역에서는 골목상권 기획사, 대기업, 부동산 개발회사 등 외부 투자 유치에 우선순위를 둘 수 있다.

전통적으로 주민들이 일상에서 자주 찾는 학교, 상가, 종교단체가 지역사회의 구심점으로 기능했다. 도시재생사업으로 학교와 종교단체의 역할을 강화하기 어렵다면, 상권을 활용하는 것이 순리다. 젠트리피케이션이 유발한 반자본 정서가 반상권 정서,

반상인 정서로 확산되는 것은 바람직하지 않다.

주민, 상인, 건물주, 시민단체, 정부 등 이해당사자들이 골목상권의 장기 발전을 위해 협력하는 공동체 문화를 활성화하는 것이 두 번째 과제다.

공동체 형성에 필요한 임차인과 임대인의 균형적 관계는 상당 부분 복원됐다. 2018년 상가임대차법 강화로 영업보장기간을 10년으로 연장하고 임대료 상승을 연 5%로 제한하는 등 임차인 권리를 보호하는 제도적 장치는 마련됐다.

필자는 《골목길 자본론》에서 장인 공동체를 골목상권이 지향해야 할 목표로 제시한 바 있다. 이해당사자들이 원천 경쟁력을 키워 동등하게 경쟁하는 동시에 골목상권의 장기 발전을 위해 상호 협력하고, 정부는 공동체 활성화에 필요한 공공재 투자로 이해당사자들을 지원하는 것이다.

많은 사람이 장인 공동체의 가능성을 낮게 평가하지만 이해당사자의 자율적 협력을 유도하기 위해서는 그 가능성을 강조하는 것이 중요하다. 임대료 상승은 이해당사자의 협력으로 제어할 수 있는 현상이다. 임대료 압력이 높아지면 높은 이전 비용을 피하고 싶은 세입자는 건물주와의 타협을 위해 적정 수준의 임대료 인상을 받아들일 각오를 한다. 건물주도 막무가내로 임대료 인상을 요구할 수 없다. 시장 가격이 존재하고, 장기적인 영향도 고려해야 한다. 임대료를 지나치게 올리면 단기적으로는 대기업 브랜드로 공간을 채우겠지만, 장기적으로는 개성을 잃은 골목상권에 입주할 세입자를 찾기 어려워지기 때문이다.

임차인과 임대인이 자율적인 협력을 통해 임대료 상승을 억

제하지 않으면 모두에게 불행한 결과가 따른다. 대표적 사례로 감각적이고 개성 있는 가게들이 조금씩 떠나며 상권 정체성과 활기를 잃어 가는 삼청동이 있다. 골목마다 새로운 임차인을 찾는 임대문의 현수막이 심심치 않게 보인다. 전문가들은 건물주들이 임대료를 내리지 않고 새로운 임차인이 나타나지 않는 상황에서 삼청동 상권이 다시 살아나기 어려울 것으로 예견한다.

서울시도 젠트리피케이션 대책으로 이해당사자 상생 협약을 장려한다. 세입자와 건물주가 단기적이 아닌 장기적인 이익을 추구하면 상권의 안정적 성장과 정체성 유지를 위해 서로 협력할 유인이 충분히 있다. 성수동 등에서 실제로 협력하는 사례를 목격할 수 있다.

장인 공동체의 목표는 젠트리피케이션 방지에 한정되지 않는다. 장기적으로는 상권이 임대료 관리와 더불어 상권 전체의 경쟁력을 높일 수 있어야 경제 활동 단위로서 지속가능해진다. 전통시장과 달리 상인회조차 조직되지 않은 골목상권에서는 상권 정체성, 상인회 조직, 상권 구획 등 기본적인 상권 자치 활동이 시급하다. 다행히 2018년 최저임금 파동과 2020년 총선을 거치면서 정부의 정책도 소상공인 정책 기조를 개인 사업자 지원에서 상권 지원으로 전환하고 있다. 서울시의 상권정보시스템 운영, 생활상권 지원, 경기도의 상권 지원과 전문인력양성 사업이 대표적이다. 특히 경기도는 광역단체 최초로 소상공인 전문 지원기관 경기도시장상권진흥원을 설립, 상권진흥구역, 우수시장, 혁신시장, 공유마켓 등 4개 상권 형태별로 전문인력을 양성하고 있다.

상권 지속가능성은 궁극적으로 내부 거버넌스 체계의 확립에 달려 있다. 도시재생 지역에서 활용되는 지역관리회사가 하나의 모델을 제시한다. 지역관리회사의 일차적인 목표는 골목상권의 조성이다. 전국적으로 상권개발을 목표로 지역에서 활동하는 기업이 많고, 2020년대 초반 이후 상당 수준의 지식이 쌓였다. 뛰어난 상권 기획자나 도시재생 스타트업을 유치하면, 상대적으로 입지조건이 열악한 상권도 상권 기획의 혜택을 받을 수 있다.

문제는 정부의 역할이다. 성공한 상권 대부분이 시장에서 자생적으로 발전했기 때문에 정부 개입으로 상권을 활성화하는 것은 쉬운 일이 아니다. 정부가 꼭 해야 할 일이 있다면 낙후 상권에 투입될 로컬 창업가를 육성하는 사업이다. 일본의 경우, 장인학교나 현장의 장인 밑에서 오랫동안 도제 교육을 받은 사람들이 자신의 가게를 창업한다. 앞서 언급했듯 한국도 자영업을 꿈꾸는 젊은이들이 창업 전 몇 년간 교육을 받을 수 있는 '장인대학' 프로그램이 필요하다. 단기적으로는 문화시설과 접근성 개선을 위한 투자가 효과적이다. 특히 대중교통을 확대해 외부 접근성을, 골목상권 내의 보행로를 확충해 내부 접근성을 제고하는 것이 정부의 적합한 역할이다.

더 적극적으로 골목상권을 조성하는 모델을 원한다면 군산 영화타운의 지역관리회사, 시흥 월곶의 시민자산화 모델, 목포 만호동의 지역자산화 모델 등을 도입할 수 있다. 2019년 오픈한 군산 영화타운 사업의 차별성은 추진방식이다. 영화타운은 운영자를 먼저 선정한 후 그가 전체 사업을 총괄하고 장기 운영하는 운영자 모델이다. 기획-설계-시공-운영을 일원화한 것이다. 건축도시공간연구소가 운영자 모델을 군산시에 제안하고 지원했으며, 군산의 지역관리회사인 ㈜지방이 사업의 시행을 맡았다.

주민들이 출자해 매입한 빈 건물에서 마을펍과 게스트하우스를 운영하는 목포 만호동 건맥 1897 협동조합이 대표적인 시민자산화 모델이다. 시흥 월곶에서 시민자산화를 통한 도시재생사업을 추진하는 임효묵 빌드 부대표는 《슬기로운 뉴로컬생활》에 실린 인터뷰에서 "도시재생을 통해 상권이 살아났다고 해도 결국 운영자와 주민(소비자)이 부동산을 소유하지 않으면 상승한 부동산의 가치가 그들에게 돌아가지 않게 된다"라면서 "젠트리피케이션의 부작용을 막고 지속가능한 콘텐츠(지역에서 필요로 하는)가 운영되기 위해서는 결국 운영하는 사람 혹은 이용하는 사람이 그 부동산을 가지고 있어야 한다"라고 설명한다. 도시재생을 넘어 로컬 에이전시 즉 지역관리회사로 발돋움을 한 빌드는 장기적으로 지역기반의 자산운용회사를 만들 계획도 갖고 있다.

상권 관리와 지역관리회사

도시재생 지역이 아닌 일반 상권에서도 새로운 상권 관리 시스템이 필요하다. 상권 정책의 대상을 전통시장에서 골목상권을 포함한 전체 지역상권으로 확대해 상권 간 상생과 시너지를 극대화해야 한다. 제조업을 산업 단지로 관리한다면, 상권 경쟁력과 구성이 중요한 자영업 산업은 지역상권으로 관리해야 한다.

지역상권 관리 모델로는 일본의 지역관리회사, 미국의 업무개선지구가 중요하게 다룰만 하다. 일본 지역관리회사 중 가장 진보된 모델은 모리 부동산이 개발한 롯폰기힐즈를 관리하는 타운 매니지먼트 기업이다. 롯폰기힐즈는 오피스, 아파트, 상가로 구성된 하나의 도시와 다름없다. 모리 부동산은 상가를 개발해 분양하지 않는 대신 상업과 문화 공간을 직접 관리하고 운영한다. 체계적으로 관리되는 상가가 오피스와 아파트의 가치를 높이고, 상가 유동인구를 창출한다고 믿는다.

〈동아일보〉의 보도에 따르면 미국도 "상권은 지역 상인과 주민, 건물주가 모두 공유하는 무형 자산이란 인식 하에 1980년대부터 골목상권을 유지하기 위해 업무개선지구BID라는 상권 관리 시스템을 만들었다." BID는 "건물주, 상인, 지역 정치인들이 참여해 상권 마케팅, 치안 및 거리 미화, 투자 등을 담당하는" 비영리 조직이다. 현재 뉴욕에 총 76개의 BID가 설립돼 활동한다.

BID는 주민 과반수가 동의로 쉽게 세울 수 있으며, 예산 규모는 대형 BID의 경우 연간 500만 달러(약 60억 원)에 이른다. "BID의 예산은 상권 형성으로 건물 등 부동산 소유주들이 재산세와 함께 납부하는 특별부과금으로 약 74%를 충당한다. 뉴욕시가 이 돈을 걷어 BID에 직접 나눠준다. BID 운영이사회에는 건물주 상인 주민 지역 정치인들이 참여한다. 이사들은 회원들의 선거로 선출된다."

지역관리회사가 제대로 작동되기 위해서는 건물주의 인식이 변해야 한다. 장인 공동체에서는 상인뿐 아니라 건물주도 장인이 되어야 한다. 건물주도 과거와 같이 상권 전체의 경쟁력을 외면하고 세입자 관리만 하는 경영 방식으로는 건물과 상권 경쟁력을 키울 수 없다는 걸 기억해야 한다. 골목상권 성장이 조정기에 접어들었고 앞으로 상권 간 경쟁이 격화될 것으로 예상됨으로 건물주들이 다양성, 정체성, 확장성, 접근성 등 상권 경쟁력을 강화하기 위한 공동체 노력에 적극적으로 참여해야 한다. 이미 연희동과 같은 골목상권에서는 상권 경쟁력 유지를 위해 상권 마스터플랜을 짜고 임대료 인상을 자율적으로 규제하는 건물주가 활동하고 있다.

산업시대의 상권은 관리의 대상이 아니었다. 도시 밖의 산업 단지가 생산을 담당했기 때문에 도시는 거주지와 소비지로만 기능했다. 탈산업화 사회는 다르다. 탈산업화 경제의 한 축을 담당하는 문화창조산업은 도시산업, 즉 도시 안 상권에서 생산하는 산업이다. 상권을 체계적으로 관리하지 않으면 탈산업화 경제에 중요한 골목산업, 문화산업, 창조산업을 육성하기 어렵다. 상권 단위 지역을 관리하는 새로운 거버넌스가 필요하고, 이 거버넌스가 상권 경쟁력을 결정한다.

06

건강한 생태계 조성을
위한 도시정책

사업자 중심의 생태계 개념으로 로컬 크리에이터 산업의 역동성과 지속가능성을 충분히 설명할 수 있을까? 로컬 크리에이터에게는 지역에서 발생하는 소비가 중요하기 때문에 소비자와 로컬 소비를 유인하는 도시구조가 생태계의 중요한 요소다. 이 장에서는 로컬 크리에이터, 그리고 로컬 크리에이터가 속한 소상공인 산업에 유리한 주민 문화가 어떤 문화이고, 도시가 어떤 도시인지를 집중적으로 논의한다.

로컬 크리에이터에 대한 정의가 많은데 가장 넓게 범위를 잡으면 '창의적인 소상공인'이다. 로컬 크리에이터가 창의적인 소상공인이라면 로컬 크리에이터가 될 수 있는 잠재적인 사업자는 소상공인 전체, 즉 700만 명으로 늘어난다. 코로나 위기가 발생하고 정부는 코로나19로 불황을 겪는 소상공인을 위해 단기적으로는 재난지원금, 긴급대출, 일자리 지원금, 실업급여 등 재정지원

정책을, 중장기적으로는 언택트 기술 도입, 디지털 전환 등 경쟁력 강화 정책을 추진한다. 소상공인연합회도 코로나 시대에 소상공인이 나아가야 할 방향으로 드라이브 스루, 워킹 스루와 같은 언택트 판매, 온라인 판매, 제로 페이, 지역기반 주문배달 앱 등 온라인 솔루션 활용을 제시한다.

하지만 위기의 소상공인에게 가장 중요한 것은 '도시정책'이다. 소상공인이라면 사업하기에 좋은, 즉 사람이 많이 모이는 도시를 조성하라고 정부에 요구해야 한다. 소상공인에게 좋은 도시를 한마디로 정의하긴 어렵지만, 그들에게 좋지 않은 도시가 무엇인지는 명확하다. 자동차 도시와 택배 도시다. 유동인구와 거리문화를 파괴하는 자동차 도시는 도시 전문가와 소상공인의 오랜 공적이었다. 제인 제이콥스 이후 현대 도시학은 휴먼 스케일 도시, 걷기 좋은 도시, 콤팩트 도시 등 자동차 도시의 대안을 찾는 일에 집중했다고 해도 과언이 아니다.

택배 도시는 근래 등장한 반소상공인 도시 모델이다. 일부 전문가들이 라이프스타일과 공동체에 대한 배려 없이 드론 길, 전용도로, 터널을 활용한 입체적 택배 도시를 스마트 도시로 포장한다. 마치 물류센터와 우리 집 사이에 아무 것도 없어도 배송만 편리하면 된다는 인상을 준다.

자동차 도시와 택배 도시가 소상공인에게 불리하게 작용한다는 것은 현재 신도시 상권의 공실 상황을 보면 쉽게 알 수 있다. 일부 부동산 개발회사가 거리문화를 도입한 상가 개발로 신도시 상권을 살리려고 노력하지만, 신도시 상권의 경기가 회복될 가능성은 미지수다. 신도시 상권의 근본적인 한계는 공간 구조다. 도시 계획이 자동차가 편하게 다닐 수 있는 방향일수록 보행이 불편해지는 건 불가피한 현상이다. 고밀도 건축 또한 거리문화를 저해한다. 녹지 공간을 확보한다는 명분으로 고밀도 건물 중심으로 신도시를 설계하기 때문에 일산, 분당 등 1세대 신도시에서 찾을 수 있는 대규모 단독주택과 연립주택 지역 주변의 저밀도 거리조차도 사라지고 있다.

소상공인 도시가 소상공인에게만 좋은 도시일까? 소상공인 도시는 공동체와 거리문화가 살아있는 도시다. 즉, 걷기 좋은 도시, 사람 중심 도시, 일과 생활을 함께 할 수 있는 도시, 다양한 연령의 건물이 공존하는 도시, 소상공인, 크리에이터, 주민이 하나의 커뮤니티를 이루는 도시다. 우리가 언제 소상공인 도시 외에 다른 도시를 원한 적이 있었을까? 소상공인 도시가 우리의 도시인 이유는 간단하다. 소상공인 산업이 도시의 'OS(운영체제)'이기 때문이다. 소상공인이 바로 도시를 운영하는 사람이다.

걷고 싶은 도시를 만들자

걷고 싶은 길은 소상공인 친화 도시의 핵심 요소다. 이를 만들기 위해서는 거리에 위치한 교회, 학교, 부동산 개발회사 등도 동참해야 한다. 이들이 참여해야 걷고 싶은 거리를 만들고 소상공인에게 상업 공간과 거리를 선물할 수 있다. 필자가 직접 목격한 대표적인 사례를 추려 봤다.

골목상권과의 담을 허문 도쿄 기치조지의 백화점, 전철역 출입구에서 나오는 유동인구를 전통시장으로 유도하는 도쿄 기치조지의 공간 디자인, 동네 지도를 만들고, 예배당을 개방하며, 교

골목상권과의 담을 허문 기치조지 백화점

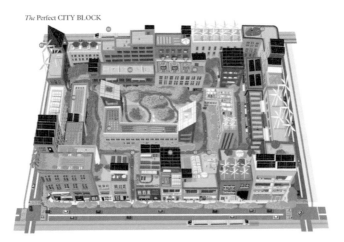

<모노클>의 '완벽한 도시 구역' 포스터

회 담을 허물어 보도와 정원을 만든 안국동 안동교회, 단지 내에 상가를 만들지 않고 단지 벽이 없이 단지와 보행로를 통합해 개성 있는 가게를 주변 보행로로 유도한 연희동 연희 파크 푸르지오, 학교 도서관을 동네 도서관으로 리모델링한 제주북초 등이다.

거리 친화적인 공간 디자인으로 완성된 도시는 어떤 모습일까? 글로벌 라이프스타일 잡지 〈모노클〉은 2014년 '완벽한 도시 구역The Perfect City Block'을 도해한 포스터를 공개했다. 〈모노클〉의 완벽한 블록은 마치 런던의 한 거리를 옮겨 놓은 듯하다. 저층의 타운하우스, 그 뒤에 위치한 작은 공원, 루프탑 테라스와 태양광 패널, 다양한 유형의 건축물과 아기자기한 상점이 가득한 꾸러미 같은 거리, 우리가 좋아하는 거리의 전형이다. 모노클이 선정한 완벽한 도시 구역이 소상공인에게도 완벽한 도시다.

한국에도 소상공인 도시를 꿈꾸는 건축가가 있다. 동네 건축가, 한옥 건축가로 알려진 건축가 황두진이다. 그가 꿈꾸는 도시는 수직 마을이다.

"서촌의 한 길을 대상으로 길가의 건물들이 모두 무지개떡 건물이 된다는 가정 아래 수직마을을 구상해본 것이다. 그간 설계했던 건물들의 이미지를 조합했는데, 실제로는 무지개떡이 아닌 건물도 이미지에서 무지개떡 건물로 전환했다. 이렇게 옥상정원을 조성하면 모든 건물에서 인왕산의 멋진 경관을 바라보며 마당 있는 집에서의 삶을 즐길 수 있다."

_《무지개떡 건축》, 황두진, 메디치미디어

건축가 황두진이 구상한 수직마을 상상도(제공: 황두진)

포틀랜드의 거리 디자인(출처: ZGF)

왜 무지개떡 도시가 소상공인 도시냐고 질문할 것 같다. 무지개떡 건축은 주거지와 상업시설이 함께 있는 평균 5층 높이의 건물이다. 그에게 무지개떡 건축은 진정한 의미의 주상복합이자 가장 도시적인 삶이다. 필자에게 무지개떡 건축은 소상공인 도시의 기본 건축 단위이자 주민과 상인의 상생이다.

거리문화는 코로나 시대 소상공인에게 더욱 중요해졌다. 선진국들은 공통적으로 식당의 실내 공간을 폐쇄하고, 아웃도어 다이닝을 장려하는 방식으로 식당 감염에 대응한다. 한국에서는 아직 아웃도어 다이닝을 방역 수단으로 활용하지 않는다. 보행로가 좁은 한국 도로에서 아웃도어 테이블을 활성화하기 위해서는 차로를 줄이고 보행로를 넓혀야 하는데 자동차 운전을 불편하게 하면서까지 소상공인 영업 공간을 확대해야 한다는 주장이 아직 대중의 지지를 얻지 못하고 있다. 방역과 별개로 아웃도어 취식이 가능한 쾌적한 보행로는 그 자체로 도시 경쟁력을 높인다. 포틀랜드의 거리 디자인 사진이 보여주듯이, 코로나 위기 시작되기 전에도 포틀랜드는 대중교통, 아웃도어 다이닝, 보행로 디자인을 통해 유동인구를 창출하고 도시산업을 활성화하기 위해 노력했다.

근대 상업도시에서
도시의 미래를 엿보다

이 책의 도입부에서 우리는 역사적으로 현대 도시의 원형은 중세 상업도시, 근대 상업도시에서 찾을 수 있음을 확인했다. 현대 도시 자체가 소상공인 도시로 출발한 것이다. 현대 도시의 기원은 중세로 거슬러 올라간다. 11세기 이후 시장이 활성화되면서 상인과 수공업자 계층의 부르주아는 영주가 사는 성의 주변에 모여 살기 시작했다. 부르주아 이름 자체도 '부르그', 즉 성 안에 사는 사람을 의미한다. 부르주아의 경제력과 함께 중세 상업도시도 팽창했으며, 이 중 피렌체, 제노바, 베네치아, 브루게, 뤼베크 등이 르네상스 시대와 근대를 연 중심 도시가 된다.

부르주아 도시는 산업혁명을 통해 중세 상업도시에서 근대 상업도시로 발전한다. 대표적인 근대 상업도시가 16세기 암스테르담이다. 최초의 근대 상업도시답게 암스테르담은 1588년 스페인 군주를 몰아내고 공화국 정부를 수립함으로써 미국혁명, 프랑스혁명 등 부르주아 시민혁명 시대의 도래를 알렸다.

근대 상업도시의 중심에는 도시 운영에 필요한 교회, 시청, 그리고 다양한 비즈니스와 시장이 모여 있었다. 거주 지역은 귀족, 중인, 서민 지역으로 구분됐다. 귀족은 궁전, 성, 장원과 같은 공동체와 격리된 공간에서 생활했다. 귀족과 달리 수공업자, 상인으로 구성된 부르주아는 시장과 거리를 중심으로 삶터와 일터를 꾸렸다. 이들은 사회와 일상에서 격리된 공간에서는 생존할 수 없는 직업의 계급이었다.

새로운 부르주아 문화를 바탕으로 상업도시를 넘어 근대 대도시로 확장한 도시가 파리다. 부르주아 혁명의 혼란이 진정되는 1830년대, 아케이드, 레스토랑, 카페, 가로등 등 우리가 근대 도시 문화의 아이콘으로 여기는 거리문화가 파리에서 출현한다. 그러나 20세기 들어와 부르주아와 도시는 변질된다. 많은 건축가들이 현대 부르주아 도시의 폐쇄성을 우려한다. 일부는 서울의 폐쇄적 주상복합이나 요새 같이 세워진 중정형 단독주택을 '자폐 건축'

이라고까지 비판한다. 자폐 건축은 생태, 친환경, 공동체 등 미래 사회가 지향하는 가치와 충돌한다. 가장 우려되는 부분은 공동체 기피증이다.

역설적이지만 탈근대 도시의 원형은 근대 상업도시에서 찾을 수 있다. 르 코르부지에는 고향 라 쇼드퐁의 시계 공방 건축, 황두진은 산업화 시대 한국의 상가 건물에서 영감을 얻었다. 상업, 주거, 생산 공간을 같은 건물에서, 그리고 이를 도시의 거리에 촘촘히 배치한 근대 상업도시가 도시의 익명성과 공동체를 동시에 실현할 수 있는 현실적인 대안이다.

일상이 새로운 소비 문화가 되다

이제 소상공인 도시에 대한 논의가 공급에서 수요로 넘어갈 필요가 있다. 소상공인 도시, 즉 주민과 상인이 상생하는 거리 중심의 도시는 이 도시에 대한 수요가 있을 때 지속가능하다. 소상공인 도시를 선호하는 사람은 어떤 사람일까? 일상을 아름답게 생각하고 일상에서 행복을 찾는 사람이다. 미술가들은 일찍부터 일상을 작품의 소재로 삼아 이를 '아름답게' 그려냈다. 17세기 네덜란드 풍속화, 조선시대 풍속화 작가들을 떠올려 보자.

대중이 일상을 하나의 라이프스타일로 받아들인 것은 비교적 최근의 현상이다. '일상주의'는 서구에서 킨포크, 피카, 휘게 등의 형태로 2008년 글로벌 금융위기 이후 확산되고 한국에서는 자기다움을 추구하는 밀레니얼이 주도한다. 소설가 무라카미 하루키가 '소확행'이라는 신조어로 부추긴 측면도 있다.

일상은 지루할 뿐이다? 롯데백화점에서 '보통의 여름, 일상을 기록하는 방법'을 전시했던 작가 허유가 생각하는 일상을 읽어보자.

"모든 것들은 항상 자잘하게 움직인다. 생명이 있는 한, 그것들은 부단히 움직여 오늘을 만난다. 나에게 일상日常이 있다는 것은 매일日이 같아서常가 아니라 오히려 매일日이 항상常 다르기 때문이다. 항상 움직이고 있다는 것은 항상 변하고 있는 것이다."

일상주의가 소상공인 도시를 재건하기에 충분할까? 적어도 활동가와 크리에이터 사이에서는 일상주의보다 더 강력한 철학이 필요하다. 필자는 그들의 새로운 철학으로 로컬리즘, 그것도 다소 '전투적인 로컬리즘militant localism'을 추천한다.

미국 도시의 독립서점이나 유기농 슈퍼마켓에서 'Eat Local, Sleep Local, Read Local'라고 적혀 있는 포스터를 흔히 볼 수 있다. 한국에서도 공격적 로컬리즘 포스터가 등장했다. 서귀포 안덕면 사계리 사계생활 벽에 걸려있는 포스터다. 'Eat Local, Buy Local, Meet Local'이라 적혀 있다.

로컬리즘이 시장경제 원칙에 위배될까? 정부 규제가 아닌 민간단체 운동으로서의 로컬리즘은 시장경제에 건강하게 작용한다. 광고와 마케팅 홍수 속에서 소비자가 자신의 철학을 지키고 공유하려는 노력은 균형 차원에서도 바람직하다.

골목상권에서 회의적인 사람들은 이렇게 말한다. 한국 골목상권에 무슨 문화가 있나, 어디 가나 똑같다. 일리 있는 비판이지만, 근본 원인이 어디에 있는지 질문해야 한다. 문화를 창조하지 못하는 소상공인을 비판하지만, 과연 로컬리즘이 거의 존재하지 않는 한국에서 소상공인이 할 수 있는 일이 무엇인지 궁금해진다. 문화 창조는 한국에서 독점적인 위치를 지닌 대기업도 헤매는 일이다.

로컬리즘을 복잡하게 생각할 필요 없다. 기본적으로 애향심에서 출발해야 한다. 그 다음이 환경, 안전, 지속가능성 등 현실적인 당위성이다. 로컬로 균형을 맞추지 않으면 공동체도, 중산층도, 세계화도, 지구도 살릴 수가 없다. 가장 고차원적인 로컬리즘이 탈물질주의적인 로컬리즘이다. 로컬이 진짜고, 좋은 삶이며 명품이라는 믿음이다.

미국 도시의 독립서점이나 유기농 슈퍼마켓에서 쉽게 볼 수 있는 포스터

소상공인과 DIY 주민 문화

주민도 소상공인 도시의 발전에 기여할 수 있다. 소상공인 도시에 필요한 주민 문화가 'DIY'다. 주민이 자신과 지역에 필요한 것을 직접 만드는 문화다. 취미로 제작하는 공예품, 주택 개조Home Improvement에 필요한 다양한 수리, 다양한 지역 주체들이 모여 지역의 공공 건축물을 직접 재생하는 DIT Do it Together 등이 소상공인 도시에서 활발한 DIY 활동이다.

DIY 활동이 활발하면, 지역성을 드러내는 공예품과 디자인 상품을 생산하는 소상공인이 늘어나고, 철물점, 잡화점, 가드닝 용품점, 중고품 거래 상점 등 주택 개조와 재건축을 지원하는 점포가 동네 상권의 중심으로 들어선다. 말 그대로 그런 동네는 주민이 소상공인이 되고, 주민과 소상공인이 컬래버해 지역과 건축을 재생하는, 즉 주민과 소상공인이 상생하는 소상공인 도시가 된다.

DIY가 더 발전하면 하이테크 산업으로 진화하는 메이커 산업이 된다. 메이커 운동이 어떻게 소상공인 산업과 지역발전에 기여하는지는 굳이 설명하지 않아도 될 것이다. 이미 많은 사람이 은퇴 준비, 부업, 취미 활동, 비용 절감 등 다양한 이유에서 공예, 목공, 석공, 가드닝, 원예, 양조 등의 기술을 배우고 있다. 굳이 고향에 돌아가지 않고 사는 동네에서 사업화하면 소상공인 도시의 건설에 참여할 수 있다.

스트리트 컬처의 중요성

소상공인과 로컬 크리에이터 산업의 관건은 로컬 문화의 창출이다. 사람을 로컬에 모아도, 문화를 창출하지 못하면 지속가능성과 산업 기반을 확보하기 어렵다. 지역문화, 골목문화, 커뮤니티 등 로컬 크리에이터가 활용할 수 있는 문화가 많지만, 장기적으로 중요한 문화는 스트리트 컬처다. 스트리트 컬처와 이를 따르는 사람들의 크루Crew 문화를 로컬 크리에이터가 개척해야 할 문화로 제안한다.

골목상권이 전국적으로 확산되고 도시 여행을 선호하는 사람이 늘면서, 도심과 골목상권에서 크루와 함께 활동하며 공동으로 창업하거나 협업하는 어반 노마드가 부상하고 있다. 일의 방식으로 크루 문화를 수용하고 사업장을 한 장소로 고정하지 않고 여러 장소를 가변적으로 활용한다는 측면에서 다른 로컬 크리에이터와 구분된다.

어반 노마드 문화의 원형은 미국의 스트리트 컬처다. 스케이트보드, 힙합, 바스켓볼, 그라피티 등 스트리트 컬처를 만드는 사람들은 한 곳에 머무르지 않고 이 거리 저 거리를 옮겨 다니는 노마드다. 이들은 또한 자신을 표현하는 것과 동시에 자신이 속한 그룹과 연대하고 창작하는 것을 중시하는 크루 문화를 추종한다. 크루 문화는 뮤직 산업의 아티스트 사이에서도 흔히 볼 수 있는 창작 문화다. 노마드의 크루 문화는 패션계에서도 영향을 미친다. 스케이트 보드를 같이 타던 친구들을 위해 창업한 반스Vans, 뉴욕 빈민지역의 청년들의 거리문화를 모티브해 창업한 슈프림Supreme이 크루 문화에서 파생된 브랜드다.

어반 노마드는 현재 골목상권 개발 분야에서 가장 활발하고 스트리트 컬처 브랜드와 DIY 도시재생 분야에서도 영향력을 행사하기 시작했다. 현재 추세가 이어지면 스트리트 컬처, 그리고 이를 창조하는 어반 노마드가 로컬 크리에이터 산업의 미래로 부상할 것이다.

스타트업 × 예술가 × 소상공인 = 힙타운

매력적인 도시문화와 젊은이가 선망하는 힙타운은 스타트업, 예술가, 소상공인의 컬래버로 건설됨을 강조한다. 2017년 이를 발견한 홍합밸리의 통찰력이 놀랍다. 전국 지자체가 공식처럼 외워야 하는 지속가능한 골목상권의 공식, 박찬용 작가가 말하는 '힙타운 공식'이다. 힙타운은 젊은 층만을 위한 도시가 아니다. 도시의 모든 사람이 즐길 수 있는 '문화를 갖춘 살고 싶은 동네'를 만들자는 것이다. 현실적으로 예술인, 스타트업, 소상공인을 모두 한 곳에 모아야 지역발전에 필요한, 미래 세대가 원하는 도시문화를 창출할 수 있다.

한국의 많은 도시가 스타트업과 예술을 강조하고, 기술과 예술을 연결하는 시설과 공간에 투자한다. 그러나 힙타운 주체 중의 하나인 소상공인에 대한 관심은 부족하다. 소상공인이 참여해야 새로운 도시문화와 산업 자원으로 부상한 로컬, 라이프스타일, 골목길을 활용할 수 있다. 건강한 로컬 크리에이터 생태계는 이처럼 사업자에 의한 혁신만으로 구축하기 어렵다. 소비 문화, 주

한국의 대표적인 힙타운 홍대에서 창업생태계를 구축하는 홍합밸리의 포스터

민 문화, 골목 도시 등 전체 지역사회가 동참해야 로컬 크리에이터와 소상공인이 활동할 수 있는 공간과 이를 수용할 수 있는 수요를 창출할 수 있다.

기계가 인간을 대체하는 미래 경제에서 소상공인 도시는 더욱 중요해질 것이다. 다수의 중산층이 기계가 만들 수 없는 공간과 문화 구조에서 창업과 고용의 기회를 찾아야 하기 때문이다. 유동인구를 유발하는 거리문화, 로컬 중심으로 생활하는 소비자와 주민이 만드는 소상공인 도시가 소상공인과 로컬 크리에이터에게 가장 중요한 생태계다.

07

포틀랜드를 꿈꾸는
한국의 도시들

소상공인 도시의 궁극적인 목적지가 어디인지 궁금한 독자가 많을 것이다. 로컬 크리에이터가 크리에이티브 로컬을 개척하는 점을 고려할 때, 로컬 크리에이터가 중심적인 역할을 하는 도시가, 즉 로컬 크리에이터 중심의 창조도시가 종착역이 될 가능성이 높다. 현실세계에서 모델을 찾는다면 로컬 크리에이터 커뮤니티가 지향해야 할 도시는 어디일까? 이견이 있을 수 있겠지만, 독립기업과 로컬 브랜드 자원으로 평가하면 포틀랜드를 능가할 도시는 찾기 어렵다.

포틀랜드의 독립 산업

포틀랜드는 다른 도시에 비해 독립적인 소상공인 산업Small Business의 비중이 높은 도시다. 2015년 포틀랜드가 속한 오리건주의 고용에서 소상공인 산업이 차지한 비중은 미국 평균 49%를 상회하

포틀랜드의 대표 로컬 브랜드 파웰스 북스

는 55%로 50개 주 중 8위에 올랐다. 독립기업Independent, Non-Fran-
chised Businesses의 규모를 측정하는 "인디 시티 인덱스Indie City Index"
에 따르면 포틀랜드는 인구 100만 명에서 300만 명 사이의 메트
로폴리탄 지역 중 여섯 번째로 독립 산업의 규모가 크다. 포틀랜
드를 앞선 도시는 산호제이, 오스틴, 투산, 뉴올리언스, 내쉬빌 정
도다.

　　규모도 규모지만 포틀랜드 독립 산업이 특별한 진짜 이유는
창의성에 있다. 포틀랜드의 독립 가게, 로컬 크리에이터, 공예공
방, 메이커스, 스타트업은 전국적으로 알려진 로컬 브랜드를 많이
배출한다. 포틀랜드에서 출발해 전국적으로 유명해진 로컬 브랜
드는 다양하다. 커피의 스텀프 타운 커피 로스터즈Stumptown Coffee
Roasaters, 코바 커피Coava Coffee, 리스트레토 로스터즈Ristretto Roasters,

수제 맥주의 데슈트 브루어리Deschutes Brewery, 팻 헤즈 브루어리Fat Head's Brewery, 텐 배럴 브루잉Ten Barrel Brewing, 로그 증류소&펍Rogue Distillery and Pub House, 독립서점의 파웰스 북스Powell's Books, 브로드웨이 북스Broadway Books, 자전거의 조우 바이크Joe Bike, 사가 프로파일즈Saga Profiles, 호텔의 에이스호텔, 유기농 슈퍼마켓의 뉴시즌스마켓을 꼽을 수 있다.

탄탄한 독립 브랜드를 기반으로 포틀랜드는 커피, 수제 맥주, 자전거 산업의 중심지로 성장했다. 2018년 인포그룹Infogroup 수제 맥주 도시 1위, 2018년 바이시클링 매거진 자전거 도시 5위(시애틀, 샌프란시스코, 포트 콜린스, 미니애폴리스 다음), 2018년 월렛 허브 커피 도시 4위(뉴욕, 시애틀, 샌프란시스코 다음)로 선정된 것은 우연이 아니다.

포틀랜드 소상공인 산업이 강한 이유는 일차적으로 소상공인 생태계, 그리고 이차적으로는 소상공인에 우호적인 도시문화에서 찾을 수 있다. 포터 교수가 지적한 6개 분야에서 포틀랜드에서 이 분야를 대표하는 기관을 표로 정리해봤다. 모든 분야에서 활발한 지역 단체를 찾을 수 있는 것이 흥미롭다.

하버드 경영대 마이클 포터 교수가 운영하는 ICIC 연구소에 의하면 소상공인 생태계에는 주민단체, 정부, 경제개발청, 금융기관, 직업훈련 기관, 소상공인 단체가 중요하다. 포틀랜드 소상공인 생태계는 산업 전체를 아우르는 생태계가 아닌 각 분야를 지원하는 생태계로 구성돼 있다. 메이커, 신발 디자인, 로컬 푸드 등 포틀랜드를 대표하는 3개 소상공인 산업에서는 다른 도시에서 볼 수 없는 창업훈련과 지원기관을 찾을 수 있다.

첫 번째가 메이커 산업이다. 장인정신으로 물건을 직접 제조하는 사람을 의미하는 메이커는 3D 프린터를 사용하는 하이테크 부품에서 디자인 기반의 생활 용품까지 다양한 제품을 생산한다. 포틀랜드를 대표한 메이커 지원 기관이 2011년 오픈하고 2015년 현재 250개 회원 기업을 보유한 메이커 협동조합 '포틀랜드 메이드 컬렉티브Portland Made Collective'다. 이 협동조합은 메이커 스페이스 ADX, 메이커 편집숍 '메이드 히어 PDXMade Here PDX'와 협력해 지역 메이커를 지원한다. '메이드 히어 PDX'는 포틀랜드에 매장을 2곳을 운영하며 로컬 브랜드 플랫폼으로 기능한다. 매주 10명 이상의 메이커가 이 가게에 입점을 문의하기 위해 찾아올 정도로 포틀랜드 메이커 기반은 탄탄하다.

두 번째 생태계는 운동화 창업 생태계다. 포틀랜드는 나이키

포틀랜드 로컬 브랜드 생태계

분야	주요 기관과 단체	
정부	City of Portland, State of Oregon, TriMet	
주민 / 시민단체	Portland Made Collective, EcoTrust	
경제개발기구	Prosper Portland, Port of Portland, Greater Portland, Inc.	
학교 / 직업훈련기관	OSU Food Innovation Center, Pensole Footware Academy, United Bicycle Institute(Ashland and Portland)	
금융 / 인큐베이터	ADX Portland(makers), BuiltOregon(consumer products), The Redd on Salmon Street(EcoTrust), KitchenCru(food trucks), Oregon Story Board(digital storytelling)	Technology Association of Oregon, Portland Incubator Experiment, Psu Business ASccelerator
소상공인	Made Here PDX, Made in Oregon, Farmers markets(PSU, Saturday)	

본사, 아디다스 미주 본사, 언더아머 연구소 등 수많은 운동화 기업이 모여있는 클러스터다. 디자이너 교육기관으로 주목해야 할 곳이 '펜솔 풋웨어 아카데미Pensole Footware Academy'다. 나이키 디자이너가 창업한 이 기관은 포틀랜드 기업과 협업해 미래 디자이너를 기업이 발주한 프로젝트에 참여시키는 방식으로 훈련한다.

세 번째 생태계가 로컬 푸드 생태계다. 환경단체 에코트러스트EcoTrust가 로컬 푸드를 장려하기 위해 운영하는 로컬 푸드 인큐베이터 '레드 온 새몬스트리트Redd on Salmon Street'가 대표적인 기관이다. 비영리 환경단체이기 때문에 투자금 회수라는 압박에서 상대적으로 자유롭게 창업자를 지원할 수 있다.

결론적으로 포틀랜드도 다른 도시와 마찬가지로 지역의 몇 개 산업 중심으로 생태계가 형성돼 있다. 운동화 디자인, 메이커, 로컬 푸드 등 포틀랜드에 생태계가 존재하는 산업 중 로컬 푸드는 한국 도시도 벤치 마케팅해야 하는 산업이다. 농산물을 전국 단위로 유통하고 있는 한국에서 로컬 푸드 생태계를 구축하는 것이 쉬운 일이 아니지만, 환경과 건강과 연결된 문제이기 때문에 더 이상 지체할 수 없는 사업이다.

스타벅스가 안목해변에 매장을 연 이유

포틀랜드가 오프라인이 지향해야 할 창조도시의 전형이라면 한국의 어느 도시가 포틀랜드 모델로 성공할 수 있을까? 문제는 포틀랜드 모델의 복제성이다. 포틀랜드는 1990년대 이후 자기 하고 싶은 일을 하면서 '멋지게' 사는 힙스터와 플레이어들이 살고 싶어 하는 도시로 부상했다. 세계의 힙스터들이 부러워하는 포틀랜드의 도시문화는 이처럼 외부에서 유입된 플레이어들이 '모여 놀면서' 만든 문화다. 정부가 장기 계획을 수립해 체계적으로 육성한 산업이 아니다. 포틀랜드는 또한 자신의 엉뚱함Weird을 자랑스럽게 생각하는 도시다. 〈더 뉴요커〉는 엉뚱한 포틀랜드 주민을 이렇게 풍자한다. "진짜 포틀랜드 주민이라면 드라마 포틀랜디아에 우정 출현하고, 자전거 하나, 외발 자전거 하나, 그리고 자전거 또 하나를 갖고 있어야 한다. 잘 가꾼 턱수염을 기르고, 정확하게 어느 도넛 가게를 가야 할지 안다. 사람들이 그가 광고업계에서 일하는 것을 창피해 한다는 것을 못느끼게 할 정도로 맛있고 리노플라빈이 풍부한 비건 아침 부리토를 만들줄 안다."

정부가 포틀랜드의 독립 산업과 무관한 것은 아니다. 포틀랜드는 1970년대 지속가능한 성장을 추구한 대표적인 압축도시 모델이다. 성장 한계 지역을 설정해 도시의 팽창을 제한하고, 도시 고속도로와 대형 마트의 도심 진입을 저지하며, 엄격한 환경 규제로 온실가스 배출을 국제사회 기준으로 통제했다. 당시 원도심 재생도 주민회 조직과 지원을 지원하는 등 동네 커뮤니티 강화를 병행하는 방식으로 추진했다. 그 후 주민자치 전통을 계승해 지금도 지역을 95개 상권으로 나누어 도시재생, 상권 공동체, 로컬 상점을 지원하는 '동네 경제' 정책을 추진한다.

한국의 포틀랜드가 되고자 하는 도시가 기억해야 하는 키워드는 산업적으로는 커피, 수제맥주, 로컬 브랜드, 메이커, 자전거, 아웃도어, 도시정책으로는 환경과 동네 경제 정책이다. 현재로서 한국에서 한국의 포틀랜드가 될 가능성이 가장 높은 도시를 꼽는다면 도시산업의 구성과 도시정책의 우선순위를 점검해야 하며 이견이 있을 수 있으나 필자가 가장 유망한 후보로 꼽는 도시는 강릉이다.

강릉을 선택한 가장 큰 이유는 커피다. 강릉은 한국 도시 중에서 유일하게 커피를 지역산업으로 발전시킨 곳이다. 강릉의 커피산업은 해변에서도 목격할 수 있다. 해변 커피거리의 원조는 강릉 안목해변이다. 안목해변은 전국 모든 커피 프랜차이즈가 총집결한 커피거리로 변신한 지 오래다. '도도한' 스타벅스도 2013년 안목해변에 매장을 열었다. 스타벅스가 왜 유동인구가 적고 상업 중심지도 아닌 안목해변에 매장을 열었을까? 물론 매장의 경제성도 고려했겠지만, 새로운 커피 중심지로 떠오른 안목해변의 위상을 인정했기 때문일 것이다.

안목해변 커피거리의 역사는 소박하다. 1990년대 해변을 찾는 관광객을 위해 한 모퉁이에 커피 자판기를 설치한 것이 그 시작이다. 하지만 그렇게 안목해변에서 시작된 커피 문화는 어느새 경포대 해변, 사천해변, 양양 죽도해변 등 다른 해변으로 급속히 확산됐다.

왜 강릉일까? 강릉의 커피 문화를 체험하면서 머릿속에 맴돌던 질문이다. 많은 사람들이 기업가 정신에 주목한다. 문화도 사람이 만드는 것이니 아무래도 선구자의 공이 클 것이다. 강릉의 커피산업을 개척한 사람은 2000년대 초반 스페셜티 커피 전문점을 시작한 보헤미안의 박이추 대표와 테라로사의 김용덕 사장이다. 그 외에 강릉의 문화적 토양도 간과할 수 없다. 강릉은 항상 여타 동해안 지역과 다른 문화도시였다. 선교장, 오죽헌 등 경포대 호수 주변에 위치한 전통문화 유산을 방문하면 양반도시 강릉의 세련된 외관과 풍요로운 분위기를 느낄 수 있다. 음식도 양념이 강하지 않고 정갈하다.

강릉은 이제 한국을 대표하는 커피도시로 발전했다. 강릉시 전역에 300개가 넘는 커피전문점이 운영되고 있고 이들 중 상당수가 전국적으로 명성이 높은 커피전문점이다. 또한, 강릉의 커피전문점은 단순한 커피 소매점이 아니다. 많은 강릉 커피전문점들이 전국 카페와 음식점에 커피를 공급하는 로스팅 비즈니스를 본업으로 하고 있다. 이 중 전국적인 체인으로 성장한 기업이 테라로사다. 강릉은 또한 연 5,000명의 바리스타를 배출하는 커피산업 인력의 양성지이기도 하다. 보헤미안과 테라로사 등 강릉 커피산업을 개척한 가게들은 공통적으로 커피 교육과정을 운영하고 있고, 강릉 지역의 대학들도 관련 과정을 개설하며 발을 맞추고 있다.

이러한 성장을 등에 업고 강릉시는 커피산업 지원을 위해 매년 10월 커피축제를 개최한다. 작은 규모로 시작한 이 행사는 이제 연 20만 명이 찾는 전국 최대 규모의 커피축제로 성장했다. 축제에 참여하는 관광객은 국내 최고 수준의 커피를 맛볼 수 있을 뿐만 아니라, 주요 커피 기업이 운영하는 커피박물관에서 산업의 역사를 배우고 커피나무 재배와 커피 생산 과정을 체험할 수 있어 만족도가 매우 높다.

강릉의 커피산업은 처음에는 관광객을 위해 시작됐지만 지금은 강릉 사람들을 위한 지역문화로 자리 잡았다. 커피전문점 에티오피아 주인에 따르면, 가게를 방문하는 관광객과 지역주민

비율이 50대 50으로 거의 같다고 한다. 이 정도로 커피를 즐기다 보니 자연히 수준이 높아져서, 이제 강릉 주민들은 다른 도시 가면 맛없어서 커피를 못 마시겠다고 불평할 정도라고 한다.

포틀랜드를 대표하는 소상공인 산업의 하나가 수제맥주와 양조다. 포틀랜드의 수제맥주 기업은 60여 개에 달해, 미국에서 수제맥주 공장이 가장 많은 도시로 알려졌다. 도시 양조 또한 수제맥주만큼 발달했다. 포틀랜드 거리를 걸으면 위스키, 럼, 진 등 다양한 술을 제조하는 소규모 양조장을 쉽게 마주칠 수 있다.

강릉 수제맥주의 평판 또한 높아지고 있다. 강릉에는 브루어리, 버드나무브루어리 성산, 버드나무브루어리 등 3곳의 수제맥주 공장이 운영되고 있다. 2020년 기준 강원도 지역의 수제맥주 업체는 16개로, 경기 35개, 서울 17개 다음으로 많다. 많은 전문가가 강릉을 포함한 강원도가 자연, 물, 관광자원을 바탕으로 지역의 로컬 맥주 산업을 선도할 것으로 전망한다.

강릉에는 지역에서 출발해 지역의 대표 브랜드로 성장한 기업을 쉽게 찾을 수 있다. 식가공업에서는 초당마을 협동조합에서 생산해 전국으로 유통하는 강릉초당두부가 대표적이다. 밀레니얼 취향의 로컬 브랜드도 다양하다. 커피 분야의 테라로사, 카페 보헤미안, 커피 커퍼, 디저트 분야의 순두부 젤라또가 강릉에서 다수의 매장을 운영하는 지역의 대표 로컬 브랜드다. 로컬 브랜드 개념을 짬뽕, 짬뽕순두부, 꼬막, 포차 등 전통 식음료 분야로 확대하면 강릉 로컬 브랜드의 수는 크게 늘어난다.

강릉의 디자인 브랜드도 둥지를 트고 있다. 강릉 문화를 감각적으로 디자인한 기념품을 판매하는 사천해변의 디자인숍 바이라다가 대표적인 디자인 기업이다. 파도살롱을 운영하는 더웨이브컴퍼니도 강릉 라이프스타일을 기반으로 한 밀레니얼 감성의 패션 라인 닐다를 출시했다.

매력적인 동네들로 가득한 강릉

포틀랜드 경쟁에서 강릉이 유리한 또 하나의 이유는 동네다. 강릉은 하나의 중심이 압도하지 않고 수평적으로 이어진 여러 동네가 공존하는 도시다. 교동, 명주동, 홍제동, 인담동, 포남동 등 각각 특색을 유지하는 동네가 강릉을 차분하고 매력적으로 만든다.

동네 경쟁력을 엿볼 수 있는 분야가 맛집이다. 강릉의 맛집은 한 지역에 밀집되어 있지 않고 도시 전역에 흩어져 있다. 흥미로운 점은 각 동네에 그 동네를 대표하는 맛집을 쉽게 찾을 수 있다는 사실이다. 포남동의 빵다방, 초당동의 툇마루와 순두부젤라또, 명주동의 오월과 봉봉방앗간, 홍제동의 버드나무브루어리, 강문해변의 카페폴앤메리가 동네의 앵커스토어다. 교동의 게스트하우스 위크엔더스, 홍제동의 캘리그래피숍 글씨당, 명주동의 코워킹스페이스 파도살롱, 포남동의 북스테이 포남포남도 콘텐츠 기반의 앵커스토어를 향해 발돋움한다.

강릉에서 살아있는 동네문화를 체험할 수 있는 곳이 원도심 명주동이다. 명주동에는 강릉도호부 관아, 칠사당, 임당동 성당 등 문화재, 개성 있는 상가, 창조인재 공간이 어우러진 골목상권이다. 매년 여름 강릉시는 명주동 중심으로 다양한 강릉 문화를 소개하는 '강릉 문화재 야행'을 운영한다. 주민들이 소셜다이닝 모두의 식탁을 운영할 정도로 주민 문화도 강하다. 2018년 가을의 식단에는 일반 식당에서 접하기 어려운 두부전, 무생채, 곤드레밥, 가마솥 장국, 문어 간장 무침이 포함됐다.

강릉이 채워야 할 것

강릉은 한국의 포틀랜드, 즉 소상공인 중심의 창조도시가 될 수 있는 잠재력이 그 어느 도시보다 크다. 포틀랜드 모델에 필요한 커피산업, 동네문화, 자연환경, 문화예술, 음식문화 분야에서 강릉을 능가할 도시를 찾기 어렵기 때문이다. 그렇다고 강릉이 포틀랜드로 가는 길이 순탄하지만은 않다. 아직 채워야 할 것이 많다. 포틀랜드에 비해 강릉의 메이커, 아웃도어, 자전거, 환경 산업은 아직 두각을 나타내지 못한다. 무엇보다 중요한 것은 소상공인 중심의 창조도시가 되겠다는 의지다. 2020년 1월 경남 사회혁신 국제포럼에 참석한 샘 애덤스Sam Adams 전 포틀랜드 시장은 자신의 도시를 '창조적이고 작은 메이커 도시City of Creative and Small Makers'로 소개했다. 스마트, 플랫폼, 이데아 등 도시 앞에 대형화를 의미하는 수식어가 난무하는 세상에서 스스로를 '작은 기업의 도시'로 부를 정도로 포틀랜드의 의지는 강하다.

　하지만 미래는 다를 것이다. 강릉의 로컬 크리에이터들이 현재와 같이 지역자원을 연결하는 창의적인 비즈니스를 창업한다면, 머지않은 장래에 필요한 산업을 다 채울 것이다. 이 과정에서 중요한 것은 지역문화의 정의다. 포틀랜드의 힙스터 산업과 독립산업이 지역의 전통문화가 아니 듯이 강릉이 활용해야 할 지역문화가 반드시 전통문화일 필요는 없다. 강릉을 대표하는 커피 문화는 외부에서 수입된 '인공적인' 지역문화다. 순두부 젤라또, 순두부 스프레드의 성공이 보여주듯이 전통문화에 기반한 상품도 인공적인 재해석이 필요하다.

창의적 기업가들에 의해 지역환경이나 전통과 큰 관련 없는 지역문화가 강릉에 자리 잡았다. 인공성이 오히려 강릉 지역발전에 큰 자산이 된 것이다. 강릉의 로컬 크리에이터들이 다시 한번 기업가 정신을 발휘한다면, 강릉의 인공적인 지역산업은 강릉 경제를 견인하는 신성장동력으로 자리매김할 것이다.

: 나가며

로컬 크리에이터는 로컬의 자원과 네트워크를 연결한 자신만의 콘텐츠로 새로운 가치를 창출하는 기업가다. 2010년대 초반 지역에서 대안적 라이프스타일을 찾는 사업가들에 의해 시작된 로컬 비즈니스는 골목상권을 기반으로 순조롭게 성장했다. 2020년에 덮친 코로나 사태는 로컬 비즈니스에 큰 도전이었다. 코로나가 지배했던 2020년에 로컬 비즈니스는 어떤 변화를 경험했을까? 5대 트렌드로 정리했다.

① 로컬의 재발견 코로나 사태로 생활반경이 좁혀짐에 따라 동네에서 쓰는 시간과 소비가 증가해, 동네가 새로운 경제권으로 부상했다. 지역단위 방역 또한 지역 정부와 이웃에 대한 관심과 신뢰를 높였다. 로컬의 재발견과 동네 중심의 생활 패턴은 여행, 리테일, 문화창조산업의 재편을 의미한다. 대기업과 로컬 크리에이티들은 이 과정에서 동네 상품, 동네 서비스 등 새로운 로컬 비즈니스 모델을 발굴했다.

② 동네 포털의 부상 2020년 로컬의 재발견에서 가장 큰 성과를 올린 기업이 당근마켓이다. 2015년 동네 주민 간 중고품 거래를 중개하는 서비스로 시작한 이 기업은 동네 경제 활성화에 힘입어 최대 중고품 거래 마켓으로 부상했다. 당근마켓이 순차적으로 동네 콘텐츠와 서비스를 추가함에 따라, 동네 생활 포털을 둘러싼 당근마켓, 맘카페, 인터넷 포털의 경쟁이 본격적으로 시작됐다.

③ 로컬 비즈니스 융복합 가속 2020년에도 로컬 비즈니스의 융복합이 큰 흐름이었다. 공간과 콘텐츠로 경쟁하는 로컬 기업이 증가함에 따라, 로컬 비즈니스에서 경쟁 기업이 복사할 수 없는 콘텐츠의 개발이 더욱 중요해졌다. 이런 배경에서 부상한 사업 모델이 복합문화공간, 공동 브랜드와 컬래버, 팝업과 마켓 등 플레이어, 업종, 콘텐츠의 융복합이다. 로컬 푸드와 로컬 브랜드의 구독과 배달, 장인과 로컬 크리에이터가 협업하는 로컬 리브랜딩, 주민이 주도하는 DIT 마을재생 등 융복합 대상이 디지털, 장인, 주민으로 확장한다.

④ 상권 단위 개발 사업 진화 2000년 중반 이후 골목상권이 로컬 비즈니스의 성장을 견인했다. 전반적인 오프라인 상권의 침체에도 불구하고, MZ세대가 여행하는 골목상권은 전국적으로 확산세를 유지했다. 골목상권의 인기는 골목상권 기반의 지역 개발 사업으로 이어진다. 지역 개발의 유형은 세 가지다. 첫째가 전통적인 골목상권 개발이다. 2010년대 중반 ㈜장진우가 경리단길 지역에서 '장진우거리'를 조성한 이후, 전국적으로 골목상권을 개발하

는 기업이 늘어났다. 2020년에 주목받은 사업은 아라리오뮤지엄이 리모델링한 제주 탑동 '아라리오길'이다. 두 번째 유형이 골목형 상가 개발이다. 라이프스타일 센터 디벨로퍼를 지향하는 네오밸류가 신도시에서 개발한 앨리웨이가 2020년을 대표하는 프로젝트였다. 세 번째 유형이 골목상권을 기반으로 '작은 도시'를 기획하는 사업이다. 서울 연희·연남, 부산 영도 등에서 청년들이 필요한 업무, 주거, 상업시설을 건설하는 마이크로 타운 사업은 공공 도시재생과 민간 재개발 사이에서 길을 잃은 원도시 개발의 새로운 대안으로 주목받는다.

⑤ 지자체 로컬 크리에이터 사업 참여 2016년 이후 중기부, 창조 경제혁신센터, 도시재생센터가 주도한 로컬 크리에이터 생태계 구축 사업이 지자체로 확산됐다. 경북도, 경남도, 광주시, 공주시 등이 자체 예산으로 로컬 크리에이터 지원 사업을 시작했다. 앞으로도 지역산업 육성과 상권 관리 권한을 가진 지자체가 지역상권 기반으로 성장하는 로컬 크리에이터의 지원을 확대할 것으로 예상한다.

5대 트렌드가 보여주듯이, 코로나 위기는 그동안 진행되어 온 로컬 지향을 더욱 가속화하고 있다. 로컬 비즈니스가 앞으로 공간 안전에 대한 우려를 불식할 만한 환기 기술 혁신을 이룰 수 있다면, 포스트 코로나 시대는 진정한 로컬 전성시대를 열 수가 있다. 그렇다면 한국 사회는 로컬 비즈니스를 위해서 무엇을 해야 할까?

기성세대가 고민해야 하는 일은 생태계다. 기성세대는 로컬 크리에이터가 재능을 발휘할 수 있는 환경을 만드는 것으로 기여할 수 있다. 필자는 로컬 크레이터에게 건강한 생태계로 오프라인 생태계를 주목한다. 다수의 로컬 크리에이터가 오프라인 리테일 분야에 종사하고, 온라인에서 활동하는 크리에이터도 인재, 협업 파트너, 생산시설, 구매망 등 오프라인 생태계가 제공하는 자원에 의존한다. 오프라인 리테일도 로컬 크리에이터가 창출하는 경험, 정체성, 커뮤니티, 사회적 가치 없이는 온라인과 경쟁하기 어렵다. 로컬과 오프라인의 상호 의존과 작용 과정에서 로컬과 오프라인의 미래가 수렴한다.

단기적으로 로컬 크리에이터에게 필요한 생태계 자원은 상권 단위 커뮤니티다. 《골목길 자본론》에서 필자는 로컬 크리에이터 지원과 육성을 위한 '장인대학'을 제안했지만, 시간이 지나면서 굳이 학교일 필요가 없다는 생각이 굳어진다. 일단 자주 모일 만한 공간, 아지트가 필요하고, 그 아지트는 공공시설이 아니어도 될 것 같다.

로컬 크리에이터 사업을 적극적으로 추진하는 강원, 제주, 충북, 부산 등은 창조경제혁신센터가 아지트 역할을 한다. 군산의 로컬라이즈군산, 거제의 공유를위한창조, 강릉의 파도살롱, 공주의 업스테어스, 제주의 사계생활, 광주의 무등산브루어리 애프터웍스, 시흥의 월곶꽃한송이, 해방촌의 론드리프로젝트 등 다른 도시에서는 민간 상업시설이 아지트로 활용된다. 이들 공간의 공통점은 코워킹과 카페다. 카페가 있어야 외부인이 편하게 들어갈 수 있다.

현재 로컬 크리에이터를 개인적으로 지원하는 정부가 커뮤니티 지원에 관심이 있다면 로컬 크리에이터 코워킹 스페이스의 지원이 대안이 될 수 있다. 코워킹 스페이스가 전통적인 스타트업에 한정될 필요는 없다. 지역문화를 활용한 콘텐츠 크리에이터, 지역 라이프스타일을 제안하는 라이프스타일 비즈니스와 생활산업 등 다양한 로컬 크리에이터, 그리고 이를 준비하는 인재가 모일 수 있는 장소가 될 수 있다.

로컬 크리에이터 본인에게 더 필요한 것이 있다면 이 책이 강조하는 로컬 마인드다. 로컬 라이프스타일과 지역과의 상생에 대한 의지와 더불어 자신이 살고 싶은 도시에 대한 뚜렷한 비전이 있어야 한다. 개념적으로 로컬 크리에이터가 지향해야 하는 도시는 소상공인 도시다. 구체적인 모델로 스스로를 창의적인 소상공인의 도시로 부르는 포틀랜드를 추천한다. 포틀랜드는 소상공인 중심으로 자생적으로 문화를 창출할 수 있고, 문화를 갖춘 살고 싶은 도시로 인정받는다.

한국에서 로컬 크리에이터로 성공한 지역을 꼽으라면 홍대와 성수동이다. 홍대 모델을 다양하게 정의할 수 있으나, 홍대 모델을 가장 강력하게 표현한 곳은 홍대에서 창업 생태계를 구축하는 홍합밸리다. 홍합밸리가 제시하는 홍대 모델은 '스타트업×예술가×소상공인'이다. 내가 활동하는 지역에 무엇이 필요하지를 고민하는 로컬 크리에이터가 기억해야 하는 지속가능한 골목상권 공식, 힙타운 공식이다.

이 책이 소개하는 로컬 비즈니스 모델은 무궁무진하다. 아무쪼록 여기에서 소개된 창업가와 기업을 모델로 더 많은 로컬 크리에이터가 자신이 하고 싶은 일을 할 수 있고 살고 싶은 삶을 살 수 있는 지역을 찾고 만들어 가기를 바란다. 국가적인 목표가 필요하다면 모든 동네의 브랜드화를 제안한다. 단기적으로는 228개 시군구, 장기적으로는 3,473개 읍면동이 자체 로컬 브랜드로 구성된 로컬 편집숍 하나는 운영할 수 있는 수준의 풍부한 로컬 브랜드를 배출하면 가능한 미래다.

참고문헌

✽ 참고문헌은 '부'를 기준으로 구분하여 정리하였습니다.

✽ 본문에 실린 이미지 자료와 인용문은 저작권자의 허가를 맡아 수록하였으나
일부 연락이 닿지 않은 자료에 대해서는 확인되는 대로 통상의 협의과정을
거치도록 하겠습니다.

들어가며

김동복 외, 《슬기로운 뉴 로컬생활》, Storehouse, 2020

마쓰나가 게이코, 《로컬 지향의 시대》, RHK, 2017

모종린, 《골목길 자본론》, 다산3.0, 2017

모종린, 《인문학, 라이프스타일을 제안하다》, 지식의 숲, 2020

송미령 외, 〈귀농·귀촌 인구이동 동향과 시사점〉, 한국농촌경제연구원, 2020.12.10

어반플레이, 《로컬전성시대》, 어반플레이, 2019

정유라 외, 《2021 트렌드 노트》, 북스톤, 2020

최인수 외, 《트렌드 모니터 2021》, 시크릿하우스, 2020

"서울 생활 싫어요. … 고향 회귀 청년들 나 돌아갈래", 매일경제신문, 2020.12.12

1부 오프라인의 미래, 로컬로 수렴하다

간다 세이지, 《마을의 진화》, 반비, 2020

강형기, 《지역창생학》, 비봉출판사, 2014

김난도 외, 《트렌드 코리아 2021》, 미래의창

김세훈, "빅데이터로 본 코로나 시대의 서울", 환경과조경, 2020년 10월호

김은정, "브랜드로 도시를 여행하는 방법", 월간디자인, 2018년 5월호

김주연, 《스페이스 브랜딩》, 스리체어스, 2020

나가오카 겐메이, 《디앤디파트먼트에서 배운다, 사람들이 모여드는 '전하는 가게' 만드는 법》,
    에피그람, 2014

리테일 소사이어티, 《리테일 바이블 2020》, 와이즈맵, 2019

마쓰나가 게이코, 《로컬 지향의 시대》, RHK, 2017

모종린, 《골목길 자본론》, 다산3.0, 2017

모종린, 《라이프스타일 도시》, Weekly BIZ Books, 2016

모종린, 박민아, 강예나, 《The Local Creator》, 강원창조경제혁신센터, 2019

사이 포비어, 《활기찬 도심 만들기》, 대가, 2018

새라 케슬러, 《직장이 없는 시대가 온다》, 더퀘스트, 2019

소네하라 히사시, 《농촌 기업가의 탄생》, 쿵푸켈렉티브, 2015

소네하라 히사시, 《농촌의 역습》, 쿵푸컬렉티브, 2013

손창현, 《프롬 빅 투 스몰》, 넥서스BIZ, 2020.

얀 겔, 비르깃 스바, 《인간을 위한 도시 만들기》, 비즈앤비즈, 2014

어반플레이, 《로컬전성시대》, 어반플레이, 2019

윌리엄 모리스, 《윌리엄 모리스 노동과 미학》, 좁쌀한알, 2018

유창복 외, 《포스트 코로나와 로컬뉴딜》, 책숲, 2020.

윤주선 외, 《마을재생 시공학 개론》, AURI, 2019.

음성원, "밀레니얼 세대는 왜 강북 골목에서 놀까", 음 작가의 도시건축 다이내믹스,
    2018.01.09

정병철 외, 《18세기 도시》, 문학동네, 2018

정석, 《도시의 발견》, 메디치, 2016.

제레미 리프킨, 《한계비용 제로 사회》, 민음사, 2014

존 나이스비트, 《하이테크 하이터치》, 한국경제신문사, 2000

존 러스킨, 마하트마 K. 간디, 《나중에 온 이 사람에게도》, 아름다운날, 2019

필립 코틀러, 《리테일 4.0》, 더퀘스트, 2020

하토리 시게키, 《마을이 일자리를 디자인하다》, 미세움, 2017

한광야, 《도시의 진화 체계》, 커뮤니케이션북스, 2018

한영주 외, 《북촌 장소마케팅 방안 연구》, 서울시정개발연구원, 2001.02

한영주 외, 《월드컵 전략지역 장소마케팅》, 서울시정개발연구원, 2000.12

한영주 외, 《이태원 장소마케팅 전략 연구》, 서울시정개발연구원, 2001.02

함유근, 김영수, 《커뮤니티 비즈니스》, 삼성경제연구소, 2010

헬레나 노르베리 호지, 《로컬의 미래》, 남해의봄날, 2018

황지영, 《리:스토어》, 인플루엔셜, 2020

히라카와 가쓰미, 《골목길에서 자본주의의 대안을 찾다》, 가나출판사, 2015

"'제주 섬 한 바퀴 옛말' … 요새 제주 관광객은 한 곳만 판다", 뉴스1, 2020.05.21

"골목상권, 밥집 골목 아닌 창조·혁신의 본거지", 조선일보, 2019.09.04

"국가만 재발견한 것이 아니다, 우리는 로컬도 재발견했다", 여시재 인사이트,
    2020.05.28

"국가혁신 출발점은 자치 활성화", 중앙Sunday, 2015.04.19.

"딥택트, 전통기업 디지털 혁신의 비결," 한국경제, 2020.07.07

"로컬은 창조 자원이다", 조선일보, 2019.11.01

"사람 중심 공간으로 꾸민 '예쁜 골목길' 아파트 상가, 매일 가고 싶은 명소로 뜨다",
   동아비즈니스리뷰, 2019년 7월 Issue2

"언택트가 아니었다…예상 밖 코로나 최대 수혜 업종은", 조선일보, 2020.05.21

"온라인에 질렸다. 우리 동네 가게가 로컬화로 진화한다", 조선일보, 2021.01.15

"지금까지 우리가 알고 있던 여행은 끝났다", 티타임즈, 2020.07.01

"지난해 서울 지하철 이용자 27% 감소…코로나19 여파", KBS, 2021.01.28

"홈 어라운드 소비… 동네상점만 카드결제 8% 늘었다", 조선일보, 2020.04.24

"회사원 절반 직장과 가까운 곳에 살아… 칼퇴근도 늘어", 국민일보, 2019.08.13

Behnan Tabrizi, Ed Lam, Kirk Girard, and Vernon Irwin, "Digital Transformation Is
   Not About Technology", Harvard Business Review, March 13, 2019

Charles Heying, Brew to Bikes: Portland's Artisan Economy, Ooligan Press, 2010

E. F. 슈마허, 《작은 것이 아름답다》, 문예출판사, 2002

Josh Bloom, The Future of Retail, Main Street America, 2020

Michael Brown and Matt Lubelczyk, "The Future of Shopping Centers", ATKearney,
   2020

Michael Porter, "Attitudes, Values, Beliefs and the Microeconomics of Prosperity" in
   Culture Matters, Basic Books, 2000

Michael Porter, "Creating Shared Value", Harvard Business Review, 2011

Michael Porter, "The Competitive Advantage of the Inner City", Harvard Business
   Review, 1995

New York Post, "Self-employment is a rising trend in the American workforce",
   March 25, 2018

Pablo Muñoz, Boyd Cohen, "The Making of the Urban Entrepreneur", California
   Management Review, January 27, 2016

Ronald Inglehart, Modernization and Postmodernization, Princeton University Press,
   1997

The Center for Generational Kinetics, "Millennial Entrepreneurship Trends in 2017",
   June, 2017
   1부 1장의 코로나 경험에 대한 내용은 필자의 조선일보 기고문 "온라인에 질렸다. 우리 동네 가게가 로컬화로 진화한다"(2021.01.15)을, 2장은 조선일보 기고문 "로컬은 창조 자원이다"(2019.11.01), "골목상권, 밥집 골목 아닌 창조·혁신의 본 거지"(2019.09.04), 전작인《The Local Creator》(강원창조경제 혁신센터, 2019) 를 참고하여, 3장은 여시재 인사이트에 기고한 "국가만 재발견한 것이 아니다, 우리는 로컬도 재발견했다"(2020.05.28)를 수정 보완해 수록했다.

2부 새로운 오프라인 시대의 기획자 로컬 크리에이터

모종린 외, "로컬 크리에이터와 충북 경제", 충북창조경제혁신센터, 2019

김동복 외,《슬기로운 뉴 로컬생활》, 스토어하우스, 2020

김수현,《나는 나로 살기로 했다》, 마음의숲, 2016

마쓰나가 게이코,《로컬 지향의 시대》, RHK, 2017

모종린,《인문학, 라이프스타일을 제안하다》, 지식의숲, 2020

모종린, 박민아, 강예나,《The Local Creator》, 강원창조경제혁신센터, 2019

브로드컬리,《서울의 3년 이하 빵집들》, 브로드컬리, 2016

브로드컬리,《서울의 3년 이하 서점들》, 브로드컬리, 2018

소네하라 히사시,《농촌의 역습》, 쿵푸컬렉티브, 2013

심가영,《젊은 오너셰프에게 묻다》, 남해의봄날, 2014

야마자키 미쓰히로,《포틀랜드 메이커스》, 컨텐츠그룹 재주상회, 2019

우승우, 차상우,《창업가의 브랜딩》, 북스톤, 2017

윤주선, "도시재생 스타트업 활성화를 위한 지원 방안", 건축도시공간연구소, 2017.09.15

이원빈 외,〈창의인재기반산업 육성을 위한 지역생태계 구축방안〉, 산업연구원,
　　　　2019.12.20

전정환,《밀레니얼의 반격》, 더퀘스트, 2019

전창록,《다움, 연결, 그리고 한 명》, 클라우드나인, 2020

조수용, 홍성태,《나음보다 다름》, 북스톤, 2015

"1人 work", favorite magazine 2호, 2018

"나다움의 경제학", 조선일보, 2020.8.28

Pablo Muñoz, Boyd Cohen, The Emergence of the Urban Entrepreneur, Praeger, 2016

　　　　2부 2장은 필자의 조선일보 기고문 "나다움의 경제학"(2020.8.28)를, 3장은 필
　　　　자의 전작《인문학, 라이프스타일을 제안하다》(지식의숲, 2020)를 바탕으로 수
　　　　정 보완하여 수록했다.

3부 로컬 브랜드의 탄생: 로컬 비즈니스 창업 가이드

김혁주, 《로컬 크리에이터의 등장》, BELOCAL, 2020

다카이 요코, 《작은 가게의 돈 버는 디테일》, 다산3.0, 2016

마스다 무네아키, 《지적자본론》, 민음사, 2015

마스다 무네야키, 《라이프스타일을 팔다》, 베가북스, 2014

마이클 포터, 《마이클 포터의 경쟁전략》, 프로제, 2008

모종린, 《골목길 자본론》, 다산3.0, 2017

모종린, 《작은 도시 큰 기업》, RHK, 2014

모종린, 박민아, 강예나, 《The Local Creator》, 강원창조경제혁신센터, 2019

서울시, "골목, 길, 그리고 청년: 골목길 도시재생 프로젝트" 설명회, 2020.09.15

손창현, 프롬 빅 투 스몰 (From Big to Small), 넥서스BIZ, 2020

스가쓰케 마사노부, 《물욕 없는 세계》, 항해, 2017

어반플레이, 《로컬전성시대》, 어반플레이, 2019

우승우, 차상우, 창업가의 브랜딩, 북스톤, 2017

우은지, 《커뮤니티 디자인을 위한 지역 지식 활용 유형과 상인의 역할》, 한국과학기술원
    석사학위 논문

윤주선, 변은주, 《운영자의 전성시대》, 건축도시공간연구소, 2018

윤주선, 김주언, 서수정, 《부트 업 건축도시 스타트업》, 건축도시공간연구소, 2017

임태수, 《날마다, 브랜드》, 안그라픽스, 2016

정희선, 《라이프스타일 판매 중》, 북바이퍼블리, 2019

제인 제이콥스, 《미국 대도시의 죽음과 삶》, 그린비, 2010

존 A. 퀠치, 캐서린 E. 조크스, 《모든 비즈니스는 로컬이다》, 반디출판사, 2012

진 리드카, 팀 오길비, 《디자인씽킹, 경영을 바꾸다》, 초록비책공방, 2016

추창훈, 《로컬에듀》, 에듀니티, 2017

커뮤니티 디자인 랩, 성북커뮤니티디자인 프로젝트 2011 People Make City (https://
    www.bustle.com/p/will-restaurants-on-the-edge-return-for-season-3-
    theyre-already-getting-apps-22884275), 디자인로커스

하라 켄야, 《내일의 디자인》, 안그라픽스, 2014

호리베 아쓰시, 《거리를 바꾸는 작은 가게》, 민음사, 2018

황효진, 《나만의 콘텐츠 만드는 법》, 유유, 2020

"나이키와 이케아 공통점은 라이프스타일 기업", 조선일보, 2020.12.04

"로컬에서 가장 중요한 건 건물·콘텐츠가 아니라 실력·열정 갖춘 운영자", 오마이뉴스,

2020.04.09

"어디에서, 어떻게 운영? 상권이 아닌 상생의 가능성을 봐야", 동아비즈니스리뷰 281호,
    2019년 9월 issue 2

《so.gunsan》, so.dosi, 2019

Michael Porter, "Attitudes, Values, Beliefs and the Microeconomics of Prosperity" in
    Culture Matters, Basic Books, 2000

    3부 1장과 2장은 필자의 동아비즈니스리뷰 기고문을 수정 보완해 수록했다. "어
    디에서, 어떻게 운영? 상권이 아닌 상생의 가능성을 봐야", 동아비즈니스리뷰
    281호, 2019년 9월 issue 2. 3장은 동아비즈니스리뷰와 조선일보 기고문을 수정
    보완해 수록했다. "'한국산' 아닌 한국의 라이프스타일 지역성 살린 고유 콘텐츠
    에 초점을", 동아비즈니스리뷰 277호, 2019년 7월 issue 2. "나이키와 이케아 공
    통점은 라이프스타일 기업"(조선일보, 2020.12.04)

4부 새로운 패러다임을 개척하는 크고 작은 기업들

공유를위한창조, 《공유를 위한 공간 만들기》, 공유를위한창조, 2020

김윤규, 청년장사꾼, 《청년장사꾼》, 다산북스, 2014

김태훈, 《성심당》, 남해의봄날, 2016

네이버블로거 새나(http://m.blog.naver.com/neolone/220842349865)

도렐커피(인스타그램@dorrell_coffee)

모종린, 《골목길 자본론》, 다산3.0, 2017

모종린, 《라이프스타일 도시》, Weekly BIZ Books, 2016

모종린, 《인문학, 라이프스타일을 제안하다》, 지식의 숲, 2020

모종린, 박민아, 강예나, 《The Local Creator》, 강원창조경제혁신센터, 2019

박희석, 한진아, 〈상업공간으로서의 서울의 길〉, 서울시정개발연구원, 2010.12

서우석, "「강남스타일」이 노래한 강남", 《서울의 인문학》, 창비, 2016

서우석, 변미리, "강남 문화경제의 사회학", 《서울의 사회학》, 나남, 2017

성심당, "사랑의 성심인 사랑의 챔피언", 2016

어반플레이, 《아는동네 아는강남》, 2021

윤주선 외, 《마을재생 시공학 개론》, 건축도시공간연구소, 2019.

음성원, "밀레니얼 세대는 왜 강북의 골목길에서 놀까?", 음 작가의 도시건축
    다이내믹스(eumryosu.khan.kr), 2018

한종수, 강희용, 《강남의 탄생》, 미지북스, 2016

헬레나 노르베리 호지, 《로컬의 미래》, 남해의봄날, 2018

"DIT 마을재생의 문화적 기반", 〈건축과 도시공간〉, 건축도시공간연구소, Spring 2020.

"새로운 강남스타일은 골목에 있다", 조선일보, 2020.06.05

"손수 지은 도시", 조선일보, 2020.01.31

"전통시장의 미래는 바로 옆 골목상권", 조선일보, 2019.12.13

"코로나19 이후의 도시재생", 〈월간 도시재생〉, 서울시도시재생센터, 2020.05.25

    4부 1장과 2장은 필자의 전작 《인문학, 라이프스타일을 제안하다》(지식의 숲, 2020)를, 3장은 필자의 전작 《골목길 자본론》(다산3.0, 2017)의 성심당 사례를, 4장은 《라이프스타일 도시》(위클리비즈, 2016), 《골목길 자본론》(다산3.0, 2017)을 바탕으로 내용을 수정 보완해 수록했다. 7장은 제주창조경제혁신센터 "J-Connect Day 2020" 준비회의 발제문을 기초로 작성했다. 7장의 앨리스 워터스에 대한 내용은 필자의 전작 《라이프스타일 도시》(위클리비즈, 2016)에서 발췌해 수정 보완하여 수록했다. 8장은 필자의 전작 《The Local Creator》(로우프레스, 2019)를 참고하여 작성했다. 10장의 한옥호텔과 가나자와에 대한 내용은 필자의 전작 《골목길 자본론》(다산3.0, 2017)에서 발췌해 정리했다. 11장은 조선일보 기고문 "새로운 강남스타일은 골목에 있다"(2020.06.05)를, 13장은 건축도시공간연구소 기고문을 수정 보완했다. "DIT 마을재생의 문화적 기반", 〈건축과 도시공간〉, 건축도시공간연구소, Spring 2020. 15장은 조선일보 기고문 "전통시장의 미래는 바로 옆 골목상권"(2019.12.13)을, 16장은 조선일보와 서울시도시재생센터 기고문을 기반으로 작성했다. "손수 지은 도시"(조선일보, 2020.01.31), "코로나19 이후의 도시재생", 〈월간 도시재생〉, 서울시도시재생센터, 2020.05.25

5부 지속가능한 로컬 비즈니스를 위하여

고석관, 송민성, 〈커피 시장 현황 및 강원 지역 커피 산업 발전 방향〉, 한국은행, 2013

구선아, 장원호, "느슨한 사회적 연결을 원하는 취향공동체 증가 현상에 관한 연구", 인문콘텐츠학회, 2020. vol., no.57

김동복 외, 《슬기로운 뉴 로컬생활》, Storehouse, 2020

박찬용, 《우리가 이 도시의 주인공은 아닐지라도》, 웅진지식하우스, 2020

윤주선 외, 《마을재생 시공학 개론》, 건축도시공간연구소, 2019.

이번영, 《풀무학교는 어떻게 지역을 바꾸나》, 그물코, 2018

장진우, 《장진우식당》, 8.0, 2016

제주창조경제혁신센터 "로컬 브랜딩 스쿨", 2019-2020

제주창조경제혁신센터 "리노베이션 스쿨 In Jeju", 2020

타일러 범프, "포틀랜드의 커뮤니티 경제 개발", ㈜새로운사회를여는연구원, 2019

허유, "보통의 여름, 일상을 기록하는 방법" 전시회 전시 작품

황두진, 《가장 도시적인 삶》, 반비, 2017

황두진, 《무지개떡 건축》, 메디치미디어, 2015

"건물주-상인-주민 힘 모아 뉴욕 골목 상권 바꿨다", 동아일보, 2019.12.12

"외부로 열린 구조 연희동 건물이 말을 걸어왔다", 한겨레, 2016.07.18

"전국 3번째 규모 '수제맥주 산업' 육성 호기" 강원일보, 2020.05.21

Connie P. Ozawa, ed., The Portland Edge: Challenges and Successes in Growing
    Communities, Island Press, 2004

Jennifer Temkin, "How a rural Virginian town is using entrepreneurship to boost its
    local economy", Placemaking Postcards, Brookings Institution, August 1, 2019.

Kelley Roy, Portland Made: The Makers of Portland's Manufacturing Renaissance,
    Portland Made Press, 2015

The New Yorker, "How You Know You've Made It, by City", February 26, 2020

5부 4장 장인대학과 장인기획사에 대한 일부 내용은 필자의 전작 《골목길 자본론》(다산3.0, 2017)에서, 6장의 부르주아 도시에 대한 내용과 7장의 포틀랜드 관련 내용은 《인문학, 라이프스타일을 제안하다》(지식의 숲, 2020)에서 발췌하여 수정 및 보완하여 수록했다.

나가며

2020년 트렌드에 대한 이야기는 나비스 뉴스레터 19호 커버스토리에 수록된 기고문을 수정, 보완하여 실었다.

머물고 싶은 동네가 뜬다

초판 1쇄 인쇄일 2021년 3월 18일
초판 5쇄 발행일 2023년 2월 23일

지은이 모종린

발행인 윤호권
사업총괄 정유한

편집 신수엽 **디자인** 박지은 **일러스트** 임은영 **마케팅** 명인수
발행처 ㈜시공사 **주소** 서울시 성동구 상원1길 22, 6-8층(우편번호 04779)
대표전화 02-3486-6877 **팩스(주문)** 02-585-1755
홈페이지 www.sigongsa.com / www.sigongjunior.com

글 ⓒ 모종린, 2021

ISBN 979-11-6579-463-7 03320

*시공사는 시공간을 넘는 무한한 콘텐츠 세상을 만듭니다.
*시공사는 더 나은 내일을 함께 만들 여러분의 소중한 의견을 기다립니다.
*알키는 ㈜시공사의 브랜드입니다.
*잘못 만들어진 책은 구입하신 곳에서 바꾸어 드립니다.